상호작용이 있는 온라인 수업

랜선을 넘어 소통하라

상호작용이 있는 온라인 수업

랜선을 넘어 소통하라

장한별 저

학지사

여는 말

지금까지 이런 수업 환경은 없었다. 가르치는 일이 갈수록 극한 직업이 되어 가는 시대가 아닌가 싶다. 4차 산업혁명과 코로나19는 디지털 기술의 활용을 포함하여 교수·학습 환경에 대변혁을 가져 왔다. 필자는 전국의 대학 교수님들과 기업·지자체의 강사님들을 비롯한 여러 교수자를 대상으로 교수법 강의를 해 오고 있는데 공통적으로 교수·학습 환경이 갈수록 산 넘어 산이라고 입을 모은다. 특히 갑작스러운 온라인 수업의 역습은 교수자의 멘탈을 뒤흔들어 놓았다.

변화하는 환경에 맞추어 흐름을 파악하고 새로운 교수·학습 디지털 도구를 사용해야 하는 것은 이 시대 교수자의 숙명이다. 그것을 거부한다면 '스마트 내비게이션'을 제쳐 두고 굳이 말 타고 천 리 길을 떠나겠다고 고집하는 것과 같다고 하겠다.

교수방법의 변화는 필수적이다. 그렇다고 추세만 강조하고 새로운 도구만 사용하면 '인싸'[1]가 된다고 여긴다면 이 또한 오산이다. 병법에서는 기본기인 '정(正)'과 창조적이고 새로운 전략·전술인 '기(奇)'를 함께 강조한다. 봉황과 같은 훌륭한 깃털도 비둘기에게 붙이면 무거워서 날지 못한다.[2] 잘 가르치는 것은 세련된 도구만 믿는다거나 수백 가지 무기를 갖춘 것으로 해결되지 않는다. 온라인 교수·학습을 위하여 디지털 기술은 어느 정도 필요하겠지만, 기술은 오히려 몇 가지만 익히면 된다. 새로운 기술 등 신경 쓸 부분이 많아질수록 교수자는 가르침의 본질과 기본기를 놓치기 쉽다. 이 책은 코로나19 이후(Post-COVID19) 교수·학습의 격변 속에서 필수가 되어 버린 온라인 교수법에 관한 내용을 담고 있다. 하지만 동시에 변화의 물결 속에서 힘차게 노를 젓기 위해서는 교수자로서의 기본기가 필수적임을 발견하게 될 것이다.

가르침은 기본적으로 교수자, 학습자, 교수·학습 내용 간의 상호작용으로 이루어진다. 시대가 바뀌며 교수·학습 방법과 도구는 발전하겠지만, 소크라테스가 학습자의 수준에 맞추어 질문하고 상호작용하며 학습을 촉진했던 고대 교수자의 모습이나 디지털 도구를 활용하여 학습자와 상호작용을 하며 성장을 돕는 지금의 모습이나 교수·학습의 본질과 방향은 변함이 없다. 교수자가 학습자의 상황과 수준을 이해하고 함께 호흡을 맞추며 성장할 수 있도록 촉

---

1 인싸는 'insider'의 줄임말로 사람들과 잘 어울리는 사람을 의미한다. 반대말은 '아싸(outsider)'이다.
2 '한비자'에서 나온 '초명(봉황과 비슷)'의 날개를 단 비둘기 이야기를 참고하였다.

진하는 '상호작용이 살아 있는 수업'이 좋은 수업이라는 점은 변함이 없다.

온라인 수업 환경에서는 상호작용을 놓치고 교수자가 일방적으로 전하는 수업이 되기가 쉽다. 비대면 상황에서 상호작용은 기대하기 어렵다. 특히 녹화 수업의 경우는 학습자와 주고받는 수업이 불가능하다고 여길는지도 모른다. 그러나 확실한 것은 온라인에서도 소통은 가능하다. 아니, 오히려 어느 부분에서는 대면 수업에서보다 더 극대화될 수 있다. 이 책은 말로만 온라인, 실시간이고 사실은 상호작용이 죽어 있는 수업에 소통과 생기를, 살아 움직이는 성장을 불어넣어 줄 것이다. 그 다양한 방법과 노하우가 이 책에 담겨 있다.

1장과 2장에서는 우리에게 급속히 다가온 온라인 수업의 현황과 상호작용의 과제를 다룬다. 3장에서는 온라인 수업을 체계적으로 구성하기 위한 주안점과 구성 예시를 살펴본다. 4~6장에서는 본격적인 상호작용 전략을 다루었다. 4장에서는 촬영 동영상 제작을 위한 교수자-학습자 상호작용의 전략을, 5장에서는 실시간 온라인 수업에서의 교수자-학습자 상호작용 전략을, 6장에서는 학습자 간의 상호작용을 촉진하는 전략을 제시하였다. 필자가 경험하며 보고 들은 생생한 사례들과 실제적인 방법들을 풍부히 담고자 하였다. 7장에서는 온라인 수업에서 또 하나의 어려움인 평가 영역을 살펴보고 몇 가지 방법을 제안하였다. 8장에서는 온라인 플랫폼과 각종 디지털 도구들의 사용방법, 저작권 등을 다루었다.

상호작용 디지털 도구들의 경우, 사용하기 쉽고 무료로 이용할 수 있는 프로그램 위주로 담았으며 단순한 도구 설명이 아닌 '상호작용 활용과 촉진 방법'에 중점을 두었다. ZOOM과 Google Meet, 각종 디지털 도구 이용의 경우, 글이나 사진을 보면서 따라하기에는 이해에 어려움이 있다. 세부적으로 이런 부분을 알고 싶은 분들을 위하여 쉽게 따라 해 볼 수 있도록 '유튜브 온라인 강좌'도 준비하였다('부록' 참고). 이제 필요한 것은 단 한 가지, 교수자에게 상호작용 수업을 하고자 하는 의지만 있으면 된다.

이 책은 대학교와 기업에서 만난 많은 분과의 상호작용 덕분에 탄생할 수 있었다. 여러 강의와 워크숍에서 교수자님들께서 공유해 주신 현장의 사례들이 필자에게 가르침을 주었고, 그분들의 질문 덕분에 배움을 확장해 나갈 수 있었다. 강의에 참여하는 학습자들의 팀 학습과 아이디어 공유 활동 등의 상호작용은 온라인 수업에서의 학습자에 대해 이해할 수 있게 해 주는 살아 있는 소중한 경험이었고 필자가 생각하지 못한 관점을 깨우치게 해 주었다. 여러 강의와 특강을 교수자로서 진행했을지언정 사실은 필자 스스로가 배우는 시간이었다. 가르침은 배움이고 배움은 가르침이었다. 교수자로서 배울 수 있는 상호작용의 기회를 주신 모든 교수자님과 학습자분께, 아니 스승님들께 이 책을 통해서나마 감사의 마음을 전한다.

존경하는 서울대학교 농산업교육과 김진모 교수님과 손규태 박사님, 이은표 연구원님, 정지용 연구원님 덕분에 전국 12개 대학교의 온라인 교육 상황을 들여다보고 이해할 수 있었고, 정철영 교수님, 나승일 교수님, 이찬 교수님, 정진철 교수님, 최수정 교수님, 전영욱 교수님, 이재은 교수님 덕분에 온라인 수업을 학습자의 입장

여는 말

에서 경험하며 교수·학습을 제대로 배울 수 있었다. 귀중한 가르침을 주신 분들께 고개 숙여 감사의 인사를 전한다. 또한 이 책이 세상에 나올 수 있도록 도와주신 학지사의 김진환 대표님과 직원 분들께도 감사의 말씀을 드린다. 아울러 2020년, 폭풍 같았던 교수법의 변화 속에서 진땀 흘리시며 치열하게 부딪히시고 마침내 온라인 교육을 해내고야 마신 모든 교수자님께 진심 어린 존경과 박수를 보낸다.

이 시대의 교수자는 변화로 가득한 극한의 소용돌이 안에 서 있다. 디지털 도구에 대한 단순한 이해를 넘어서, 학습을 위한 상호작용에 대한 본질을 꿰뚫는 교수자는 대면 수업이든 온라인 비대면 수업이든 어떤 상황 속에서도 탁월한 가르침을 선사할 수 있을 것이다.

이제 함께 상호작용의 손을 잡고 극한의 소용돌이에 몸을 맡겨 보자. 그 변화는 교수자를 힘겹기만 한 극한직업으로 내모는 것이 아니라, 교수자가 생각한 교수법의 경계를 넘고 학습자와의 멀었던 거리를 가깝게 하며, 교수자가 생각했던 한계를 뛰어넘는 짜릿한 극한 성장을 맛보게 해 줄 것이다.

2021년 1월
랜선을 넘어 학습자들과 소통의 장을 열어 가는 교수자님들께
존경을 담아
장한별 드림

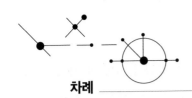

차례

01

교수법에 불어닥친 랜선의 습격

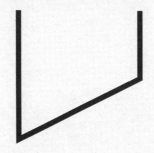

1. 온라인 수업의 급습

2020 Wonder Kidding, 거짓말 같은 변화

서기 2020년, 지구는 갑작스러운 전염병의 확산으로 심각한 어려움을 겪게 되면서 사람들은 어디서나 마스크를 착용하며 생활하게 되고, 학생들은 모일 수 없게 되어 각자 집에 격리된다. 학교는 버려진 건물처럼 텅 비게 된다. 이에 교수자들은 교육의 불씨를 살리기 위해 미지의 교수법을 찾아 나서게 되는데…….

이 이야기는 지구의 어려움을 배경으로 한 〈2020년 우주의 원더키디(Wonder Kiddy)〉[1]와 같은 상상의 이야기가 아니다. 만화처럼 놀랍고도(Wonder) 말도 안 되는(No Kidding) 믿기 어려운 이런 일은 2020년, 코로나19(COVID-19)로 인하여 실제로 일어났다. 중국 우한에서 시작하여 전 세계로 확산된 바이러스로 인하여 우리나라의 초·중·고·대학교와 기업에서는 갑작스럽게 온라인 비대면 수업

---

1 지구의 위기로 인하여 외계행성을 탐험하는 내용의 공상과학 만화로 1989년에 KBS에서 방영되었다.

이 시행되었고, 일선 교육 현장은 사상 초유의 사태로 인하여 큰 혼란에 빠졌다.

교수자들은 불과 보름도 안 되는 짧은 기간 내에 커리큘럼을 재구성하고 온라인 수업을 준비해야 했으며, 학습자들은 빈번한 학사 일정 변경과 정책 변경으로 갈피를 잡지 못하였다. 온라인 수업은 초등학생을 자녀로 둔 부모에게 새로운 형태의 '부모 개학'이기도 했다. 온라인 수업에 집중하기 어려운 어린이나 청소년의 경우에는 학부모가 아이들 교육까지 챙기느라 이만저만 고생이 아니었다. 온라인 수업을 매우 급하게 진행하려다 보니 웹캠과 마이크 등 관련 기기와 플랫폼 선정부터 접속 장애와 서버 다운 등 인프라 구축에 대한 문제들도 발생하였다.

이후 점차적으로 대면 수업이 제한적으로 실시되었지만, 바이러스 확산 추이에 따라 등교 여부가 변동되었고, 비대면 강의는 계속해서 중요한 교육방법으로 남게 되었다. 이제 온라인 수업은 가끔 진행되는 특별한 교육이나 사이버대학교 등 특정한 기관에서만 시행되는 방법이 아니라 우리 삶의 새로운 표준인 '뉴노멀(New Normal)'이 되었다.

이미 시작된 랜선의 습격

코로나19로 인하여 온라인 교육이 불과 몇 개월 만에 급속하게 확산되었지만, 사실 이러한 변화는 코로나19가 아니더라도 진즉부터 일어나고 있었다.

세계적으로는 2002년 MIT의 인터넷 강의 공개를 시작으로 MOOC(Massive Open Online Course)가 문을 열었고, 2006년부터는 초·중·고등학생을 위한 칸 아카데미(Khan Academy)도 동영상 강의를 제공하고 있다. 한국형 온라인 공개강좌인 K-MOOC도 2015년부터 운영되고 학점과 학위를 취득할 수 있는 시스템을 갖추고 있다. 정보통신산업진흥원의 「이러닝 산업 실태조사 보고서」에 따르면 이러닝 시장 국내 매출은 2009년 2조 910억 원에서 2019년 3조 8,609억 원으로 매우 증가하였다. 학교와 기업교육은 물론 외국어와 자격증 등 다방면에 걸쳐서 온라인 교육이 활성화된 지 오래다.

더군다나 젊은 학습자들은 이미 온라인 콘텐츠에 더없이 익숙하다. Z세대(1990년대 중반~2000년대 출생)는 온라인 콘텐츠를 매일같이 소비하고 있으며, 2010년 이후에 태어난 알파세대[2]는 옹알이 때부터 IT의 달인으로 불리고 있다. 정보검색과 학습을 유튜브로 밥 먹듯이 하는 이들 학습자에게 온라인 교육은 그저 일상의 확장일 뿐이다. 어쩌면 온라인 교수법이 새롭고 어색하게 느껴지는 것은 교수자뿐일 수 있다.

이처럼 온라인 교육의 불은 붙은 지 오래되었고 점차적으로 퍼져가고 있었으며, 학습자는 이미 일상에서 온라인 콘텐츠를 하루도 빠짐없이 즐기고 있었다. 랜선의 급습이라기보다 단지 코로나19라는 기름을 만나면서 그 확산 속도가 빨라진 것이라고 할 수 있다.

---

2 온전히 21세기에 태어난 세대로 마크 맥크린들(Mark McCrindle)은 알파세대가 역대급 기술력과 글로벌 단위의 연결성으로 가장 많이 교육받은 세대가 될 것이라고 하였다.

혼란 속의 대처

초·중·고등학교

코로나19 발생으로 인하여 특히 2020년 1학기는 혼돈의 시간이었다. 초·중·고등학교와 대학교는 개학을 몇 주간 연기하다가 온라인 비대면 수업으로 전격 전환하였다. 초·중·고등학교는 크게 세 가지 방식 중 교사의 선택에 따라 수업을 진행하였다. 즉, 과제를 학생들이 하고 교사가 피드백을 해 주는 과제중심형, 이미 제작된 EBS 콘텐츠를 활용하는 방식, 교사가 강의를 만들고 학생들과 쌍방향으로 소통하는 방식[3]이 그것이다. 과제중심형의 경우 과제가 단순한 요약 수준이면 수업의 질 저하가 심각했고, 피드백을 주는 교사의 피로도 역시 상당히 높았다. 제작된 방송을 보는 경우도 자기주도적인 학습이 되지 않는 경우라면 주의집중과 학업능력이 떨어질 수밖에 없었다.

온라인 수업 형태는 '외부 자료나 영상을 연결한 수업'이 47.2%로 가장 많았고, '교사 녹음이나 녹화 수업'이 40.5%, '실시간 수업'이 7.1%, '학생 과제나 프로젝트 부여'가 3.7% 순이었다.[4] 초등학교는 영상을 연결한 수업(72.7%)이 가장 많았고, 중·고등학교는 '교사 녹음이나 녹화 수업'이 각각 49%, 50.3%로 가장 많은 비중을 차지했다.

3　쌍방향 온라인, 버츄얼 클래스룸(Virtual Classroom) 등의 용어를 이 책에서는 '실시간 온라인 수업'으로 명명하였다.

4　경기도교육연구원이 2020년 4월, 교원 3만 571명을 대상으로 한 '온라인 학습 및 개학에 대한 설문조사' 결과이다.

─────────── 01 교수법에 불어닥친 랜선의 습격

온라인 개학으로 인해서 쌍방향 수업은 선택이 아닌 필수로 자리 잡아갔다. e-학습터, 온라인 클래스, ZOOM, Google meet, Webex 등의 플랫폼이 활용되었고, 교육청은 매뉴얼을 급하게 만들어 전달하였으며, 일선 교사들은 교내 자체 연수를 하면서 온라인 플랫폼 사용법을 익히고 부랴부랴 한두 주 만에 수업 내용을 재구성하였다. 그러나 출석 체크에만 20여 분이 걸리고, 수업 중 갑자기 화면에서 실종된 학생을 찾고, 접속 장애의 난관에 부딪히는 등 여간 고생이 아니었다. 시행착오를 거치며 온라인 수업 방식이 조금 익숙해질 찰나, 이제는 대면 수업이 시행되었다. 학교에 등교는 하지만 쉬는 시간은 단축되고 학생들은 급우들과 이야기가 금지되어 '이럴 거면 대면이 무슨 의미가 있냐'는 이야기도 나왔다. 교사는 책상 배치부터 수능대열로 하거나 지그재그로 하고, 급식을 위해 아크릴과 하드보드지 칸막이를 붙이는 등 수업뿐만 아니라 방역까지 책임지게 되었다. 이후 초·중·고등학교는 사회적 거리두기 단계를 두고 코로나19의 감염 추이에 따라 운영하였다.

〈표 1-1〉 거리두기 단계별 등교 · 원격 수업 기준

단계	조치사항
1단계	밀집도 2/3 원칙, 지역·학교 여건에 따라 조정 가능, 과대·과밀 학교는 2/3 유지 권고
1.5단계	밀집도 2/3 준수
2단계	밀집도 1/3 원칙(고등학교는 2/3), 탄력적 학사운영 등으로 최대 2/3 내에서 운영 가능
2.5단계	밀집도 1/3 준수
3단계	원격 수업 전환

출처: 교육부(2020b)

대학교

대학교 사정도 마찬가지였다. 교수자 대부분은 갑자기 변한 온라인 환경에 나름의 방식으로 대처할 수밖에 없었다. 과제중심형, PPT에 교수자의 목소리를 입힌 영상, 교수자가 직접 촬영한 영상, 실시간 화상 수업, K-MOOC 활용, 유튜브 활용 등 급박한 상황에 대처하는 교수자의 방식도 천차만별이었다. 학교별로 ZOOM이나 Google Meet, Webex, MS teams Blackboard, Panopto, Skype 등 특정 온라인 플랫폼을 지원하고 매뉴얼을 제시하였으며, 취업·심리상담도 온라인으로 대체하여 진행하였다. 급한 불은 막았지만, 온라인 방식에 적합한 수업 노하우가 현저히 부족했고 교수자에 따라 수업의 편차도 컸다. 전달방식과 상호작용이 현저히 떨어지고 수업의 질에 문제가 제기되면서 급기야 대학생들은 등록금을 환급하라고 목소리를 내기도 하였다. 과목의 특성에 따라서 온라인 수업의 한계와 피로도가 나타나기도 하여 실험·실습·실기가 포함된 강좌 등은 제한적 대면 수업으로 전환되기도 하였다.

[그림 1-1] 온라인 플랫폼을 활용한 실시간 수업
(Google Meet, ZOOM, Webex)

01 교수법에 불어닥친 랜선의 습격

기업

코로나19로 인하여 한때 국내 대기업의 88.4%가 재택근무를 시행할 정도로 기업에도 변화의 바람이 불었다.[5] 대면교육이 전면 연기되었음은 물론이고 회의를 비롯한 소통은 온라인 플랫폼을 통하여 진행하였으며, 심지어 면접 등도 온라인으로 추진되고 있다. 급하게 진행해야 하는 교육은 온라인 교육업체를 이용하여 콘텐츠를 받으면서 코로나19의 경기 불황 속에서도 이러닝 시장은 호황을 누렸다. 예컨대, 국내 온라인/모바일 등 스마트러닝을 제공해 온 휴넷은 2020년 상반기 누적 학습자가 260만 명으로 전년 동기간 대비 187%가 증가하였다.

코로나19가 장기화하면서 기업들은 학습자들이 공감하며 즐길 만한 영상을 만드는 동시에 실시간 온라인 교육을 점차 시행하게 되었다. 특히 온라인에서 어려운 부분인 학습자 간 상호작용을 촉진하려는 방법들을 고민하며 여러 시도를 하고 있다. 각종 설명회나 심포지엄은 유튜브나 카카오TV, ZOOM 등을 이용한 웨비나(web+seminar)로 진행되었다. 토크쇼, 유튜브 포맷 패러디 등 온라인 교육을 위한 효과적인 방법들을 계속해서 모색하고 있다.

---

5 한국경영자총협회가 2020년 9월에 국내 매출액 상위 100대 기업을 대상으로 재택근무 현황을 조사한 결과이다.

더 나은 교육을 향하여

이 모든 것이 불과 몇 개월 만에 일어난 상황이었다. 교육 현장에서는 어려움과 혼란이 참 많았지만, 한국인은 역시 빠른 민족이었다. 교수자와 학습자는 재빠르게 상황에 적응하였고 방법을 찾아내며 어떻게든 새로운 교수·학습을 해내고야 말았다. 사실 '도전하자'라기보다는 '해야만 한다'는 절박한 상황이었다. 내가 교수자인지 유튜버인지 헷갈릴 정도로 여러 시도를 하고 진땀을 흘리며 시행착오를 겪고 부딪쳤던 교수자들 덕분에 온라인 교육은 어느새 제법 자리를 잡아가고 있다.

코로나19 장기화에 따라 대면과 온라인 수업을 혼합하는 방식으로 진행되어 갈 가능성이 크며, 코로나19가 종결되고 나서 전면 대면 수업이 이루어지더라도 온라인 수업은 여전히 교육에서 이전보다 많은 부분을 차지하게 될 것이다. 이러한 상황 속에서 온라인 방식을 급하게 진행하면서 놓쳤던 부분을 확인하고 점검하여 온라인 수업을 질적으로 개선해 나가야 하는 것이 우리의 과제이다. 고품질의 교육을 만들어 가기 위해서 우선 이 폭풍을 경험한 학습자들의 반응이 어떠한지, 급하게 진행된 교육의 성과가 어떠한지 살펴볼 필요가 있다.

2. 온라인 수업 속 학습자의 반응

교수자는 교수법에 대해 여러모로 고민하고 진땀 흘려 가며 천신만고 끝에 온라인 수업을 이끌었는데 과연 학습자는 최적화된 학습을 해 나가고 있을까?

'온라인 수업은 딴짓하기에 최적화되었다'는 이야기가 나온다. 녹화된 수업은 자칫 학습자가 집중력을 잃고 최면에 빠지거나, 수업을 들으며 멀티플레이를 하려다가 죽도 밥도 안 되는 경우가 발생할 수 있다. 심지어 강의 시청을 미루고 미루다가, 결국 들어야 하는 강의만 몇십 개로 쌓여서 시험 기간에서야 밤새워서 보는 경우도 발생한다. 실시간 온라인 수업 역시 교수자가 학습자와 상호작용을 하지 않는다면 다를 바가 없어서 수업 중에도 카톡이나 유튜브 시청, 게임 등의 딴짓이 실시간으로 이루어질 수 있다.

온라인 수업에 대한 학습자의 반응은 과연 어떨까? 조사 결과를 토대로 교수자가 학습자를 위해 챙겨야 할 부분이 무엇인지 살펴보자.

초·중·고등학생이 바라본 온라인 수업

초·중·고등학생이 바라본 온라인 수업의 모습은 어떠했을까?

경기도교육연구원이 2020년 4월에 초·중·고등학생 28만 6,550명
과 교원 3만 571명을 대상으로 한 온라인 학습에 대한 설문조사에
따르면, 응답자의 85%는 온라인 학습을 집중해서 들었고, 80.8%는
새로운 것을 아는 데 도움이 되었다고 하였으며, 88.6%는 선생님과
학교가 학생을 위해 노력한다고 생각하게 되었다고 응답하였다.

그러나 초·중·고등학생 880명을 대상으로 실시한 한 조사[6]에 따르
면, 온라인 수업에 대한 만족은 39.5%, 보통은 32.3%, 불만족은 28.1%
로 나타났다. 진학사가 코로나19 직후 고등학생 679명을 대상으로 한
조사에서는 고 1~2의 55.7%가 부정적, 26.1%가 긍정적이라고 응답하
였다. 고 3의 경우는 무려 69.4%가 부정적이라고 응답하였고, 긍정적
이라는 응답은 18.2%에 불과하였다. 또 다른 조사[7]에서는 원격 수업에
대한 교사의 불만족이 49.8%, 학부모의 불만족은 68.2%에 달했다.

경기도교육연구원이 2020년 7월에 초·중·고 800개 학교 2만
1,064명을 대상으로 한 조사에 따르면, 온라인 수업에 참여할 때 낡
은 기기로 인해 방해를 받은 경우나 수업 내용이 이해가 안 되고 불
편한 경우에 있어서 가정경제 '하'인 학생들의 비율이 '상'인 학생들
의 비율보다 두 배 이상 높았다. 반대로 온라인 수업 내용을 이해하
기 어려울 때 보호자에게 도움과 지원을 받는 경우에서는 가정경제
가 '상'인 학생들의 비율이 '하'인 학생들의 비율보다 두 배 이상 높았

---

6 비영리 민간단체 '교육을 바꾸는 사람들'과 교육협동조합 '마인' 등이 2020년 4월
   에 실시한 설문조사이다.
7 사교육 걱정 없는 세상이 학부모 1,091명, 교사 275명을 대상으로 2020년 9월에
   실시한 설문조사이다.

01 교수법에 불어닥친 랜선의 습격

다. 즉, 가정 형편이 좋지 않음에 따라 온라인 수업을 따라잡는데 어려움도 큰 것으로 나타났다.

한국교육학술정보원이 2020년 7~8월에 교원과 초·중·고등학생, 학부모 등 857,389명을 대상으로 한 조사에 따르면, 원격 수업으로 학생 간 학습격차가 커졌다고 인식하는 교사는 79%에 달했다. 학생들이 느끼는 원격 수업의 어려운 점으로는 집중력 저하와 소통 부족이 높게 나타났으며, 중·고등학생은 과제 수행의 어려움과 학습 피로도가 증가했다는 의견도 많았다. 교사 입장에서는 학생의 학습동기 부여와 참여 유도의 어려움이 가장 많았으며(24.17%), 수업자료 제작 등 수업 준비 부담(20.76%), 학생과의 소통 및 피드백 제공(14.99%), 출결과 평가 등 학사관리의 어려움(14.19%), 콘텐츠 저작권 침해 우려(7.66%) 등이 뒤를 이었다(한국교육학술정보원, 2020b).

초등학교 저학년은 부모의 지도가 필요한 경우가 빈번하였다. 학부모의 처지에서도 자녀들의 온라인 수업을 도와주고 챙겨 주어야 할 부분이 많았는데 현실적으로 쉽지 않은 문제였다. 실제로 맞벌이 부부의 경우에는 코로나19 직후에 휴가를 소진하며 자녀를 돌본 경우도 적지 않았다.

대학생이 바라본 온라인 수업

"기대하며 수업을 들었는데 유튜브 강의를 올려 줬다."

"3시간 강의를 30분 영상으로 대체하는 것을 이해할 수 없다."

"과제물 대체만 많다."

대학교에서는 온라인 수업 전환 초기에 수업권 보장에 대한 학생들의 불만족 표시와 요구가 거셌다. 전국대학학생회네트워크의 조사[8]에 따르면 원격 수업을 실시하는 75.4% 학생들이 답변한 만족도(매우, 또는 대체로 만족)는 6.8%에 불과하였다. 사이트의 불안정과 무리한 제출 과제, 수강일 번복, 학생의 수업 참여 기회 상실, 실기 수업의 영상 대체 등이 문제로 제기되었다.

국내 5개 과학특성화대학교가 2020년 1학기 초에 1,661명, 학기 말 1,257명의 재학생을 대상으로 한 조사에 따르면, 온라인 수업에 대한 이공계 대학생의 만족도는 학기 초(5.2점/7점 만점)보다 학기 말(4.6점)에 더 떨어졌다. 특히 실험 수업에 있어서 불만족스럽다는 학생이 43.4%로 만족한다는 학생(8.8%)보다 다섯 배나 많았다. 학생들이 꼽은 가장 큰 어려움은 소통의 부재였고, 인터넷 환경에 대한 불만과 서버의 불안정성, 주변 소음 등도 온라인 수업의 방해 요소로 높게 응답되었다.

이와 반대로 S1대에서는 온라인 수업의 만족도가 57%, 불만족이 17%로 나타났다(김하연, 2020. 7. 2.). S2대의 조사에서는 '이론은 쭉 비대면으로 진행되면 좋겠다'는 의견이 올라오기도 하였다. 심지어 2019년 같은 과목을 수강한 학생들보다 2020년 온라인 비대면 수업을 들은 학생들의 만족도가 더 높게 응답되기도 하였다. 온라인 수업의 방식과 질의 편차는 이처럼 학교와 전공에 따라 클 수 있다.

---

8 전대넷이 2020년 4월에 대학생 6,261명을 대상으로 실시한 '코로나19 대학가 대책 마련 요구 서명 및 수업권 침해 사례조사'이다.

01 교수법에 불어닥친 랜선의 습격

서버 안정, 온라인 기기 등 접속에 대한 이슈나 온라인에 대한 적응은 시간이 가며 개선되었지만, 강의의 질에 대한 불만족과 대면 수업보다 집중력이 떨어지는 점, 동기들과 교류할 시간이 적은 부분 등은 여전한 문제로 제기되었다. 특히 여러 조사에서 교수자나 학생들과 '상호작용이 부족한 부분'이 개선사항으로 지적되었다. 이 공계나 예체능계 등 실습 위주로 진행되는 수업은 온라인 수업으로 대체되는 것에 한계가 드러나 학기 중반부터 여러 대학에서 실습·실기 과목은 대면 수업으로 전환되기도 하였다.

기업에서 보는 온라인 수업

2019년 이러닝 산업 실태조사(정보통신산업진흥원, 2020)에 따르면, 기준 300인 이상 사업체는 76%, 50~299명 사업체는 47.4% 등 기업의 상당수가 이러닝을 도입하고 있었으며, 주로 '직무' 교육에 활용하는 경우가 가장 많았다(42.6%). 이러한 수치만 보면 기업에서의 이러닝 교육은 코로나19 이전부터 활성화되어 있었고, 코로나19 이후에도 문제가 없을 것처럼 보인다. 그러나 같은 해 기준 초등학교의 이러닝 도입률이 94.7%, 중학교 88.2%, 고등학교 76.4%, 전문대학 78.5%, 4년제 대학교 85.3%라는 점을 생각하면 단순히 이러닝을 도입하는 것과 교육 전반을 온라인 교육으로 이끌어 가는 것에는 큰 차이가 있다고 볼 수 있다.

2020년 상반기, 기업들은 오프라인 교육을 연기하거나 취소하는 경우가 많았고, 일부는 온라인 교육으로 대체하였다. 코로나19 전후의 기업교육 현황 조사(이찬, 박복미, 2020)에 따르면, 코로나19 심각 단계 이후 기업의 52.9%는 교육을 연기하고 축소하였으며(20.3%), 취소하는 경우(25.2%)도 많았다. 집합교육은 66.7%에서 2.4%로 현저히 줄은 반면에 3.3%이던 온라인 교육이 74.8%로 크게 증가하였다.

코로나19 심각 단계 이후 온라인/비대면 교육에 대하여 새로운 형태와 수강 편의성, 강사들의 이동시간 단축 등은 긍정적인 경험으로 나타났지만, 상호작용 부족과 교육 효과성 저하, 피드백 감소, 경험 수업의 부족, 인프라와 시스템의 부재는 부정적인 경험으로 나타났다. 특히 오프라인 교육 시 가장 긍정적인 경험으로 뽑혔던 네트워킹과 소통 분야가 온라인 교육 시에는 부정적인 경험으로 드러났다.

기업교육에서는 학습자의 특성과 교육목적이 학교와 다소 다르다. 기업의 직원들이 받는 교육은 단순한 지식 습득을 넘어 리더십, 문제해결, 노하우 공유 등 개개인의 경험과 생각을 나누는 토의와 팀 학습 등으로 이루어지는 경우가 많은데 온라인에서는 이러한 활동에 제한되는 부분이 많다. 또한 직원들이 서로 만나고 교류하며 유대감을 형성하고 단합하는 것도 기업교육의 중요한 목적인데 온라인에서는 팀워크 등 심리·정서적인 부분에 있어서 학습자 간 상호작용에 상당 부분 제약이 생길 수밖에 없다.

교육을 실시간 온라인으로 진행하고 있는 경우도 더러 있고 증가하는 추세이다. 2020 ATD Virtual Conference에 따르면 HRD 디지털 트랜스포메이션(Digital Transformation)은 가속화될 것이다. 상호작용, 커뮤니케이션, 시청, 토론, 학습자료, 프레젠테이션 등 다양한 활동을 할 수 있는 버츄얼 클래스룸(Virtual classroom)은 활성화되고 정교하게 설계될 것이다. 온라인 수업으로도 정보전달은 무리가 없고 일부 상호작용도 가능하다. 그러나 기업에서의 온라인 수업에 대한 확장성만큼이나 심리·정서적 교육의 한계가 드러나면서 방역 절차를 마련하여 대면 교육을 다시 진행하는 경우도 늘어가고 있다.

온라인 수업의 명암

초·중·고등학교부터 대학교, 기업에 이르기까지 온라인 수업에 대한 학습자의 반응을 살펴보면 온라인 교육의 명암이 명확해 보인다. 온라인 수업은 시간과 장소의 편리함에서 장점이 있고, 녹화된 촬영 동영상 수업의 경우에 학습 페이스를 학습자 스스로가 조절할 수 있다.

반면에, 집중도를 잃고 딴짓하기 쉬우며, 상호작용과 피드백이 취약하다. 온라인 방식에서는 학습자가 고립되고 소통이 떨어지는 부분이 가장 보완되어야 할 부분이다. 결국 집중력과 상호작용을 잡을 수 있느냐에 온라인 교육의 성공이 달려 있다고 해도 과언이 아닐 것이다.

02

온라인 수업에서의
뜨거운 감자, '상호작용'

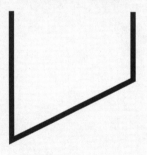

1. 수업 성공을 여는 키, 상호작용

"장한별 학생은 온라인 수업의 장단점이 무엇이라고 생각하시나요?"

온라인 강의 중에 교수자가 질문을 던졌다. 순간 장한별 학생의 집중력은 어떻게 될까? 이전까지 다른 카톡 창을 열고 넋을 놓고 있다가도 순간 정신이 번쩍 들게 될 것이다. 질문받은 학생만 그런 것은 아니다. 주의력이 느슨해졌던 학생들 모두 '헐, 깜짝이야.' 하면서 수업에 집중하게 된다. 아무 자극이 없을 때보다 누군가 말을 걸어 주고 같이 대화를 주고받는 상호작용이 이루어질 때 우리는 지적인 자극을 받아 생각하고 움직이게 된다. 즉, '상호작용'을 효과적으로 할 수 있다면 온라인 수업 중에도 학습자의 집중력 재고와 소통 욕구에 대한 부분을 해결할 수 있다.

상호작용에 대한 오해와 진실

여전히 온라인에서 상호작용이 제대로 이루어진 것인지에 대한 사람들의 오해와 불신이 깊다. 몇 가지 오해와 진실에 대해서 살펴보자.

온라인에서는 교수자와 소통하기가 더 어렵다

먼저, 교수자와 학습자 간의 만남을 생각해 보자. 오프라인에서는 교수자가 있는 교무실이나 연구실로 찾아갈 수 있고, 개별 질문이나 상담을 할 수 있다. 그런데 그런 기회를 이용하는 학습자가 막상 얼마나 될까? 많은 교수자가 '언제든지 찾아와서 질문하라'고 하지만 학습자의 처지에서 덜컥 그러기는 여간 부담스러운 일이 아니다. 결국 매우 극소수만 교수자와 소통을 한다.

그러나 온라인에서는 더 많은 소통의 기회가 열려 있다. 직접 만나는 것보다 온라인은 확실히 부담이 덜하다. 학습자들은 다양한 질문과 의견을 이전보다 더 쉽게 공유할 수 있다. 특히 소극적이었던 학습자에게 온라인은 의견을 개진하기 쉬운 공간이 된다. 예컨대, 일본 대학의 경우 학생들이 수줍음을 많이 타고 발표를 부담스러워했는데 온라인에서는 상호작용을 적극적으로 했다는 보고도 있다.[1] 대면에서보다 심리적 안정감이 있고 다른 사람의 시선을 덜 걱정하게 되어 마음을 터놓을 수 있었다는 의견도 제시되었다.

필자의 경우 강의를 하는 강사인 동시에 대학원 박사과정 수업을 듣는 수강생이기도 하였는데 확실히 질문할 때 주변 학생들의 눈치를 보거나 부담을 느끼는 정도가 덜하였다. 개인적으로 '웜스피치(Warm Speech)'라는 스피치 동호회를 운영하다가 코로나19 이후에 온라인으로 운영하였는데, 이 방식을 접한 회원들도 '긴장이 이

---

1 영국 고등교육 평가기관인 THE(Times Higher Education)가 전 세계 53개 국가 200개 대학교의 리더를 대상으로 한 조사 결과이다.

전보다 덜 된다, 마음이 편하다.'는 응답을 하였다.

온라인에서는 학습자 간 소통이 어렵다

학습자 간의 소통은 교수자와 소통하는 것과 비교해 좀 더 아쉬운 부분이 있다. '온라인에서의 소통은 진짜 같지 않다.', '뭔가 허하다.'라는 생각이 들 수 있다. 특히 유대감 형성이 큰 초·중·고등학교나 정서적인 부분을 다루는 교육의 경우에는 온라인에서 정서적교류나 스킨십이 어려워서 오프라인에서 했던 활동들이 제한되는부분이 있다. 그러나 한편으로는 온라인에서 클래스 구성원들을 더세세히 바라보고 소통할 수 있다.

필자의 경우 수업을 듣는 측면에서 보면, 오프라인에서는 같은조가 아닌 이상 수업을 듣는 학생들의 얼굴을 볼 일이 거의 없었고, 심지어 한 학기를 같이 수강하고도 서로 서먹서먹하고 이름도 헷갈리는 경우가 많았다. 그러나 온라인으로 수업을 들었을 때는 수업마다 학생 한 명 한 명의 얼굴과 표정까지 세세히 볼 수 있었고 온라인 토론으로 같이 이야기를 나눌 기회도 있었다. 온라인에서만 수업을 같이 듣던 학생들을 이후에 오프라인에서 한 번 만났는데, 오히려 TV에서만 보던 연예인을 실물로 영접하는 느낌처럼 더욱 친근감이 느껴지고 반가웠던 기억이 있다.

이렇듯 온라인에서도 교수자-학습자 간, 또 학습자-학습자 간에 빈번하고 수준 높은 상호작용이 가능하다. 물론 교수자가 마이크를 절대 놓지 않고 독백에 빠져만 있다면 그런 기회를 만들기는불가능하겠지만 말이다.

온라인에서의 소통은 오프라인을 넘을 수 있다

앞선 오해들이 온라인에 관해 부정적이었다면, 이번에는 온라인 맹신주의가 느껴지는 질문이다. 먼저 짚고 넘어가고 싶은 부분은 온라인에서도 오프라인에서의 상호작용을 넘어설 수 있는 영역이 분명 있다는 것이다. 예컨대, 교수자는 여러 학습자의 질문과 의견에 대해 빠르게 전체적으로 짚어 줄 수 있고, 오프라인에서는 일일이 묻고 확인하기 어려웠던 학습자의 의견에 대한 피드백도 가능하다. 최근 주목받는 '미네르바스쿨'의 경우, 교수자는 학습자를 대면에서 만나지 않고 실시간 온라인 방식으로만 수업을 진행하지만, 학습자의 성장과 만족도가 상당히 높다.

그러나 온라인으로 완전히 대체되는 것에는 맹점이 있다. 마치 연애를 글로만 할 수 없고, 사랑을 온라인으로만 키워 갈 수는 없는 것과 같다. 온라인에서 학습을 위한 유대감을 상당 수준 키울 수는 있으나, 좀 더 강한 유대감 형성과 정서적인 이해는 직접 만나서 소통할 때 가능해진다. 예컨대, 온라인에서 학생들에 대한 개별적인 피드백은 가능하지만, 실습과 실기를 개별 코칭 수준으로 봐 주기는 어렵다. 한 명씩 전담 마크 수준으로 봐 주어야 하는 특수교사의 경우, 온라인 수업 대체로 인해 오프라인에서와 같은 교사의 개입이 어려울 수 있다. 배움은 학습자 간의 소통을 통해서도 이루어지는데 온라인에서는 협동학습이나 팀 활동에 제약이 있는 것도 사실이다.

그러다 보니 심지어 코로나19 이전부터 온라인 수업 중심으로 운영하던 한국방송통신대학교도 몇 회 이상의 '대면 출석수업'을 의무로 하는 등 오프라인에서의 활동을 일부분 권장하고 있다. 미네

     02 온라인 수업에서의 뜨거운 감자, '상호작용'

르바스쿨 역시 온라인 수업임에도 학생들은 기숙사 생활을 하며 생활과 학업을 공유하고 있다.

코로나19로 인하여 온라인 수업이 우리의 현실에 불시착하였다. 우리는 온라인 수업에 대한 절대적인 믿음이나 절대적인 불신을 가져서는 안 될 것이다. 온라인 교육에 대해 객관적으로 이해하면서 '어떻게 하면 교육적으로 도움이 되는 상호작용을 온라인에 적용할 수 있을까?', '온/오프라인을 지혜롭게 병행할까?' 등에 대해 고민할 필요가 있다.

상호작용이 수업에 주는 효과

공자는 "배우기만 하고 생각하지 않으면 사리에 어둡고, 생각만 하고 배우지 않으면 위태롭게 된다."고 하였다. 그는 제자들이 단편적으로만 배우고 독단에 빠지지 않게 하고자 끊임없이 질문하고 답하는 소통의 교육을 하였다. 세계 4대 성인이자 위대한 스승인 예수, 석가모니, 소크라테스, 공자 모두 묻고 답하고 상호작용을 하면서 제자들을 가르쳤다. 이렇듯 고대부터 살아 있는 교육의 핵심은 바로 '상호작용'이었다.

오프라인 교육에서 상호작용 경험이 긍정적이거나 밀접할수록 학생들의 학업성취와 개인 발달이 이루어지는 것으로 나타난 연구(Pascarella & Terenzini, 2005)를 비롯하여 상호작용이 수업에 주는 효과에 대한 검증은 다수 이루어졌다. 온라인 수업 환경에서도 비슷한 결과가 나타났다. 중·고등학생을 대상으로 한 조사[2]에서는 학습자가 주도성과 자기조절능력을 갖춘 경우와 학생의 질문에 답하고 학습결과를 피드백해 주는 교사 활동이 온라인 수업 만족도를 높인다고 하면서 소통 문제 해결이 원격교육의 관건이라고 하였다.

성인학습자를 대상으로 한 온라인 교육에서도 교수자-학습자 상호작용이 학습자의 학습만족도에 영향을 주는 것으로 드러났다(문병무, 신용태, 천양하, 2015; 문철우, 김재현, 2011; 서구원, 2011; 손달호, 2011). 이러닝에서의 상호작용에 대한 메타연구(최은진, 최명숙, 2016)에서는 상호작용이 학업성취도와 학습만족도를 높이고 동기촉진에도 도움을 주는 것으로 나타났으며, 학습효과에 영향을 주는 것으로 나타났다. 코로나19 이후에 온라인 전공 수업을 수강한 12개 대학교 재학생 10,438명을 대상으로 한 서울대학교 김진모 교수 연구실의 조사에 따르면, '교수자-학습자 상호작용'과 '학습자-학습자 상호작용'은 학습만족도와 인지한 주관적인 학습성과에 정적(+)인 영향을 주는 것으로 나타났다. 또한 상호작용이 학습몰입을 매개로 학습성과에 영향을 주는 것으로 나타났다(김진모 외, 2020).

온라인에서 상호작용의 과제

이렇듯 학습성과에 긍정적인 영향을 주는 상호작용이 온라인 수업 환경에서는 실제로 어떻게 나타나고 있을까?

---

2 한국교육개발원 이상철, 김정아가 2017년에 온라인 수업을 들은 중·고등학생 2천583명을 대상으로 한 조사 결과이다.

청소년의 경우 온라인 수업의 가장 큰 어려움으로는 집중력 저하와 상호작용의 부족을 꼽는다. 앞서 서울대학교 김진모 교수 연구실의 조사에 따르면, 온라인 수업과 관련된 여러 변인 중 가장 낮게 나타난 것이 '학습분량 적절성', '학습자-학습자 상호작용', '교수자-학습자 상호작용' 순이었다. 경기도교육연구원이 800개 학교를 대상으로 2020년 7월에 실시한 조사에 따르면, 코로나19 이전과 비교해서 학습자와의 상호작용이 부족하다는 교수자의 응답이 80%를 넘었다. 서울대학교 학부생을 대상으로 한 조사[3]에서는 학생들이 어려웠던 점으로 꼽은 세 가지 중 '교수 및 동료와의 상호작용'이 포함되어 있었으며, 교수자의 가장 큰 어려움으로 '학생들과 소통 및 상호작용'이 제시되었다. 기업교육에서도 '상호작용 부족'이 온라인 교육의 가장 큰 부정적인 경험으로 나타났다(이찬, 박복미, 2020).

이렇듯 청소년과 성인학습자 모두 온라인 수업의 가장 취약한 부분으로 '상호작용'을 꼽았으며, 가장 불만족스러운 부분도 '상호작용'이었다. 이는 곧 학습자의 학습만족과 학습성과가 저하되는 것으로 이어지므로 간과할 수 없는 부분이다.

온라인에서는 낯선 환경과 제약으로 인하여 상호작용 수준이 떨어지기 쉽다. 그러나 온라인에서도 소통이 이루어질 방법이 있으며, 심지어 어떤 경우에는 오프라인에서보다 더 많은 학습 참여가 이루어지기도 한다. 활용하고자 하는 교수자의 의지만 있다면 분명

---

3 서울대학교 교수학습센터에서 2020년 4월에 학부생 2,063명을 대상으로, 6월에 교·강사 289명을 대상으로 한 조사 결과이다.

소통하는 수업은 가능하다. 온라인 수업의 성공을 원한다면 상호작용에 대한 이해를 놓쳐서는 안 된다. 상호작용은 온라인 수업에서 큰 마이너스로 꼽히는 학습자의 몰입과 소통을 플러스로 바꾸는 반등의 힘이 될 것이다.

2. 상호작용에 대한 기초 이해 다지기

　이 책은 최대한 쉬운 방법과 무료 프로그램을 활용하면서도 효과적으로 온라인 수업 중 상호작용을 달성하는 것에 목표를 두고 있다. 온라인 환경에서 '디지털 리터러시(Digital Literacy)'가 중요하게 강조되기 때문에 기술과 장비에 관해서 관심이 가기 쉽다.

　그런데 온라인 수업의 시작에서는 '디지털 리터러시' 이야기가 나오지만, 온라인 수업의 성공요인을 이야기하면 '디지털' 이야기는 거의 빠져 있다. 우리는 기술에 지배당하고 끌려가는 게 아니라 교수·학습을 위해 기술을 활용할 수 있어야 한다. 봉황의 깃털을 비둘기에 달듯이 좋은 도구를 가지고 오히려 혼란을 주지 않으려면 교수자는 비둘기가 아닌 봉황이 되도록 기초 체력을 탄탄히 갖추어야 한다. 상호작용을 제대로 활용하고자 한다면 그 전에 상호작용에 대한 '기본 원리와 토대'를 아는 것이 필요하다. '상호작용에 대한 리터러시'가 되어야 '디지털 리터러시로 상호작용하기'도 가능한 셈이다. 기술을 적재적소에 활용하기 위하여 먼저 상호작용에 대하여

4　리터러시(Literacy)는 문자화된 것을 통해 지식·정보를 얻을 수 있는 능력으로, '디지털 리터러시'는 디지털 시대에 요구되는 정보를 이해·표현하는 능력이다.

개념적으로 간략히 짚고 넘어가자.

상호작용은 '특정한 상황 속에서 둘 이상의 행위자 사이에 일어나는 상보적인[5] 과정, 즉 한 사람의 행위가 다른 사람의 행위에 영향을 주고, 이 영향이 또 다른 영향을 불러오는 총체적인 상황(한국교육공학회, 2005)'을 말한다. 무어(Moore, 1989)는 온라인 강좌에서의 상호작용을 세 가지 유형으로 설명하였는데 '교수자-학습자 상호작용', '학습자-학습자 상호작용', '학습자-콘텐츠 상호작용'이 그것이다. 이후에 '학습자-시스템(인터페이스) 상호작용'이 추가되었고 (Hillman et al., 1994), 연구자들에 따라 다른 형태가 추가되기도 하였다. 상호작용에 대한 요인들은 〈표 2-1〉과 같다.

〈표 2-1〉 상호작용 요인의 분류

	요인	설명	연구
1	교수자-학습자 상호작용	교수자가 학습자의 학습 활동 형성을 위하여 학습자와 하는 상호작용	Moore & Kearsley, 1996
2	학습자-학습자 상호작용	학습자 간의 정보 공유와 의사소통	Moore & Kearsley, 1996
3	학습자-콘텐츠 상호작용	학습자와 학습 내용 간의 상호작용	Moore & Kearsley, 1996
기타	학습자-시스템 (인터페이스) 상호작용	학습자와 인터넷, 기술, 시스템과의 상호작용	Hillman, Willis, & Gunawardena, 1994
	대리적 상호작용	다른 학습자-교수자, 다른 학습자 간에 일어나는 상호작용을 관찰하면서 발생하는 상호작용	Sutton, 2001

---

5 서로 모자란 부분을 보충하는 관계에 있는(=complementary)

02 온라인 수업에서의 뜨거운 감자, '상호작용'

교수자-학습자 상호작용

교수자는 목표를 제시하고 학습자의 동기를 자극하며 학습자에게 적합한 피드백을 제공하면서 적극적으로 학습할 수 있는 환경을 형성한다. 교수자-학습자 상호작용은 학습만족도나 학업성취에 정적(+)인 영향을 준다는 여러 연구의 지지를 받고 있다. 온라인 수업에서 교수자가 학습자와 주고받는 의사소통 없이 일방적인 강의를 해 나가고 있다든지, 학습자에게 질문을 소화할 시간을 주지 않고 과제 등에 대하여 피드백을 적절하게 해 주지 않고 있다면 '교수자-학습자 상호작용'이 떨어진다고 볼 수 있다. 특히 코로나19 직후의 온라인 수업은 교수자가 수업매체를 바꾸며 발등의 불을 끄는 상황이었는지라 학습자와 주고받는 수업을 놓친 경우가 많다. 촬영한 동영상을 올리는 경우라면 상호작용에 대한 실낱같은 희망마저 애초에 포기하기도 한다.

그러나 촬영 동영상이든 실시간 온라인이든 교수자-학습자 상호작용은 가능하고 분명 높일 방법이 존재한다. 많은 유튜버가 라이브 방송이 아닌 촬영 동영상을 통해서도 구독자들과 활발하게 소통하고 있다는 점은 교수·학습에도 희망이 있다는 것을 의미한다. 교수자-학습자 상호작용이 학업성과에 주는 큰 영향을 고려하면 이것은 결코 놓쳐서는 안 되는 부분이며, 개선이 시급하다 하겠다. 이 책의 4~5장에서는 교수자-학습자 상호작용을 높이는 구체적인 방법들을 살펴볼 것이다.

학습자-학습자 상호작용

이것은 학습자가 동료 학습자와 의사소통을 하고 정보를 공유하는 상호작용을 의미한다. 학습자 간의 상호작용을 통해서 서로 배우고 가르치는 것이 가능하며 학습동기도 높일 수 있다. 또한 문제의식을 공유하고 서로 토의·토론하며 상대방을 설득하는 과정을 통해 자기 생각을 명확하게 정리하고 통찰력과 사고력을 기를 수도 있다.

소그룹에서 서로 가르치고 도우며 배우는 협동학습(cooperative learning)이나 협력학습(collaborative learning)[6], 팀별로 해결안을 찾는 문제중심학습(problem-based learning), 액션러닝(action learning) 등 학습자 중심의 활동이 되는 교수·학습 방법에서 활발한 '학습자-학습자 상호작용'이 일어난다. 교수자가 계속 강의식으로 하는 방식보다 학습자 중심 수업이 주는 교육적 성과가 주목을 받게 되면서 '어떻게 하면 학습자 간의 상호작용을 높일까' 하는 방법이 중요한 관심사가 되었다.

학습자 간 상호작용이 '학습만족도'에 주는 영향은 뚜렷하게 나타나는 편인 반면, '학업성과'에 미치는 효과에 대해서는 다소 다른 결과를 보인다. 온라인 학습에서의 학습자 간 상호작용이 학업성취

---

6 협동학습은 구조화된 활동을 중시하며 기본적 지식을 습득하는 초·중등에서 주로 활용된다. 이에 비해 협력학습은 비구조적이고 모둠의 자율성이 강조된다. 약간의 차이가 있지만, 둘의 공통점도 많다(정문성, 2002).

02 온라인 수업에서의 뜨거운 감자, '상호작용'

에 유의미한 영향을 준다는 연구(김미량, 2005; 김진모 외, 2020; 박성익, 김연경, 2006)가 있지만, 영향을 주지 못한다는 결과(문철우, 김재현, 2011; 손달호, 2011)도 있다. 이러한 연구 결과를 보면 온라인에서의 학습자-학습자 상호작용은 교수자-학습자 상호작용보다 학습성과에 주는 직접적인 영향이 적다는 결론에 이르게 된다.

필자는 '학습자-학습자 상호작용'에 대해서 다음과 같이 권한다. 급하게 온라인 강의를 준비하고, 또는 촬영을 해야 한다면 '교수자-학습자 상호작용'을 먼저 잡고 이후에 '학습자 간 상호작용'을 시도하는 것이 좋다. 물론 학습자 간 상호작용을 포기하라는 의미는 아니다. 오프라인에서 '학습자 중심 수업'의 효과가 강력하게 나타난다면 온라인에서도 그 효과가 발생할 것이다. 학업성취에 주는 직·간접 효과 외에도 학습자 간 유대감 형성도 의미가 있어서 학습자 간 상호작용을 놓을 수는 없다.

그런데 학습자 간 상호작용은 즉흥적으로 팀별로 논의하라고 내버려 둔다고 저절로 이루어지는 마법이 아니다. 학습자의 참여 심리에 대한 이해를 바탕으로 체계적인 설계와 운영이 필요하다. 교수자의 안내와 개입, 지원에 대한 명확한 가이드가 필요하다. 이런 조건이 갖추어진다면 상당한 수준까지 학습자 간 상호작용도 가능할 수 있다. 구체적인 방법에 관해서는 이 책의 6장에서 살펴볼 것이다.

학습자-콘텐츠 상호작용

학습자와 학습 내용(콘텐츠) 간의 상호작용은 학습에서 가장 기본이 되는 것으로, 이 상호작용은 학습자의 지식 이해, 관점과 인지구조에 큰 영향을 미친다. 이를 촉진하기 위해서 학습자가 자기주도적인 학습을 할 수 있도록 내용을 구성하는 것이 고려해야 할 중요한 포인트이다. 잘 만들어진 전문적인 온라인 강좌를 보면, 학습을 위하여 웹상에서 상호작용을 촉진할 수 있는 질문, 연습문제, 피드백 등의 기능이 제공되는 것을 볼 수 있다. 사이버대학교의 경우 학습자-콘텐츠 상호작용을 위하여 교수뿐 아니라 교수 설계자, 디자이너, PD 등이 기획 회의를 하며, 다양한 방식으로 과목의 성격에 맞게 제작한다.

하지만 많은 강의를 소화하기에도 바쁜 교수자가 '학습자-콘텐츠 상호작용'이 활발하게 일어나게 하려고 교육 업체가 만든 영상처럼 감탄이 나오는 편집과 영상미까지 발휘하기는 실제로 어렵다. 이 책에서는 간단하면서도 학습자와 콘텐츠 간 상호작용을 촉진할 방법을 전해 드리고자 한다. 3장에서는 학습자-콘텐츠 상호작용을 촉진하는 역할을 하는 '온라인 수업의 구성방법'을 짚어 볼 것이고, 4~5장에서는 실시간 온라인 수업과 촬영 동영상에서 이 상호작용을 촉진하는 방법을 살펴볼 것이다.

그 밖의 상호작용

앞서 살펴본 세 가지 주요 상호작용 외에도 연구자에 따라 다양한 상호작용이 제시되었다.

'학습자-시스템 상호작용'은 이러닝 상황에서 학습자가 콘텐츠에 접근하고 조작할 때 발생한다. 온라인 수업에서는 인터넷, 테크놀로지, 인터페이스 등과의 상호작용을 고려할 필요가 있다. 분명 중요한 부분이지만 인터페이스 설계자가 교수·학습 전문가와 논의하며 구현하는 기술적인 부분이다. 일반적인 교수자는 잘 설계된 온라인 플랫폼을 사용하여 '학습자-시스템 상호작용'의 혜택을 누리면 된다. 8장에서 구체적인 온라인 플랫폼과 도구들에 대해서 살펴볼 것이다.

'대리적 상호작용'은 상호작용의 직접적인 당사자가 아니지만, 관찰을 통해서 발생하게 된다. 예컨대, 교수님이 장한별 학생을 지목해서 질문한다면, 옆에서 지켜보던 다른 학생들도 지적인 자극을 받으면서 답을 생각하게 될 수 있다. 발표 준비가 부족한 학생이 교수님에게 질타를 받는다면 이를 지켜보는 학생들도 덩달아 긴장하며 고통을 함께 느끼는 것도 이와 비슷한 예이다. 다른 학생들의 토론을 관찰하면서 지식을 얻거나 사고를 하게 되는 것도 대리적 상호작용에 해당한다. 현재 일어나는 상호작용에 대하여 '이를 지켜보는 학생들은 어떤 생각을 하게 될까?'에 조금만 관심을 둔다면 앞서 제시된 '교수자-학습자 상호작용'과 '학습자-학습자 상호작용' 안에서 '대리적 상호작용'의 발생도 기대할 수 있다. 4~5장의 상호작용 전략에서 이런 측면도 함께 제시될 것이다.

학습 실재감(Learning Presence)

오래전부터 온라인 수업을 진행한 사이버대학교는 학생들이 느끼는 실재감에 대하여 고민해 왔다. '실재감'은 말 그대로 존재하는 느낌이나 지각을 의미한다. '교수자가 있구나.', '같이 듣는 학생들이 있구나.'와 같이 느끼게 하는 것이 온라인 환경에서 중요함을 의미한다. 개리슨 등(Garrison, et al., 2000)은 사이버 환경에서의 탐구공동체(Community of Inquiry)라는 프레임워크를 제시하며 실재감을 세 가지로 제시하였다.

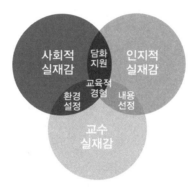

의사소통 매체

[그림 2-1] 탐구공동체 모델

'교수실재감'은 교수자가 눈앞에 있는 것처럼 느끼는 것으로 교수와의 직·간접적인 상호작용을 통해 형성된다. 수업을 설계하고 조직하는 부분, 학습자의 참여를 활성화하는 부분, 질문과 토론 등 직접 교수하는 부분을 통해 교수실재감이 구성된다.

'사회적 실재감'은 다른 사람들과 실제로 소통하고 있다는 느낌으로 대인관계에 대한 실재감이라고 볼 수 있다. 정서적인 표현과 열린 의사소통, 집단 결속성으로 구성된다(Garrion et al., 2001). 대화와 토론을 비롯한 '학습자-학습자 상호작용'이 활발히 그리고 적절히 일어날 때 사회적 실재감도 형성될 수 있다.

　'인지적 실재감'은 학습자가 지속적으로 성찰하고 소통하면서 의미와 지식을 이해하고 확인해 가는 것이다. 다른 실재감에 비교해서 인지적 실재감 형성이 어려울 수 있는데, 이는 온라인에서 고차원적인 사고능력과 메타인지를 요구하는 수준의 상호작용은 일어나기 쉽지 않아서 통합이나 해결 단계까지 이르지 못하기 때문일 수 있다(Garrsion & Arbaugh, 2007). 인지적 실재감의 구성요소로 수업 도입에서의 흥미 유발, 새로운 지식의 생성과 탐구, 통합과 해결 등이 있다(Shea & Bidjerano, 2010).

　이처럼 '학습 실재감'은 활발한 '상호작용'에 의해서 발생한다. 생생한 온라인 수업을 만드는 비결이 '상호작용'에 달려 있는 셈이다.

3. 미네르바스쿨, 한국방송통신대학교와 사이버대학교, 유튜버로부터 배우기

코로나19에 더욱 주목받는 미네르바스쿨

온라인 수업이 단기간에 급속히 확대되면서 가장 주목받는 학교는 단연 '미네르바스쿨'이 아닐까 싶다. 2011년 개교하여 2014년부터 학생을 받기 시작한, 캠퍼스 없는 대학교로 주목받은 이 학교는 모든 수업이 '(실시간) 온라인'으로 이루어지며 미래 대학교의 대안으로 떠올랐다. 불과 개교 4년 만에 급성장하였으며 하버드대학교, 예일대학교, 스탠퍼드대학교보다도 입학 합격률이 낮아 전 세계에서 들어가기 가장 어려운 대학이 되었다.

4차 산업혁명을 비롯하여 혁신이 일상이 되는 시대에서 단편적인 지식 습득은 이제 경쟁력이 되기 어렵다. 미네르바스쿨은 '지도자, 혁신가, 넓은 사고가, 글로벌 시민'을 키우는 것을 핵심 목표로 하여 비판적 사고, 창의력, 의사소통, 상호작용을 키워 이곳에서 배운 학생들에 대한 기업들의 만족도도 높다. 이 학교의 교육은 온라인으로 이루어짐에도 불구하고 '상호작용'이 수업의 핵심이 되어 인재를 양성하고 있다.

미네르바스쿨은 '거꾸로 교육(flipped learning)' 방식으로 진행된다.

02 온라인 수업에서의 뜨거운 감자, '상호작용'

수업은 실시간 화상 기반의 '액티브 러닝 포럼(Active Learning Forum)'이라는 자체개발 플랫폼으로 이루어진다. 토의와 토론이 주를 이루며, 교수자는 즉각적으로 학습자의 활동에 대해 피드백을 준다. 수업에 참여하는 학생 수를 20명 미만으로 제한하여 교수자-학습자 상호작용을 극대화한다. 이 학교의 온라인 플랫폼에는 화상 기능 외에도 협업문서를 작성하고 공유하는 기능이나 그룹 토론, 실시간 퀴즈의 기능은 물론 수업을 녹화하고 학습자의 참여데이터를 관리하고 학습결과를 보는 기능도 갖추고 있다. 예를 들어, 수업 중에 발표가 적은 학생은 빨간색으로 표시되어 교수자는 해당 학생의 참여를 좀 더 촉진할 수도 있다. 포럼에는 50여 가지가 넘는 기능이 있어서 이를 경험한 카네기멜론대학교 교수들도 칠판형 강의는 하고 싶지 않다고 말했을 정도라고 한다.

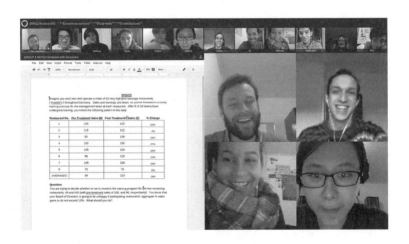

[그림 2-2] 온라인 화상 강의 플랫폼 '포럼'을 통해 수업에 참여하는 학생들

(출처: 미네르바스쿨 홈페이지에서 사진 캡처)

온라인 수업만으로 진행되는 곳이지만 특이하게도 이곳 학생들은 4년간 세계 곳곳의 기숙사[7]를 옮겨 다닌다. 예컨대, 1학년 때 샌프란시스코 기숙사에서 기업 인턴십에 참여하며 수업을 듣고, 2학년 때는 3~6개월마다 다른 국가의 기숙사로 이동한다. 방학 때도 인턴십을 할 수 있고, 교수들과 연구 프로젝트를 할 수도 있다. 미네르바스쿨은 '직접 경험'을 통한 '이해'를 강조한다. 인턴십과 화상 수업, 과제와 프로젝트 등 소화해야 할 양은 많은 편이다. 학생들은 수업 내용을 현지 문화와 산업에 접목하며 배운다. 미네르바스쿨은 온라인 수업에서의 토론은 물론 오프라인에서 실제적인 업무 경험과 프로젝트, 기숙사 생활 등으로 학습자-학습자 상호작용을 활발하게 하고 있다고 볼 수 있다.

온라인 상호작용의 노하우를 쌓아 온 한국방송통신대학교와 사이버대학교

한국방송통신대학교(이하 방송대)와 사이버대학교는 온라인 환경이 중심이기 때문에 학업유지율이나 중도탈락률과 같은 부분의 관리가 큰 관심사였다. 사이버대학교 중도탈락자들에 대한 연구(강민석, 2010)에 따르면, 중도탈락자들이 인식하는 개선 영역으로 가장 시급하게 꼽히는 영역이 바로 '교수·학습 상호작용'이었다. 구체적

---

7 미네르바스쿨 기숙사는 샌프란시스코(미국), 베를린(독일), 부에노스아이레스(아르헨티나), 서울(한국), 하이데라바드(인도), 런던(영국), 타이베이(대만)에 있다.

으로 다전공을 위한 학과 다양성, 온라인 학습자·교수자 상호작용, 오프라인 면대면 상호작용, 학사 관련 상담 및 안내의 충실성, 지도 교수의 충분한 상담이 도출되었다.

방송대와 사이버대학교는 그 탄생부터 온라인 중심이기 때문에 일방향 강좌로 이루어지고, 오프라인 수업을 주로 하는 학교들만큼 상호작용에는 관심이 없었을 것이라는 오해를 할 수 있다. 그러나 온라인 교육의 전문성을 쌓아 온 이들은 생존의 열쇠와 원격교육의 핵심이 상호작용에 있다는 점을 일찍이 깨닫고 여러 방안을 찾아 왔다.

온라인 학습 관리 시스템을 통하여 출석률, 진도율을 체크하고 각자 편한 시간에 동영상 강좌를 시청한 후에는 Q&A, 토론방 등 다양한 학습 게시판을 이용한다. 학생들의 질문에 따라 학교별로 하루나 이틀 내로 교수자가 답변하게 되어 있다. 영상 강좌의 경우, 학생들이 콘텐츠와 상호작용을 활발히 하기 위하여 설명 외에도 자막과 애니메이션, CG 등을 사용하여 이해를 돕는다. 때로는 AR이나 VR, 게임과 같은 형태를 섞어서 학습의 재미를 더하기도 한다. 또한 온·오프라인에서 이루어지는 학과 모임, 동아리 활동, 해외탐방 등을 통한 상호작용도 일어난다.

방송대는 모든 수업을 온라인으로만 하는 것은 아니다. 대면교과의 경우에는 일정 부분 오프라인 수업을 반드시 진행하게 되어 있고(코로나19 이후에는 대면강의를 실시간 온라인으로 진행하기도 함), 팀 학습을 지원하기도 한다. 1인 방송 형태로 학습자와 실시간 소통을 하거나 학습자 간 토론을 진행하기도 하며, 교수자가 학습자를 1:1로

지도하기도 한다. 때에 따라 각종 특강이나 교육을 오프라인으로 진행한다.

이렇듯 방송대와 사이버대학교는 '교수자-학습자 상호작용'과 '학습자-콘텐츠 상호작용'은 물론 '학습자-학습자 상호작용' 촉진에도 관심을 가져왔다. 포스트 코로나19 시대에 있어서 이러한 노하우는 주목할 만한 가치가 있다. 이들의 온라인 상호작용 방식을 참고하면 뒤늦게 온라인 수업을 진행하게 된 교수자들은 상당한 시사점을 얻을 수 있을 것이다.

유튜브 크리에이터는 상호작용의 달인

유튜브의 흥행이 매섭다. 유튜브에서 시작해 TV 지상파로 저변을 넓혀 가는 크리에이터들을 심심치 않게 보게 된다. 콘텐츠를 만드는 소위 '유튜브 크리에이터'는 평균 수입이 933만 8000원에 달하며 잘나가는 이들은 억대 월 수익을 올리기도 한다.[8] 대학가에서는 유튜브 관련 학과들도 등장하고 있다. 유튜브는 짧고 임팩트 있는 영상과 시청자와의 상호작용으로 단순한 인기 수준을 넘어서 이제는 검색포털의 역할마저 대체해 가고 있다.

인터넷에 검색되는 기사나 작성된 글들은 일방향 콘텐츠지만 유튜브는 상호작용적인 측면이 강하다. 업로드되는 영상의 경우에 실

---

8 국세청이 제출한 1인 미디어 창작자(유튜버)의 2019년 수입신고 현황에 따른 것이다.

02 온라인 수업에서의 뜨거운 감자, '상호작용'

제 대화가 이루어지는 것이 아님에도 1:1 대화와 같은 느낌이 든다. 이는 시청자의 눈높이에 맞추어 말하기 때문이다. 시청자가 관심을 잃지 않도록 주기적으로 흐름을 바꾸고 임팩트 있는 흥미 요소를 넣는다. 영상을 보고 남겨진 댓글에 답을 해 주기도 하고, 시청자의 궁금증을 다음 영상에서 언급하며 해결해 주기도 한다. 시청자가 말하는 개선 의견은 빛의 속도로 반영한다. 크리에이터는 구독자의 의견을 법으로 여기고 소통을 절대 게을리하지 않는다.

라이브 방송을 할 때는 실시간으로 시청자와 더욱 적극적인 상호작용이 이루어진다. 크리에이터는 시청자가 필요로 하는 지적인 부분은 물론 개별적인 고민을 상담해 주기도 한다. 댓글을 단 시청자 한 명 한 명의 이름을 불러 주면서 즉각적인 피드백도 준다. 라이브 방송을 들으며 댓글을 달다가 자신의 이름이 불리자 마치 신의 은총을 받은 듯 소리를 지르며 감동에 빠지는 사람도 있다. 필자의 친구가 그러했다. 옆에서 지켜보니 그야말로 팬클럽 정모 같았다.

필자가 만난 한 교수님은 갑작스러운 온라인 수업에 대해 고민하시며 "이제 우리가 유튜버까지 되어야 하나……."라고 한탄하셨다. 그렇다면 교수자는 어떻게 상호작용을 해야 할까? 정말 유튜버처럼 해야 할까?

"그렇다. 교수자는 유튜버처럼 소통해야 한다."

상당히 부담스러운 주문일 수 있다. 하지만 그래야 하는 이유는 간단하다. 교수자가 학습자에 맞추어 수업을 운영하는 것은 선택이 아닌 필수이기 때문이다. 학습자는 유튜브를 즐겨 보며 최상의 소통방식을 이미 일상에서 즐기고 있어서 온라인 콘텐츠에 대한 기대치가 상당한 수준으로 올라 있다. '고객만족'은 사실 서비스의 절대적인 기준에 달려 있다기보다 '고객의 기준'에 달려 있다. 우리의 고객인 학습자가 기대하는 온라인 콘텐츠의 수준과 온라인 상호작용이 유튜브 정도로 상향된 것이다.

물론 코로나19 직후 온라인 수업에서 학습자의 이러한 기대는 무참히 무너져 내리며 '교육에서는 기대하기 어렵구나'로 낮아졌을 수 있다. 안타까운 일이지만, 이것은 동시에 교수자에게는 기회이다. 다시 강조하지만, '고객만족'은 '고객의 기준'을 넘느냐에 달려 있다. 앞서 기대치가 다소 떨어졌기 때문에 유튜브 수준을 목표로 상호작용을 높이려는 노력을 조금만 해도 학습자의 기대를 충족시키면서 '이 수업은 다르네, 멋지네.'라는 인상을 줄 수 있을 것이다.

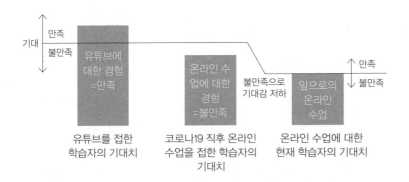

[그림 2-3] 유튜브와 온라인 수업 경험으로 인한
학습자들의 온라인 수업 기대치의 변화

03

온라인 수업,
어떻게 구성할까

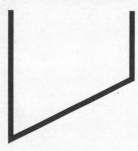

1. 실시간 온라인이냐, 촬영 동영상이냐

어떤 방식이 많이 사용되었을까

대표적인 온라인 비대면 방식으로는 ZOOM이나 Google Meet, Webex, MS teams 등의 온라인 플랫폼을 통하여 교수자와 학습자가 동시에 접속하여 진행하는 '실시간 온라인형', 교수자가 미리 촬영한 영상을 올려 주어 학습자가 편리한 시간에 보게 되는 '촬영 동영상' 방식, PPT 중심의 설명에 교수자의 음성을 입히는 'PPT 녹음형', EBS 강좌나 K-MOOC, 유튜브 등 기존에 있던 동영상 콘텐츠를 활용하는 '기존 콘텐츠 활용형', 과제를 제시하고 교수자가 피드백을 주는 '과제 수행 중심형' 등이 있다.[1]

초·중·고등학교
그렇다면 코로나19 직후의 교육에서는 어떤 방식이 많이 활용되

---

1 이러닝의 형태는 실시간으로 상호작용을 하는 '동기식(Synchronous)'과 학습자가 자기 페이스에 맞추어 속도 조절이 가능한 '비동기식(Asynchronous)'으로 크게 구분되기도 한다.

었을까? 초등학교의 경우 외부 자료나 영상을 연결하는 방식을 가장 많이 사용한 반면(72.7%), 중학교와 일반 고등학교에서는 교사가 수업을 녹음·녹화해서 제공하는 경우가 많았다. 특성화 고등학교와 특수목적 고등학교도 녹음·녹화하는 경우가 많았지만, 다른 학교에 비교해서 실시간 수업을 진행하는 때도 많았다. 과목에 따라서는 수리·과학이 외부 자료나 영상을 연결하는 수업이 많은 편이고, 예술·체육 과목은 실시간으로 수업하는 경우가 다른 과목에 비해 많은 편이었다. 한국교육학술정보원(2020)이 제시한 초·중·고등학교 온라인 수업 조사 결과에 따르면, 콘텐츠 활용 수업이 45.14%, 2개 이상의 혼합형이 40.93%, 과제 수행 중심이 7.98%, 실시간 쌍방향 수업이 5.96%로 제시되어 실시간 수업의 비중이 가장 적게 나타났다. 2개 이상을 혼합한 경우에는 과제 수행 중심형과 콘텐츠 활용 중심형을 결합한 경우가 78.4%로 가장 많았다.

〈표 3-1〉 온라인 개학 직후 초·중·고등학교 온라인 수업 유형 (단위: %)

		녹음·녹화 수업	외부 자료나 영상 연결	실시간 수업	학생들끼리 과제나 프로젝트
학교 유형	초등학교	19.7	72.7	2.8	4.9
	중학교	49.0	41.5	6.3	3.2
	일반고	50.3	38.3	8.3	3.1
	특성화고	49.8	24.8	20.4	5.1
	특목고	45.6	18.6	30.6	5.2
	·전체	41.2	47.9	7.2	3.8

03 온라인 수업, 어떻게 구성할까

과목	인문 · 사회	43.0	31.4	15.5	10.1
	수리 · 과학	48.5	24.5	15.9	11.1
	예술 · 체육	40.8	24.2	22.5	12.4
	외국어	41.7	29.7	17.6	11.0
	기타	52.4	28.9	9.5	9.2
	전체	47.0	28.2	14.5	10.3

출처: 백병부(2020), p. 13 재구성

초등학교에서는 외부 자료나 영상을 연결하는 방식이 가장 많았고, 중·고등학교에서는 녹음·녹화 수업이 가장 큰 비중을 차지하였지만 현 상태가 최선인지는 고민이 필요해 보인다. 학생 입장에서 온라인 수업이 지루하지 않은 수업이 되어야 한다고 응답한 경우가 초·중·고등학교 모두에서 80%를 넘었으며, 역시 초·중·고등학생 다수(83.3%, 78.4%, 69.8%)가 수업 형태가 다양해질 필요가 있다고 응답하였다.

교사의 처지에서 가장 심각한 문제 세 가지로는 상호작용이 없이 수업의 질이 떨어지는 문제(21.4%), 출석과 평가(20.9%), 학생활동과 과제에 대한 피드백의 부담(13.9%)이 제시되어 온라인 수업에서 상호작용에 대한 개선이 필요함을 보여 준다.

대학교

필자가 2020년에 100여개의 대학/기관에서 강의하며 현황을 파악해 보니, 'PPT 녹음형'이 가장 빈번했고, 곧이어 '촬영 동영상' 방식이었으며, '실시간 온라인'이 뒤를 이었다.

'비대면 교육 실시 현황'[2]을 보면 학생들이 선호하는 온라인 수업 방식으로 '교수님 촬영 동영상'이 34.1%, '실시간 강의'가 28.5%, 'PPT 녹음자료'가 20.2% 순이었다. 광운대학교의 경우도 응답자(396명) 중 77.2%가 '녹화된 동영상 방식'을 선호한다고 하였다. 충북대학교, 포항공과대학교, 부산대학교, 중앙대학교, 경희대학교 등의 조사에 따르면[3] 가장 선호하는 온라인 강의 방식이 '녹화된 강의 재생'(교·강사 46%, 대학생·대학원생 55%)이었고, 이어서 '실시간 화상강의'(36%), '강의자료 업로드'(12%, 5%) 순이었다. 반면, 선호하지 않는 형태로 학생들은 '단순 수업자료 업로드'(44%)와 '과제 제출식'(31%)을 꼽았다.

기업

기업들은 연수원에서 집체교육을 실시하던 방식에서 벗어나 온라인 비대면 교육을 시행하고 있다. 삼성과 한솔 등은 온라인 플랫폼을 통하여 강의 외에도 실습, 토론, 코칭, 토크쇼, 포럼 등의 다양한 형태를 활용하고 있다. LG는 신입사원 입문교육을 비롯하여 부서장 교육, 신입팀장 교육 등 각종 직원 교육을 인터넷 영상 교육으로 전환하였다. TV 프로그램 콘셉트를 적용하여 듀얼 진행으로 토

---

2 서울대학교 교수학습센터에서 2020년 4월에 학부생 2,063명을 대상으로 한 조사이다.

3 5개 대학 전문연구정보센터가 공동으로 참여하여 2020년 4월에 이공계 학교 강사 395명, 대학생과 대학원생 766명을 대상으로 한 조사이다.

크쇼처럼 대화식 운영을 하여 교육생들의 많은 공감을 받았다. 팀별 토의나 회의의 경우는 실시간으로 진행하였다(맹지현, 송용직, 2020). 현대그룹은 유명 유튜브 영상을 패러디하여 계열사를 체험하는 콘셉트로 인기를 얻었고, 20명 이내의 인원이 양방향 비대면 과정으로 참여하는 교육을 진행하였다(김미애, 윤위석, 2020). 현대제철도 영업부터 제조, 빅데이터, 코딩까지 실시간 온라인으로 교육을 하였다. 과거의 집합교육에서 이제는 '온라인 사전학습-온라인 학습-과제수행-온라인 학습'으로 변화하여 오히려 더 중장기적으로 운영할 수 있었고, 학습 전이에도 효과가 있었다(한충석, 2020). 롯데그룹은 온라인 교육을 진행하고 그 노하우를 담아 효과적인 '화상(실시간 온라인) 강의를 위한 퍼실리테이션 가이드'를 발간하였다.

[그림 3-1] 듀얼 진행과 대화식 운영 방식의 온라인 교육

코로나19 이전의 기업 온라인 교육에서 '영상 업로드형'은 예전부터 널리 사용되고 있었으나, 코로나19 이후로 유튜브처럼 흥미로운 대화식으로 진화하였다. '실시간 온라인형'의 활용도 주목받고 있는데, 학습자의 편의에 대한 만족이나 참여가 괜찮게 나타나고

있다. 버츄얼 클래스룸(Virtual Classroom)에 대한 관심이 증가하면서 앞으로 기업교육에서 이러한 방식의 사용이 더 증가하고 발전될 수 있다.

최적의 온라인 수업 방법은······

다양한 온라인 수업 방식에 대한 청소년과 성인학습자의 반응을 보았을 때, 우선 선호가 떨어지는 방식은 '강의자료만 업로드'하거나 '과제로 대체'하는 방식으로 보인다. 반면, 가장 선호되는 방식은 초등학교를 제외하고는 '교수자의 촬영 동영상'이었다. 그렇다면 가장 선호되는 방식이 가장 최적의 온라인 수업 방법이라고 할 수 있을까?

우선, '강의자료만 제시'하는 형태는 물론 'PPT에 교수자의 목소리만 입히는 형태'도 지양할 필요가 있다. 교수자로서는 얼굴을 보이는 것이 다소 부담될 수 있으나 얼굴이 보이지 않으면 교수실재감이 떨어지면서 학습 몰입도와 학습 성과가 저하될 우려가 있다. 동영상 중에 교수자가 등장하지 않으면서도 학습자가 재미있게 보는 영상이 있으나 그것은 다양한 애니메이션과 등장인물이 그러한 실재감을 채워 주는 역할을 한다. 한 학기나 긴 시간을 이끌어 가는 교수자가 온라인 방식에서 얼굴을 보이지 않는 것은 상호작용 면에서도 부정적일 수 있다.

이렇게 몇 가지 방식을 제외하고 나면 이제 선택지에는 '실시간 온라인'과 교수자의 '촬영 동영상'이 남게 된다.

실시간 온라인이냐, 촬영 동영상이냐

'실시간 온라인 수업' 방식의 경우 코로나19 직후 활용이 비교적 저조하였지만, 상호작용에 대한 기대 등에 힘입어 점점 그 활용은 증가하고 있다. 초등학교의 경우 EBS 등 상대적으로 외부 자료가 많이 있음에도 교사들은 '실시간 수업'을 해야 한다는 부담을 느끼고 있었다. 초·중·고등학교는 상호작용과 피드백의 한계 그리고 학부모의 건의 등으로 인하여 점차 실시간 수업을 늘려 가고 있으며(백병부, 2020), 대학교에서도 실시간 온라인 강의를 원칙으로 하는 학교들이 증가하는 등 비슷한 추세를 보이고 있다.

한국교육학술정보원(2020)에 따르면, 실시간 쌍방향 수업이 학습에 도움된 비율이(매우그렇다+그렇다) 68.49%로 콘텐츠 활용 중심 수업이나(81.36%) 과제 수행 중심 수업(73.53%)보다 낮게 나타났는데 이는 실제로 낮은 수준이라기보다 실시간 수업의 안정성 이슈나 기타 활용 여건으로 인한 운영상 어려움이 다른 유형보다 높기 때문일 수 있다.

'촬영 동영상'의 경우 참고로 미네르바스쿨은 교수자가 강의하는 모습을 카메라로 찍어 올리는 방식은 효과적이지 않다고 보고 주로 '실시간 온라인 플랫폼'을 이용하여 수업을 진행하고 있다. 교육부도 2020년 2학기부터는 원격 수업 질 제고를 위하여 교수자가 주 1회 이상 실시간 쌍방향 수업을 진행하고 채팅을 통해 학습자에게 실시간 피드백을 제공하도록 권고하고 있다.

이 경우만 보고 촬영 동영상의 효과가 떨어진다고 단정 지을 수는 없을 것이다. 촬영 동영상이라고 하여도 오프라인 강의의 모습을 그대로 찍어 올리는 것과 교수자가 애당초 온라인 수업을 목적으로 PPT나 온라인 판서를 활용하면서 자신의 얼굴이 나오게 촬영하는 방식은 분명한 차이가 있다. 즉, 우리가 주목하는 '촬영 동영상'은 단순한 강의 촬영본이 아니라 온라인 형태에 맞게 재구성된 촬영본이다.

'실시간 온라인'과 교수자의 '촬영 동영상' 중 어떤 것이 더 효과적인지에 대해서는 통계적으로 우열을 가리기는 어려워 보인다. 경험적으로 생각해 본다면 상호작용적인 측면에서는 실시간 온라인이 높은 점수를 받을 수 있겠다. 반면, 교수자의 촬영 동영상은 학습자가 원하는 대로 돌려 보고 편하게 볼 수 있다는 장점이 있다. 이쯤되면 어떤 방법이냐보다 어떻게 운영하느냐의 차이가 중요하다고도 볼 수 있을 것이다. 학습자 성향에 따라 선호하는 매체도 달라질수 있어서 이에 대한 깊이 있는 고찰과 후속 연구가 필요해 보인다. 두 방식과 오프라인의 차이점을 살펴보면 다음 〈표 3-2〉와 같다.

〈표 3-2〉 오프라인, 실시간 온라인, 촬영 동영상의 비교

	오프라인	실시간 온라인	촬영 동영상
장소 편의성	이동해야 함	장소 제약 없음	
시간 편의성	정해진 시간에 수강해야 함		원하는 시간에 들을 수 있음
개인 학습속도	조절이 어려움		조절이 가능함 (재생속도, 다시보기)

03 온라인 수업, 어떻게 구성할까

반복수강	불가능		가능
접속 안정성		접속 문제 발생 가능	접속이 비교적 안정적임
집중력 저하	집중이 어느 정도 유지됨	집중이 떨어지고 딴짓하기 쉬움	집중이 떨어지고 딴짓하기 매우 쉬움
분량 적절성	교수자가 조절 가능		다소 많기 쉬움
실시간 질문과 피드백	가능함		불가능함
상호작용과 소통	원활함	가능함	낮은 수준임
학습 유대감 및 팀 활동	가능함	제한적으로 가능함	형성이 상당히 어려움
체험, 실습	가능함	제한적임	거의 어려움

온라인 수업이라고 해도 '촬영 동영상'을 학습자가 재생해서 보는 방식이냐 '실시간 온라인' 수업을 듣느냐에 대해서 분명한 장단점이 있으므로 교수자는 두 방식의 차이를 이해하고 과목의 성격과 교수·학습 내용의 특성에 맞게 방식을 채택할 필요가 있다. 어떤 방식이 내 수업에 적절할지 감이 오지 않는다면 다음의 몇 가지 상황을 생각해 보고 결정하자.

목적이 지식 습득인가, 응용인가

기본적인 지식 습득이 목적이라면 실시간 온라인과 촬영 동영상 모두 가능하다. 단시간에 많은 내용을 전달하는 목적이라면 '촬영 동영상'이 좀 더 편리할 수 있다. 촬영 동영상에서는 보통 교수자가 PPT 등과 함께 등장하므로 학습 내용 전달 중심으로 진행된다. 학습자는 영상의 속도를 조절하여 빨리 보거나 천천히 보거나, 또는 다시 보는 방식으로 개인의 수준에 맞게 내용을 습득할 수 있다.

학습자의 이해 정도를 지속해서 확인해야 하는 경우라면 '실시간 온라인'이 더 적합하다. 실시간 온라인도 PPT를 비롯한 문서의 '화면 공유(발표 시작)' 기능이 있는데 이에 대한 평이 꽤 좋은 편이다. 오프라인에서는 판서나 PPT 슬라이드의 경우 앞자리에 있는 학생들에 의해 일부가 가려져서 뒷자리에 앉은 학생들은 시야 확보를 위해 여기저기 머리를 움직이며 봐야 하는 어려움이 있는데, 온라인으로 '화면 공유(발표 시작)'가 되면 이 부분이 모두에게 명료하게 보인다.

수업의 목적이 기본적인 지식 습득이 아닌 배운 지식을 활용하고 응용하는 것이라면 확연히 실시간 온라인에 더 이점이 있어 보인다. 교수자와 학습자가 서로 활발히 묻고 토론하며 좀 더 심화적인 학습을 하는 것이 가능하며 학습자 간에도 배운 것에 대해 의견을 나눌 수 있다. 촬영 동영상의 경우, 토의나 팀 학습이 온라인 게시판 등에서 이루어질 수는 있지만, 실시간으로 소통하고 의견을 교환하는 상호작용에 비교하기는 어렵다. 실시간 온라인 수업에서는 '소회의실/온라인 세션/세부 세션' 등 소모임 방을 활용하여 학습자 간 상호작용도 촉진하면서 좀 더 고차원적인 학습이 가능하다.

수강하는 학습자의 수가 어느 정도인가

필자는 여러 대학교에서 촬영 동영상과 실시간 온라인 방식으로 각각 수업을 진행하였다. 촬영 동영상의 경우 수강 인원에 제한이 없다 보니 몇천 명이든 몇만 명이든지 들을 수 있다는 장점이 있다. 실제로 최대한 많은 학생이 들어야 하는 강좌의 경우 이와 같은 방식으로 진행된 경우가 많다. 대단위 인원을 대상으로 하고 그 인원들이 동시에 시간을 맞춰서 강의를 듣기가 어렵다면 촬영 동영상을 사용하는 것이 좋다. 기업에서 다수의 직원이 들어야 하는 교육이나 각자의 일정 속에서 저마다의 시간을 내어 강의를 들어야 하는 방송대와 사이버대학교에서 이러한 방식을 많이 쓰는 것도 같은 이유이다.

실시간 온라인 수업의 경우, 교수자가 많은 학습자를 일일이 돌보는 데는 한계가 있다. 교수자가 수업 중에 학습자에게 개인적인 질문도 하고 의견도 나누고 하는 상호작용이 필요한데 학습자 수가 많다 보면 그런 부분이 어려워서 자칫 일방향 강의식으로 가기가 쉽다. 그렇다면 실시간 온라인에서는 어느 정도의 인원이 적당할까? 예컨대, 온라인 플랫폼에서는 한 화면에 20명 정도까지는 어느 정도 잘 보이게 들어가나,[4] 그 이상의 인원이 되면 다음 페이지로 넘겨야 다른 학습자들을 볼 수 있다. 미네르바스쿨에서는 교수자-학습자 상호작용을 극대화하기 위하여 수업 참여 인원을 20명 미만으로 제한하고 있는 부분도 가이드라인으로 삼을 만하다.

그러나 그 이상의 인원이라고 해서 실시간 온라인이 불가능하거나 효과가 없다고 단정 지을 수는 없다. 유튜버는 라이브 방송으로

---

4 ZOOM에서 설정을 바꾸면 최대 49명까지 표시 가능하며, Google Meet는 구글 그리드 뷰 설치 시 참가자 수 제한 없이 한 화면에 표시가 가능하다.

동시에 수백 명, 수천 명의 시청자와 실시간 소통한다. 이때는 채팅의 활용이 관건이다. 필자의 경우 100여명 이상까지도 실시간 온라인으로 강의를 진행했었다. 물론 개별적인 질문과 의견 발표는 거의 어려운 것이 사실이지만, 채팅을 활용하여 일방적인 수업이 아닌 학습자와의 상당한 소통이 가능했으며 학습자도 유튜브 방송 같은 느낌을 즐기면서 강의를 들었다는 평을 받았다. 구체적인 소통 방법 등은 5장에서 상세히 다룰 것이다.

수강하는 학습자의 자기주도성이 어떠한가

자기주도학습(self-directed learning)이나 자기조절학습(self-regulated learning)[5] 능력이 부족한 학습자라면 촬영 동영상을 위주로 한 온라인 수업을 제대로 학습하기 어려울 가능성이 있다. 본인 스스로가 학습에 집중하려는 적극적인 의지를 갖지 않는 이상 감독자가 없는 상황에서 딴짓을 할 가능성은 100% 열려 있기 때문이다. 실제로 동영상을 틀어 놓고 수강 체크만 되게 하고 그 시간에 대놓고 딴짓을 하는 경우도 발생한다. 어떤 학생의 경우 한 학기 동안 인터넷 강의를 들었더니 게임 레벨만 올랐다는 우스갯소리도 들린다. 청소년을 대상으로 '실시간 온라인 수업'을 요구하는 목소리가 점차 높아지고 있는 이유도 이와 같다.

---

5   노울즈(Knowles, 1975)의 '자기주도학습'은 학습자 스스로가 주도권을 가지고 학습하는 과정과 활동이다. 짐머만(Zimmerman, 1986)의 '자기조절학습'은 학습자가 상위인지(메타인지), 동기, 행동 전략을 사용해 학습과정을 조절해 가는 학습이다(Zimmerman, 1986).

03 온라인 수업, 어떻게 구성할까

학생들만 그런 것은 아니다. 필수로 이수해야 하는 온라인 교육의 경우, 학습자는 동영상을 틀어 놓기만 하고 편하게 자기 업무를 볼 수 있다. 기업교육에서는 이런 부분을 막기 위하여 영상 중간중간에 팝업 퀴즈를 풀어야 다음으로 넘어가게 하고, 때로는 의견을 적어야 다음 내용으로 넘어가게 하는 등의 방법을 사용하기도 한다. 이런 시스템을 활용할 수 있다면 그나마 사정이 낫겠지만, 직접 강의 영상을 만들어야 하는 교수자의 처지에서 이런 기술적인 부분까지 지원해 주는 플랫폼을 찾기는 쉽지 않다.[6]

그런 점에서 자기주도성이 부족한 학습자를 위해서는 '실시간 온라인' 방식이 좀 더 적절할 수 있다. 물론 이때도 딴짓은 가능하지만, 확실히 촬영 동영상에서보다는 형편이 나으며, 교수자-학습자 상호작용을 활발히 하면 딴짓을 상당히 막고 수업에 참여하는 환경을 만들 수 있다.

학습자의 자기주도성이 낮음에도 촬영 동영상을 활용해야 하는 상황일 수도 있다. 이때는 영상의 시간을 학습자의 집중 시간에 철저히 맞추어 짧고 임팩트 있게 제작하는 것을 원칙으로 하면서, 동영상 안에서도 학습자의 주의를 끌고 상호작용할 수 있는 포인트를 만들어야 한다(이에 대한 자세한 방법은 4장에서 다룬다.). 물론 실시간 온라인에서도 수업시간은 반드시 준수하고 예정대로 쉬는 시간은 꼭 주어야 한다. 실시간 강의를 하다 보면 교수자도 편하다 보니 때로

---

6 Edpuzzle 사이트에 들어가면 영상 중간에 퀴즈를 풀어야 다음으로 넘어가게 만들 수 있으나 유튜브 등 공개영상으로만 활용될 수 있는 제한이 있다.

시간 가는 줄 모르고 수업시간이 길어지는 경우가 있는데, 기본적으로 온라인에서는 학습자의 집중력과 인내심이 오프라인에서보다 짧아진다는 전제를 가지고 가는 것이 좋다.

03 온라인 수업, 어떻게 구성할까

2. 피할 수 없는 거꾸로 교실

코로나19 이후 수업 방식은 온라인과 오프라인을 병행한 형태가 많이 활용될 수 있다. 초·중·고등학교는 한 주는 등교하여 오프라인 수업을 하고 한 주는 온라인으로 수업을 하는 방식을 진행하기도 하였다. 온라인 수업 체제는 코로나19로 인한 임시방편이 아니라 이를 계기로 상시적인 체제로 자리 잡을 수 있으며, 결국 온라인과 오프라인 교육이 연계되는 '거꾸로 교실(flipped learning)'이 확산할 것이다. 그러므로 교수자는 거꾸로 교실을 이해하고 수업 구성에 활용할 수 있어야 하겠다.

거꾸로 교실이란

거꾸로 교실에 대하여 간략하게만 살펴보자. 'flip'은 뒤집는다는 의미가 있다. 플립러닝(filpped learning)은 교실 수업 전에 학습자가 스스로 공부할 수 있는 영상을 온라인으로 제공하고, 교실 수업에서는 학습자가 해결하지 못한 문제를 풀거나 좀 더 심화학습을 동료와의 토론이나 교수자, 조교 등의 도움을 통해 수행하도록 하는 방식이다(Bates & Galloway, 2012). 혼자서 하는 부분은 혼자서 학습하고, 함께하는 수업에서는 모여서 하기에 적합한 활동을 하면서 학습의 효율을 높이자는 것이다. 이러한 수업 방식 때문에 교수자의 역할이 지식전달자에서 학습조력자, 촉진자(facilitator), 협력자로 변화하게 된다.

거꾸로 교실의 장점을 보면, 학습자가 기본 지식은 영상을 통하여 자신의 페이스에 맞게 습득할 수 있다는 점, 오프라인 수업에서는 학습자 중심 수업이 이루어지고 비판적 사고나 창의적 문제해결 등 고차원적인 학습이 가능하다는 점이 있다. 단점으로는 과제의 양이 많아질 수 있어서 학습자에게 부담이 될 수 있고, 스스로 학습을 하기 어려울 수도 있다는 점이 있다. 사전학습만으로 오프라인 수업에서 활용을 논하기에는 다소 벅찰 수 있고, 교수자의 설명(강의)이 줄어드는 점도 내용 이해의 측면에서 단점일 수 있다.

거꾸로 교실의 기본 설계: 기본 지식은 촬영 동영상 / 활용과 응용은 오프라인(또는 실시간 온라인)

거꾸로 교실의 기본적인 구성은 다음과 같다.

사전학습: 동영상

오프라인 수업에 참여하기 전에 학습자는 촬영 동영상을 보면서 기본적인 내용을 학습한다. 교수자가 사전에 제작한 촬영 동영상, 또는 유튜브 영상이나 (초등학생의 경우) EBS 자료 등을 활용할 수 있다.

03 온라인 수업, 어떻게 구성할까

적절한 사전학습 시간

동영상 사전학습의 분량에 대한 명확한 기준은 찾기 어려운데, 참고할 만한 내용으로 쿠퍼 등(Cooper et al., 2006)이 숙제가 학업성취에 어떻게 영향을 미치는지에 대해 밝힌 메타분석이 있다. 이른바 '10분 법칙(10-minute rule)'으로도 불리는데, 하루의 최대 숙제량(모든 과목을 합친)은 수업을 제외하고 학년 당 10분을 초과하지 않아야 한다는 것으로, 6학년이면 '10분×6학년=60분'이 된다. 중학생의 경우 숙제가 하루 90분 이후로는 수익이 줄어드는 지점이고, 고등학생은 90분~2시간 30분까지는 숙제로 인한 긍정적인 영향이 오르고 이후에는 줄어드는 것으로 나타났다. 쿠퍼는 숙제가 학생들을 위해 유용하지만 마치 약물처럼 너무 적게 복용하면 아무 효과가 없고, 너무 많이 먹으면 죽을 수도 있으므로 적정량을 취해야 한다고 하였다.

과목에 따라서 과제의 정도가 다를 수 있고 한국적인 상황은 다를 수 있겠지만, 학습자의 연령과 수강하는 과목의 수 등을 고려하며 학업성취에 긍정적인 영향을 주는 적절한 양을 고려해야 한다. 동영상 사전학습의 경우 영상을 보고 해야 하는 과제가 있다면 영상의 러닝타임 외에 추가로 과제에 소요되는 시간이 있다는 점을 고려하여 적절한 분량을 제시할 필요가 있다.

사전학습에 대한 체크

영상을 자발적으로 보고 오라고만 하면 제대로 하지 않는 경우가 발생할 수 있어서 사전학습에 대하여 학습일지나 성찰문 등 짤막한 페이퍼를 제출하게 하거나 질문을 올리게 할 수 있다. 사전학습 후나 오프라인 수업 도입부에서 간단하게 퀴즈를 풀게 하는 것도 방법이다. 오프라인 수업(실시간 온라인)에서 진행되는 과제에 대하여 학습자가 미리 준비하도록 과제를 줄 수도 있다.

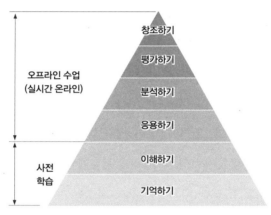

[그림 3-1] 사전학습, 오프라인(실시간 온라인) 수업에 따른 신교육목표의 수행

오프라인(또는 실시간 온라인) 수업: 학습자 활동 중심

오프라인(또는 실시간 온라인) 수업이 시작되면 교수자는 학습자가 제출한 페이퍼나 그들의 질문에 대해 피드백을 해 준다. 이해에 어려움이 있는 부분이 있다면 강의로 설명할 수도 있으나 가능하면 간략히 하도록 한다.

교수자는 짝 활동이나 모둠활동을 통하여 학습자가 토의나 토론, 팀 미션 등을 수행하도록 한다. 배운 내용을 토대로 심화한 활동과 적용 등을 하게 하는 것이 목적이다.

블룸(Bloom)의 교육목표 분류체계를 보완하여 2001년에 제시한

03 온라인 수업, 어떻게 구성할까

신교육목표 분류(Anderson & Krathwohl, 2001)는 '기억-이해-적용-분석-평가-창의'의 차원으로 나뉜다. 사전학습에서 '기억-이해'와 관련된 부분을 다루었다면 오프라인 수업에서는 그 이후의 고차원적인 부분 위주로 다루는 활동을 하게 된다. 이때 교수자는 모둠별로 필요한 지원을 해 주고 활동을 촉진한다. 모둠별로 수업의 결과물을 발표하거나 공유문서로 남기고, 교수자는 이에 대해 피드백을 해 준다.

참고로 대학교나 기업 강의에서는 3시간 기준으로 1~2시간 온라인 강의를 수강하고 이를 토대로 1~2시간은 토의와 발표 수업을 진행한다. 수업 목적에 따라 학습자 활동 중심 수업의 분량을 정한다.

오프라인 수업은 '실시간 온라인'으로 대체되어 진행되는 것도 가능하다. 그러지 않았으면 좋겠지만, 코로나19처럼 질병이나 천재지변의 상황이 혹여나 다시 발생할 경우라면 교수자는 오프라인 수업도 발 빠르게 실시간 온라인으로 전환하여 거꾸로 교실의 수업 구성을 이어 갈 수 있다.

수업 종료 후

수업 종료 후에는 오프라인 수업의 결과물을 온라인 게시판에 업로드한다. 역시 온라인 게시판을 통하여 추가적인 질의응답이나 의견을 공유한다. 토론과 댓글 활동에 대하여 교수평가나 동료평가를 할 수도 있다.

'수업 전-수업 내-수업 후'의 흐름의 예시(안미리, 2016)는 〈표 3-3〉과 같다.

〈표 3-3〉 플립러닝 수업 흐름도 예시

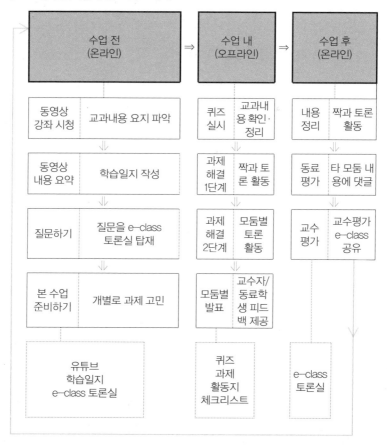

수업 전 (온라인)	⇒	수업 내 (오프라인)	⇒	수업 후 (온라인)

동영상 강좌 시청	교과내용 요지 파악		퀴즈 실시	교과내 용 확인· 정리		내용 정리	짝과 토론 활동
동영상 내용 요약	학습일지 작성		과제 해결 1단계	짝과 토 론 활동		동료 평가	타 모둠 내 용에 댓글
질문하기	질문을 e-class 토론실 탑재		과제 해결 2단계	모둠별 토론 활동		교수 평가	교수평가 e-class 공유
본 수업 준비하기	개별로 과제 고민		모둠별 발표	교수자/ 동료학 생 피드 백 제공			

유튜브 학습일지 e-class 토론실	퀴즈 과제 활동지 체크리스트	e-class 토론실

교수자의 역할 중 '지식전달자'는 중요하지 않다?

거꾸로 교실에서는 교수자의 역할이 촉진자, 학습조력자라고 하였으나 사전학습을 위한 '촬영 동영상'을 생각한다면 오히려 전통적인 '지식전달자'의 역할도 무시할 수 없다. 사전학습 자료를 기존에 타인이 만든 영상들, 예컨대 유튜브, MOOC, EBS 등을 활용할 수 있다. 그러나 대학 전공이나 기업의 직무, 회사의 특수성을 담은 (firm-specific) 교육의 경우 기존 자료의 이용에 한계가 있어서 교수자가 직접 만들어야 할 수도 있다. 학습자로서 교수자가 기존 자료를 이용할 때 불만이 생길 수 있는데, 예컨대 교수자가 유튜브 영상 보기로 수업의 상당 시간을 할애한다고 생각해 보자. 자칫 교수자가 수업에 공을 들이지 않는다는 인상을 받게 될 수도 있다.

결국 수업의 목적에 맞는 지식을 담은 영상을 교수자가 만들어야 하는 상황이 발생할 수 있는데, 사전학습의 영상은 짧고 임팩트 있어야 한다. 마치 유튜버들이 올리는 영상처럼 말이다. 그렇게 전달하기 위해서는 교수자에게 효과적인 강의력이 필요하다. 학습자에게 동영상 강좌는 이미 익숙하므로 온라인에서의 교수능력은 더욱 적나라하게 드러나고 비교되기 쉽다. 특히 최근처럼 온라인 수업이 강조되는 거꾸로 교실 상황에서는 교수자의 '지식전달자' 역할도 업그레이드가 요구된다.

3. 온라인 수업 안 예시

수업 구성을 탄탄하게 해 주는 기초이론

온라인 수업의 구성은 오프라인과는 다소 차이가 있다. 그러나 상황과 매체의 차이에 따른 부분을 반영하여 변화를 주기 위해서는 기본 수업 구성부터 잘할 수 있어야 한다. 기본에 대한 이해가 탄탄해야 응용이 가능해지기 때문이다. 수업안 구성의 기본이 되는 몇몇 이론 및 모형을 간략하게 살펴보자.

켈러(Keller)의 ARCS이론

학습자의 동기를 위하여 켈러(1987)가 제시한 네 가지 방법이다. 호기심을 자극하고 관심을 끄는 주의력(Attention), 학습자와 관련이 높을수록 집중하게 되는 관련성(Relevance), 학습자에게 적절한 수준의 과제와 평가로 성취하게 하는 자신감(Confidence), 학습의 내적·외적인 부분에서 느끼는 만족감(Satisfaction). 이 네 가지는 학습 상황에 없어서는 안 되는 요소로 온라인 수업에서도 반드시 포함되어야 한다.

메릴(Merrill)의 교수설계

메릴(1983)은 학습과제를 내용 요소로 분류하여 각각에 대한 교수방법을 제시하였다. 주로 인지적 영역에 중점을 두고 있다. '내용' 차원의 범주는 사실, 개념, 절차, 원리의 네 가지로 나누고, '수행' 차원의 범주는 발견하기, 활용하기, 기억하기의 세 가지로 나누어 '수행×내용 매트릭스'를 만들었다. 교수처방으로는 '일차원 자료 제시형(일반성과 사례, 설명식 제시형과 질문식 제시형)'과 일차원 자료의 내용을 쉽게 습득하게 해 주는 정교화 방식인 '이차원 자료 제시형(맥락, 선수학습, 암기법, 도움말, 표현법, 피드백)'이 있다.

〈표 3-4〉 Gagné의 9단계 수업사태

학습자 내부		수업사태	내용
준비 (도입)	주의집중	주의 획득	학습자의 흥미 유발
	기대	학습목표 제시	학습 끝났을 때 조건 제시
	장기기억으로부터 재생	선수학습 상기	이전 수업에 대해 회상
획득과 수행 (전개)	선택적 지각	자극 제시	본격적으로 수업 내용 제시
	유의미한 부호화	수행 요구	학습과제 요소를 통합하는 데 필요한 방법 제시
	재생, 반응	수행 유도	학습자에 의해 실행
	강화	피드백 제공	수행단계 등에 대한 피드백
재생과 전이 (정리)	인출과 강화	수행평가	다음 단계 학습이 가능한지 평가
	일반화	파지와 전이 증진	배운 것을 기억하고 실생활에 적용

가네(Gagné)의 수업사태

가네(1985)는 학습 영역을 언어정보, 지적 기능, 인지전략, 운동기능, 태도의 다섯 가지로 구분하였다. 그리고 수업을 계열화하기 위하여 9단계를 제시하였다. 교수자는 학습자의 내적 과정을 이해하고 이를 촉진하기 위한 수업사태를 제공해야 한다고 하였다. 이 흐름은 온라인 수업 구성에도 큰 참고가 된다.

교수설계 ADDIE 모형

교수설계에서 가장 많이 언급되는 모형이다. 첫 번째 단계는 분석(Analysis)으로 요구 분석, 학습자 분석(사전지식, 인지적·정의적 특성 등), 환경 분석 등이 해당한다. 두 번째 단계는 설계(Design)로 수행목표를 세우고 프로그램을 구조화·계열화한다. 온라인 상황에 적합한 교수방법이나 온라인 매체, 평가도구 등 전반적인 수업을 설계하며 청사진(설계명세서)을 만든다. 세 번째 단계는 개발(Development)로 파일럿 테스트를 시행하고 수정·보완하여 최종 산출물을 제작한다. 특히 실시간 온라인 수업에서는 온라인 플랫폼 기능과 각종 멀티미디어의 구동을 미리 테스트해 볼 필요가 있다. 네 번째 단계는 실행(Implementation)으로 현장 적용 및 유지·관리를 한다. 마지막 단계는 평가(Evaluation)로 수업, 학습자, 교수자를 평가한다.

촬영 동영상 수업안

교수자가 동영상을 촬영하여 업로드하게 되는 방식을 먼저 살펴보자. 실시간 수업이 아니므로 교수자의 일방적인 설명으로 흐르기 쉬워서 자칫 지루하고 상호작용이 사라지는 강의가 될 가능성이 있다. 촬영 동영상에서는 실시간 수업보다는 아무래도 상호작용이 떨어지기 때문에 '집중유도'와 '소통'의 느낌을 살리는 것이 주요 과제이다.

교수자는 학습자에게 촬영된 동영상을 언제, 어떻게 수강해야 하는지에 대한 안내 메시지를 작성한다. 특히 학기 초나 과정을 처음 시작할 때는 수업 게시판은 물론 문자/카톡 등을 활용하여 안내를 명확히 할 필요가 있다.

촬영 전에는 수업 내용을 준비하고 필요한 학생 배부용 자료를 준비한다. 스튜디오에서 촬영하는 경우가 아니라면 셀프 촬영 준비를 해야 한다. 셀프 촬영 방법으로는 대형 모니터(TV)를 사용할 수도 있으나 이 경우에는 PPT 글씨를 상당히 크게 하여 영상에서 읽는 데 문제가 없어야 한다. 보통은 PPT를 기반으로 하여 강의자의 얼굴을 넣는 방식으로 진행된다. 교수자의 얼굴 없이 음성만 들어가는 방식은 '교수실재감'과 '학습성과' 등의 효과가 떨어질 수 있으므로 가능하면 교수자의 얼굴이 나오게 한다. 사용할 수 있는 여러 소프트웨어가 있으며, 대표적인 무료 프로그램으로 OBS Studio 등이 있다(디지털 도구는 8장에서 다룬다.).

영상 도입부 단계에서는 활력과 미소가 있는 힘찬 첫인사로 시작하도록 한다. 보통 촬영 초반에 교수자도 경직되기가 쉬운데 의도적으로라도 촬영 30여 분 전부터 친구에게 이야기하듯이 수다스럽게, 또 편안하게 대화하거나 혼잣말이라도 해 보면 도입이 자연스러워진다. 일반적으로 도입은 무겁기보다 가볍게, 진지하기보다 편안함과 유머가 있게, 뻔하기보다 궁금해지게 만들면 좋다. 첫인사 후에는 주제와 관련하여 주의집중을 시킬 만한 짤막한 이야기나 질문, 영상, 뉴스거리 등을 던지며 주제로 연결한다. 선수학습 정보의 확인이 필요하면 간단한 질문이나 퀴즈로 점검해 볼 수 있다.

전개 단계에서는 수업 내용을 제시한다. 이해가 어려운 부분일수록 적절한 사례를 활용하고, 몰입과 재미를 주고 싶다면 차별화되고 재미있는 사례를 찾아본다. 촬영 동영상을 보는 경우 학습자의 집중이 쉽게 깨질 수 있으므로 최대한 대화의 느낌을 살리고, 내용의 흐름이 바뀔 때마다 목소리 톤에 변화를 주며(4장 1절 강감찬 떡 기법의 참조) 중요한 정보 전달 전에는 질문을 던져서 호기심을 자아내도록 한다. 칠판이나 보드판에 직접 판서하고 이 장면을 그대로 녹화할 경우, 카메라에는 생각보다 잘 담기지 않아 읽기에 어려운 경우가 빈번히 발생하므로 가능하면 스마트펜 등을 이용하여 PPT 화면에 기록하는 방법 등을 사용한다.

정리 단계에서는 중요한 포인트를 강조하며 요점정리를 한다. 주요한 부분을 빈칸 채우기나 퀴즈 등으로 풀어 보며 마무리할 수도 있다. 촬영 동영상을 보고 과제를 해야 하는 경우라면 해당 부분에 대해 안내도 해 준다.

촬영 동영상은 '상호작용' 부분이 아무래도 취약할 수 있으므로 강의 이후에 상호작용의 기회를 마련해 주어야 한다. 예컨대, 영상을 보고 궁금한 질문이나 생각해 볼 문제에 대한 의견을 게시판에 올리거나 형성평가 문제를 내주는 방법이 있다.

〈표 3-5〉 '촬영 동영상' 수업안(예시)

단계		세부내용	참고
촬영 전	수업 내용 준비	• 수업 목표와 내용 선별 • PPT 등 자료 준비 • 학생 배부용 자료 준비	
	촬영 준비	• 스튜디오 촬영 or 직접촬영 • (직접 촬영 시) 소프트웨어, 카메라, (조명), 복장 등 준비	OBS Studio, ZOOM/ Google Meet/Webex 녹화 기록 등
	수업 안내	• 수업 수강 방법, 과제 등에 대한 안내	수업 게시판, 문자/카톡
도입		• 학습자들에게 인사 • 수업 내용 관련 흥미 유발(새롭고 놀라운 에피소드, 질문이나 문제 제 시, 짧은 동영상 등) • 수업 목표 제시 • 선수학습 제시(퀴즈나 질문)	활력 있는 시작, 짧은 에피소드나 동영상
전개		• 수업 내용 제시 - 이해와 재미를 더하는 사례 활용 - 내용 흐름에 따른 목소리 변화 - 필요 시 스마트펜을 이용한 판서	대화하는 느낌 살리기, 집중을 위한 화면 전환, 태블릿PC로 판서 가능
정리		• 핵심 내용 정리 • 연습문제, 또는 생각해 볼 문제 제 시	플립러닝으로 진행 시 오프라인(실시간 온라 인) 강의를 위한 과제 제시
촬영 후		• 영상 업로드, 수업 안내 및 수업자료 공유 • 형성평가(퀴즈) 제공 및 피드백 • 온라인 게시판을 활용한 강의 관련 질의응답 • 과제부여 및 피드백	온라인 게시판, 패들렛 등

실시간 온라인 수업: 강의 중심

실시간 온라인 수업을 '강의 중심'으로 운영할 경우, 수업 구성 방식은 전체적으로 '촬영 동영상'과 비슷하다. 다만, 몇 가지 차이점이 있다.

이 방식의 경우 '교수자–학습자 실시간 상호작용'에 대한 부분을 활성화하는 교수·학습 방법을 추가해야 한다. 그러기 위해서 특히 첫 수업에는 학습자가 비디오/오디오를 확인해 볼 기회를 주도록 한다. 수업 중간에 학습자의 비디오/오디오의 문제를 인지하고 해결하려고 하면 흐름도 끊기고 시간도 소요되므로 가능하다면 초반에 확인하는 것이 좋다.

실시간 온라인 수업이 시작되기 전에는 PPT 안내 화면 등을 화면 공유(발표 시작)해 놓고 잔잔한 음악과 함께 대기하게 하는 것도 좋다. 다만, 본격적으로 강의를 시작하면서는 화면 공유를 끄고 얼굴만 크게 보이게 하면서 인사를 하고 출석 확인하기를 권한다. 온라인에서는 PPT와 함께 수업이 이루어지는 경우가 많아서 서로 얼굴을 집중해서 보기가 쉽지 않다. 수업 초반과 마지막에는 얼굴만 집중해서 마주하며 소통의 수준을 끌어올리기를 권한다.

전개 단계에서는 '교수자–학습자 상호작용'을 최대한 살리도록 진행한다. 주요 정보가 나오기 전에는 질문을 통해서 학습자가 고민하며 생각해 보게 만든다. 학습자 수가 많다면 채팅 등을 활용할 수도 있다. 중간중간 학습자의 질문을 소화하며 피드백을 주되, 질문이 자연스럽게 나올 수 있도록 '의무 질문제'나 '질문 적기' 기능을 활용할 수도 있다.

정리 단계에서는 주요 핵심 내용을 확인하고 퀴즈를 풀 수 있다. 실시간이라는 장점을 살려서 퀴즈를 바로 풀고 피드백을 줄 수도 있다. 또는 다음 시간이 시작할 때 퀴즈를 통해 지난 시간을 회상하게 하는 것도 좋은 방법이다.

〈표 3-6〉 '실시간 온라인 수업: 강의 중심' 수업안(예시)

단계		세부내용	참고
수업 전	수업 내용 준비	• 수업 목표와 내용 선별 • PPT 등 자료 준비 • 학생 배부용 자료 준비	
	실시간 강의 준비	• 온라인 플랫폼 숙지 • 웹캠(카메라, 마이크), (조명), 복장 등 준비	ZOOM, Google Meet, Webex 등
	수업 안내	• 수업시간 접속 안내	수업 게시판, 문자/카톡
도입	인사 및 안내	• 학습자들과 인사 및 출석 확인 • (첫 수업은 전체적으로 비디오/오디오 확인하기를 권장) • 실시간 온라인 수업 방식 안내	화면 공유(발표 시작)를 하지 말고 얼굴만 보이게 하여 소통하기
	흥미유발 및 선수학습 확인	• 수업 내용 관련 흥미유발(새롭고 놀라운 에피소드, 질문이나 문제 제시, 짧은 동영상 등) • 수업 목표 제시 • 선수학습 제시(퀴즈나 질문)	설문지, 소크라티브, 멘티미터, 카훗 등
전개	수업 내용 제시	• 수업 내용 제시 　- 이해와 재미를 더하는 사례 활용 　- 내용 흐름에 따른 목소리 변화 　- 화이트보드 기능으로 스마트펜을 이용한 판서	집중을 위한 화면 전환, 태블릿PC로 판서 가능
	교수자-학습자 상호작용	• 교수자-학습자 상호작용 　- 중간중간 교수자가 학습자에게 질문하고 학습자도 질문하게 하며 교수자-학습자 실시간 상호작용 활성화	음성/채팅/구글독스/패들렛[7] 등을 활용해 질문 및 의견 제시

정리	• 핵심 내용 정리 • 연습문제 등 형성평가 • 다음 차시 수업 예고	설문지, 소크라티브, 멘티미터, 카훗 등
수업 후	• 온라인 게시판을 활용한 강의 관련 질의응답 • 과제부여 및 피드백	온라인 게시판, 패들렛 등

실시간 온라인 수업: 학습자 중심 수업

거꾸로 교실(플립러닝) 형태로 진행될 경우, 실시간 온라인 수업은
오프라인의 토의·토론·팀 활동을 온라인으로 가져온 형태가 된
다. 교수자는 사전학습 내용을 문서나 촬영 동영상으로 제시하여
학습자가 미리 공부해 오도록 한다. 특히 수업에서 하게 되는 논의
등의 활동에 대하여 학습자가 고민해 오도록 해야 실시간 온라인
수업이 원활하게 진행될 수 있다. 예컨대, 사전학습을 하며 이해가
안 되는 내용을 게시판에 적게 하거나, 실시간 수업에서 있을 토
의·토론·팀 활동 주제를 미리 공개해서 소스를 갖추어 수업에 참
여하게 한다.

실시간 온라인 수업은 교수자의 강의보다 학습자의 상호작용 위
주로 진행된다. 학습자 중심의 수업은 아름답고 이상적으로 보인
다. 그러나 교수자가 철저히 준비하고 설계하지 않으면 생각하지 못
한 학습자의 차갑고도 저조한 참여에 마주하게 되기에 십상이다. 그
러므로 학습자-학습자 상호작용에 대한 이해가 필요하다(6장 참조).

---

7 상세한 설명과 사용법은 8장에서 다룸

실시간 온라인 수업을 '학습자 중심 수업'으로 운영할 경우, 전개 단계에서는 우선 학습자가 사전학습을 하면서 가지게 된 의문점을 공유할 수 있다. 질문을 실시간, 또는 온라인으로 미리 받고 이에 대해 교수자가 답변해 주거나 학습자들끼리 논의한 후에 교수자가 피드백을 줄 수 있다. 학습자가 어려워하는 부분은 교수자가 강의식으로 설명해 줄 수 있으나 이 부분이 너무 길어지지 않도록 주의한다.

토의·토론·팀 활동의 경우 사전에 배운 내용을 활용하고 응용할 수 있는 미션을 주되 논의의 목적, 제한시간 등 해야 하는 바를 명확하게 제시해야 한다. 참고로 ZOOM, Google Meet, Webex 등의 온라인 플랫폼에는 소모임 회의실을 만들 수 있는 기능이 있다. ZOOM의 경우 교수자(운영자)가 소그룹에 입장하여 논의 사항을 지켜볼 수도 있다. 논의 상황을 보고 싶거나 논의가 잘 진행되지 않는다고 판단될 경우 그러한 기능을 활용할 수도 있으며, 교수자의 개입이 적절하지 않다고 판단되면 팀별 회의를 자체적으로 진행하도록 하고 교수자는 안내만 해 줄 수도 있다. 팀별 논의 결과는 대표자가 발표하거나(한 명만 계속하지 않도록) 구글독스(Google Docs)나 패들렛(Padlet)으로 논의 내용을 기록하여 전체적으로 공유하고 피드백을 나눌 수 있도록 한다.

정리 단계에서는 수업의 핵심을 다시 재확인하고, 활동에 대한 교수자의 전체적인 피드백을 준다. 특히 플립러닝 방식에서는 사전학습이 필수적이기 때문에 이 단계에서 다음 수업에 대한 안내와 준비 사항을 반드시 제시해 주도록 한다.

〈표 3-7〉 '실시간 온라인 수업: 학습자 중심 수업' 수업안(예시)

단계		세부내용	참고
수업 전	수업 내용 준비	• 수업 목표와 내용 선별 • PPT 등 자료 준비 • 학생 배부용 자료, 준비 및 공유	촬영 동영상을 사전학습 자료로 제시할 수 있음
	실시간 강의 준비	• 온라인 플랫폼 숙지 • 디지털 도구 사용 시 사전 테스트 • 웹캠(카메라, 마이크), (조명), 복장 등 준비 • 온라인 소그룹 팀 구성을 미리 확인	ZOOM, Google Meet, Webex 등
	수업 안내	• 수업시간 접속 안내 • 수업에서 하게 되는 활동에 대한 사전 준비 안내	수업 게시판, 문자/카톡
도입	인사 및 안내	• 학습자들과 인사 및 출석 확인(팀별로도 가능) • 실시간 온라인 수업 방식 안내	화면 공유(발표 시작)를 하지 말고 얼굴만 보이게 하여 소통하기
	흥미 유발 및 선수학습 확인	• 수업 내용 관련 흥미 유발(새롭고 놀라운 에피소드, 질문이나 문제 제시, 짧은 동영상 등) • 수업 목표 제시 • 선수 학습 확인(퀴즈나 질문)	설문지, 소크라티브, 멘티미터, 카훗 등

전개	교수자-학습자 상호작용	• 학습자의 질문 소화
		  - 사전학습에 대한 궁금증에 교수자가 답변
		  - 소그룹 회의실에서 팀별로 궁금증을 공유 → 답을 논의해서 발표 → 교수자의 피드백
			소그룹 회의실/채팅/구글독스를 활용해 질문 및 의견 제시

	학습자-학습자 상호작용	• 팀별 토의 및 공유 - 사전학습을 토대로 활용·응용에 대한 과제를 팀별로 논의 → 팀별로 토의해서 발표하거나 구글독스로 정리해서 공유 • 찬반, 또는 방법이 여러 가지인 과제는 투표 등도 가능 • 어려워하는 개념은 강의로 설명할 수 있으나 가능한 최소로 함	소그룹 회의실을 통한 팀별 토의, 구글독스/패들렛을 활용한 팀별 결과물 공유

03 온라인 수업, 어떻게 구성할까

단계	세부내용	참고
정리	• 핵심 내용 정리 • 토의·토론·팀 활동에 대한 교수자의 종합 피드백 • 다음 차시 수업 예고 및 사전학습 제시	
수업 후	• 온라인 게시판을 활용한 강의 관련 질의응답 • 과제부여 및 피드백	온라인 게시판, 패들렛

　　지금까지 온라인 수업안의 예시를 몇 가지 살펴보았다. 과목의 성격과 수업의 목적에 따라 일부만 채택되어도 무방하며 자유롭게 수정되고 첨삭되거나 결합할 수 있다. 그 결정을 가장 적합하게 할 수 있는 사람은 해당 과목에 대해 이해가 높은 교수자 자신일 것이다. 여러 활동을 어떻게, 또 얼마나 배치할지는 매우 다양한 모습으로 나타나겠지만, 강의 중심이든 학습자 활동 중심이든 '상호작용'이 활성화될 때 수업에 생기가 생기고 학습에 활력이 생긴다는 사실은 잊지 말자!

04

교수자-학습자 상호작용 전략: 촬영 동영상

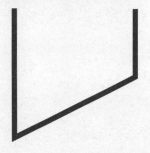

1. 카메라 마주하기

촬영 동영상을 만들기 위하여 무엇을 준비하고 갖추어야 할지, 또 촬영 연출은 어떻게 해야 할지를 비롯해서 모든 것이 막막할 수 있다. 두려움이 앞설 수 있지만 사실 몇 가지만 갖추면 혼자서도 촬영 동영상을 뚝딱 해낼 수 있다. 촬영을 위한 기본 준비와 함께 학습자들이 소통하는 영상으로 느껴지게 만들기 위한 연출 방법을 살펴보자.

[그림 4-1] 동영상 강좌를 촬영하는 모습

촬영을 위한 기본 도구와 구도 갖추기

촬영 기기 갖추기

전문적인 카메라와 마이크를 갖추고 영상을 찍을 수도 있으나 교수자가 모든 것을 갖추기는 어렵다. 최근에는 휴대전화가 고성능의 카메라와 마이크로 무장한 경우가 많아서, 굳이 최신의 카메라와 마이크를 갖추지 않고 휴대전화로 촬영해도 화질과 음질이 괜찮게 나온다.

자리에 앉아서 PPT와 함께 촬영하는 경우라면 웹캠을 이용할 수 있다. 교수자의 입장에서 웹캠의 위치는 눈높이 정도가 장시간 동안 보기에 편하다. 노트북이라면 자체 웹캠이 있어 비디오와 오디오가 해결된다. 다만, 화질이 대단히 좋은 편은 아니므로 화질이나 음질이 더 낫기를 원한다면 웹캠을 구매하여 사용한다. 웹캠의 경우는 막상 화질보다 음질이 문제인 경우가 있다. 너무 저가일 경우 '치익' 하는 화이트 노이즈가 지속적으로 들릴 수 있으므로 이를 고려하여 준비한다. 또는 드로이드캠(DroidCam) 등의 앱을 이용해서 휴대전화를 웹캠처럼 사용할 수 있는 방법도 있다(이 방법은 8장에서 소개한다).

영상과 사진은 '조명발'이라 불릴 정도로 조명에 따라 얼굴빛이 달라지기도 한다. 교수자의 얼굴이 화사하게 나오기 원한다면 작은 조명을 얼굴 앞쪽에 놓고 사용할 수도 있다. 조명을 쓰지는 않더라도 커튼을 열고 태양빛을 얼굴에 받으며 찍는 것만으로도 일종의 포토샵 효과가 된다. 최소한 등(빛)을 등지고 찍어서 교수자가 너무 어둡게 나오지 않도록 하기를 권한다.

영상의 구도 정하기

영상의 구도는 다양하지만 크게 두 형태로 나뉜다. 첫 번째 형태는 EBS 방송과 같은 구도로 뒤에 큰 화면이 있고 교수자가 그 앞에 서서 강의하는 형태이다. 때로 슬라이드 화면이 영상 전체에 꽉 차게 나오도록 전환되기도 한다.

두 번째 형태는 PPT 화면이 중심이 되면서 교수자의 얼굴이 하단에 작게 나오는 경우이다. 종종 얼굴 없이 PPT에 교수자의 목소리만 입히는 때가 있는데 '교수실재감'에 있어서 긍정적이지 않다. 시각을 사로잡는 다채로운 애니메이션과 디자인이 가득한 경우가 아니라면(일반적인 교수자는 이 정도 수준으로 영상을 만들기 어렵다.) 학습자는 흥미를 쉽게 잃을 수 있다. PPT 화면이 중심이 되며 교수자의 얼굴이 함께 나온다면 그래도 사정이 좀 더 나아진다. 이 구도의 경우 PPT를 띄워 놓고 웹캠만 있으면 바로 영상을 찍을 수 있어서 촬영도 편리하다. 이처럼 촬영하려면 전문적이고 엄청난 프로그램을 사용해야 할 것 같지만, 'OBS Studio'와 같은 간단한 무료 프로그램도 있다. 또는 ZOOM/Google Meet/Webex 등의 '기록(녹화)' 기능을 이용하여 PPT 화면 공유를 한 상태에서 교수자의 얼굴이 옆에 나오게 하는 식으로 촬영하는 것도 가능하다.

[그림 4-2] 촬영 동영상을 위한 화면 구성 방식

PPT 녹음 시 참고사항

이 책에서는 PPT에 교수자의 목소리만 입히는 방식은 추천하지 않지만 해당 방식으로 영상을 만드는 경우도 있기에 주요 이슈 몇 가지만 체크하고자 한다.

PPT 녹음 시에는 '슬라이드쇼/슬라이드쇼 녹화' 기능을 이용하게 된다. 녹음을 했는데 영상에 목소리가 일부 들어가지 않는 경우가 있다. PPT 녹음 시 슬라이드쇼는 '1 → 2 → 3'식으로 전진만 해야 한다. 만약 '1 → 2 → 3 → 2'처럼 녹음한다면 후진한 슬라이드 2는 덮어쓰기로 녹음이 되어 이전 녹음본을 잃게 된다. 녹음을 마무리하였는데 중간의 특정 슬라이드만 다시 녹음해야 한다면 해당 슬라이드에 간 후에 '슬라이드쇼 녹화/현재 슬라이드에서 녹음 시작'을 하면 그 슬라이드만 재녹음이 된다. 추가적으로 슬라이드가 넘어가는 타이밍에는 녹음되지 않는다. 이때는 말하지 말고 기다려야 한다.

녹음 후 영상으로 만들 때는 '내보내기/비디오 만들기'를 한다. 생각보다 파일로 만드는 시간이 오래 걸리는데, '인터넷 품질'로도 큰 무리는 없으므로 필요 시 품질을 다소 조정하여 파일 생성 시간과 용량을 줄일 수 있다. 참고로 OBS Studio를 이용해서 녹화하면 녹화 종료와 함께 파일이 바로 생성되어 편리하므로 PPT 슬라이드쇼 녹화가 아닌 다른 녹화 방식을 이용하는 것도 방법이다(8장 참고).

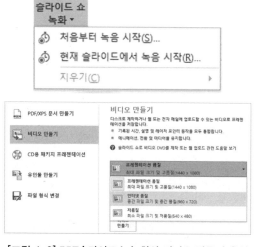

[그림 4-3] PPT슬라이드쇼 녹화와 비디오 만들기 옵션

영상 시간 정하기

대학의 경우 10년 가까이 유지된 영상 시간에 관한 규정이 있었다. 1시간 오프라인 강의는 25분 이상의 온라인 동영상으로 제작되도록 하는 지침이 있었다. 3시간 강의는 최소 75분 이상 제작되어야 했다. 이러한 원격강의 관련 규정은 2020년 3월 교육부에서 없애면서 최소한의 기준이 사라지게 되었다. 단, 실시간 쌍방향 수업의 경우 교육부의 2020년도 2학기 지침에서는 1교시당 초등학교는 40분, 중학교 45분, 고등학교는 50분을 채우도록 하였다.

교수자는 규정상으로는 영상 시간에 큰 제한을 둘 필요가 없어 보인다. 그러나 전면 촬영 동영상으로 수업이 진행되면서 영상 시간이 이보다 짧아지면 수업의 질 저하에 대한 목소리가 나올 수 있으므로 과거에 이러한 기준이 있었다는 부분을 어느 정도 염두에 둘 필요는 있어 보인다. 물론 단순한 영상의 러닝타임보다 학습자가 체계적으로 학습할 수 있도록 설계하는 것이 더욱 중요하겠지만 말이다.

아이 콘택트는 쌍방향으로

오프라인 강의에서 교수자가 특정 학습자만 눈 맞춤을 하지 않는다면 그 학습자는 어떻게 될까? 수업에 관심이 있었던 학습자라면 곧 마상(마음의 상처)을 입고 그 사람 역시 교수자를 보지 않게 된다. 반대로 수업에 흥미가 높지 않은 학습자는 마음 놓고 딴짓을 하게 된다.

마찬가지로 온라인에서도 눈 맞춤은 소통의 시작이다. 촬영 동영상이라면 교수자의 시선은 카메라 렌즈를 학습자의 눈처럼 바라봐야 한다. 처음에는 어색할 수 있다. 그러나 교수자가 자연스럽게 카메라 렌즈를 바라봐야 학습자도 교수자가 나를 바라본다고 자연스럽게 받아들인다는 사실을 잊지 말자.

카메라 렌즈의 어색함 깨기

필자가 스피치 교육에서 눈 맞춤을 어색해하는 분들을 위해 하는 훈련이 있다. 청중과 가장 비슷한 사진을 뽑아 놓고 그 사진을 바라보며 스피치 연습을 하는 것이다(장한별, 2018). 몇 주만 그렇게 훈련하면 어색함은 금세 사라진다. 카메라 렌즈도 마찬가지이다. 카메라 렌즈를 바라보며 말하는 훈련을 몇 주만 해도 적응의 동물인 사람은 빠르게 익숙해질 것이다. 온라인 강의 직전에 렌즈를 바라보며 5분 정도 대화하듯 혼잣말을 해 보는 것도 도움이 된다.

표정은 다채롭게

온라인상에서는 교수자의 표정이 오프라인에서보다 훨씬 잘 보이기 때문에 오프라인 때보다 감정이 더 잘 전달된다. 그런데 반대로 말하면 교수자의 차가운 표정도 오프라인에서보다 더 적나라하게 보인다는 점이다. 가뜩이나 직접 만나지 못해서 인간미가 떨어지는 상황에서 교수자의 표정이 굳어 있다면 학습자의 표정은 더 굳어 가게 된다. 온라인에서 가장 취약한 부분 중 하나가 '정서적'인 영역이기도 하다.

사람에게는 다른 사람의 행동을 자신도 모르게 따라 하게 하는 '거울신경세포(Mirror neuron)'가 있다. 교수자가 어떻게 하느냐에 따라 이 세포는 긍정적으로, 또는 부정적으로 작용할 수 있다. 교수자는 학습자가 수업을 지루해하지 않고 생기 있게 몰입하기를 원한다. 그렇다면 교수자가 먼저 활력을 갖추어야 한다. 수업의 분위기는 절대적으로 교수자에 의해 달려 있다. 활력 있는 진행과 다채로운 표정은 수업의 단조로움을 깨고 학습자의 주의를 끌 수 있으며, 이를 보는 학습자도 표현하고 참여할 수 있게 해 주는 기반이 된다. 그렇다면 카메라를 통해 자연스럽고 다채로운 표정을 학습자에게 전하려면 어떻게 해야 할까?

수업의 처음과 끝에는 무조건 밝은 미소를 짓자

교수자가 시종일관 입꼬리에 쥐가 나게 웃을 필요까지는 없다. 심각하고 진지하게 내용 전달도 하고 때로는 조금은 따끔한 피드백도 해야 할지 모른다. 그렇다고 해도 수업의 처음과 끝의 느낌은 무조건 긍정적이고 밝아야 한다. 교수자가 이런 느낌을 연출해야 하는 이유는 먼저 제시된 정보가 다음 정보보다 강력한 영향을 끼치는 '초두효과'와 가장 나중에 제시된 것을 잘 기억하는 '최신효과' 때문이다.

온라인 수업을 시작하기 전에 다음과 같은 표정 훈련을 하자. 렌즈를 보며 '나는 가장 귀엽고 친근한 사람이다.'라는 메시지를 반복하며 '앙!'이라는 소리와 함께 입꼬리를 올려 보자. 그리고 그 미소를 5초간 유지해 보자. 이렇게 5~10번 정도 반복한 뒤 그 느낌으로 온라인 수업을 시작하자. 수업을 마무리할 때 역시 꾸지람이나 비판이 아닌 격려와 응원의 메시지를 전하며 '앙!'의 미소로 마무리하자.

사례에서 감정을 더 드러내자

교수자가 다채로운 표정을 보여 주려고 일부러 표정 훈련을 할 수도 있겠지만 그보다 필자가 추천하는 방법은 수업 내용의 사례에서 희로애락의 감정적인 부분이 나오면 그 감정을 자제하거나 누르지 말고 조금 더 표현해 보는 것이다. 사례 부분은 친한 친구에게 이야기한다고 생각하면서 학습자에게 전하다 보면 감정 재생이 좀 더 쉬워진다.

필자는 사례에서 재미와 몰입을 잡으려고 노력한다. 오감을 살려 이야기를 표현하다 보니 학습자들로부터 '표정이 배우 같다', '눈알이 튀어나오시는 줄', '연기대상감이다'라는 피드백을 받았다. 학습자들에게 받은 연기대상이라 교수자로서 큰 영광이거니와 그들이 수업에 집중하고 있다는 의미이기도 해서 뿌듯했다. 교수자가 사례에서 감정을 살리면 표정은 다채로워질 것이고 학습자들은 생생한 표정을 보며 정서적인 교감과 실재감을 느끼게 될 것이다.

[그림 4-3] 교수자의 다채로운 감정 표현

목소리에 변화를

온라인상에서는 학습자들이 이어폰으로 강의를 듣는 경우가 많다. 오프라인에서보다 청각적인 자극을 더 크게 받을 수밖에 없다. 교수자의 강의 톤이 바람 한 점 없는 고요한 호수처럼 계속 잔잔하고 일정하다면 학습자는 금세 정신을 잃게 되기 십상이다. 그렇다고 교수자가 학습자를 집중하게 만들겠다고 강한 톤으로 강의를 이끌어 가다 보면 학습자가 이어폰으로 듣기에는 상당히 불편할 수 있다.

동영상 강의는 들으면서 여러 유혹에 빠지기 쉽다. 인내심이 오프라인에서보다 빠르게 바닥난다. 잔잔한 호수에서 가끔 바람이 일어서 출렁하고 새들이 끼룩끼룩 울며 날아가야 졸음에서 깨고 주의 집중을 하게 되듯 온라인 수업에서도 목소리의 변화가 필요하다.

보통 '목소리 훈련'하면 복식호흡 등의 발성 훈련이 먼저 생각날 수 있는데 온라인 수업에서는 마이크가 가까이 있고 목소리가 잘 담기는 상황이라서 상대적으로 발성의 중요성은 드러나지 않는다. 그렇다면 교수자가 목소리에서 신경 써야 할 부분은 무엇일까?

기본적인 강조법 '강감찬떡'

스피치에는 어느 정도 목소리의 변화가 필요하다. 많이 활용되는 변화를 모아서 '강감찬떡'이라고 이름을 붙여 보았다(장한별, 2018).

'강'은 목소리 강약의 변화이다. 중요한 내용은 강하거나 약하게 하면 강조가 된다. 평소 강의의 어투가 밋밋하다면, 한 문장 안에서도 중요한 부분만 강하게, 또는 약하게 강조를 해 보면 전달력 향상에 도움이 된다.

'감'은 감정을 의미한다. 앞서 '사례에서 감정 드러내기'를 했다면 이 부분은 자연스럽게 반영된다. 가능하면 감정이 들어간 부분을 '대사'로 바꿔 버리면 감정 전달을 극대화할 수 있다.

'찬'은 천천히, 또는 빠르게의 속도 변화이다. 학습자는 교수자의 말 속도의 호흡을 따라간다. 교수자가 빠르게 랩 하듯이 강의를 한다면 학습자가 따라가기 버거울 수 있다. 반대로 너무 느리면 역시 잔잔한 호수가 되어 학습자가 졸음에 빠질 수 있다. 따라서 교수자는 말의 속도에 변화를 주기를 권한다. 예컨대, 사례 전달 시에는 대화하듯이 약간 속도감 있게 하다가 중요한 내용을 짚어 줄 때는 속도를 다소 늦추어 강조를 주는 것이다. 특히 촬영 동영상에서 필요한 것이 '쉼(pause)'이다. 학습자의 반응이 실시간으로 보이지 않기 때문에 교수자는 자칫 브레이크 없이 액셀만 밟으며 강의를 이끌어 갈 수 있다. 교수자는 학습자가 눈앞에 있다는 '학습자 실재감(Learner presence)[1]'을 가지고 수업의 페이스를 조절해 갈 필요가 있다. 특히 학습자가 어렵다고 느낄 법한 내용에서는 속도를 늦춘다거나 '쉼'을 통해서 생각할 여유, 메시지가 흡수될 여유를 주어야 한다.

참고로 평소에 말 속도가 빠른 교수자라면 전체적인 속도를 모두 늦추기보다 말소리의 길이를 늘여 본다는 느낌으로 연습하면 도움이 된다. 특히 문장과 문장 사이, 문단과 문단 사이에 충분한 '쉼'만 두어도 학습자로서는 듣고 받아들이기가 상당히 편해진다.

'떡'은 떡밥 멘트(田中イデア, 2009)를 의미한다. 학습자의 관심을 순간적으로 끄는 멘트로 중요한 내용과 사례를 전하기 전에 사용하면 효과적이다. 예컨대, "얼마 전에 가슴 철렁한 일이 있었습니다.", "TV 예능에서 요즘 이런 이야기가 나오더라고요."와 같은 멘트이다. 참고로 교수자가 많이 쓰는 단골 떡밥 멘트로는 "이 부분 시험에 나옵니다."가 있다. 이 멘트는 많이 쓰면 교수자 불신의 계기가 될 수 있으므로 꼭 필요할 때만 쓰도록 한다. 이 멘트 외에도 수업 주제나 사례에 귀를 기울이게 만드는 멘트를 고안해 보자.

---

1 '학습자 실재감'은 학습자가 실제로 내 앞에 있다고 느끼고 지각하는 것으로, 특히 온라인 수업에서 교수자에게 필요한 부분이라고 판단되어 필자가 제시한 개념이다. 좀 더 자세한 내용은 이 장의 3절에서 다룬다.

04 교수자-학습자 상호작용 전략: 촬영 동영상

온라인 수업에서 특히 체크해야 할 목소리 변화

앞서 살펴본 '강감찬떡' 강조법이 듣는 재미를 풍성하게 해 줌에도 온라인에서는 사용에 좀 더 주의를 기울여야 하는 부분이 있다.

우선 기본적인 교수자의 톤은 다이내믹한 변화가 있기보다 안정적이고 듣기 편안한 것이 좋다. 예컨대, 온라인 강의 시에 교수자가 너무 강하게 강조하며 이야기하면 이어폰으로 듣는 학습자는 불편할 수 있을 것이다. 필자가 들었던 온라인 강의 중에 가장 기억에 남는 분은 목소리의 느낌이 라디오 디제이(DJ) 같았다. 강조와 변화가 있으면서도 그 진폭이 귀에 거슬리지 않았고 마치 티타임 속에 이야기하듯이 듣기에 편안했다. 필자는 예전에 오디오북 아티스트로 잠시 일한 적이 있다. 과거에 동화구연이나 웅변으로 실력을 쌓아 왔기에 강조법을 다채롭게 넣어서 녹음했더니 대표님과 성우 분으로부터(운 좋게도 성우 서혜정 님께 코칭을 받을 기회가 있었다.) '오랫동안 듣는 음성 콘텐츠는 듣기 편안한 것이 제일이다'라는 피드백을 들었다. 물론 강조법의 변화는 다채롭게 필요하지만 편안하게 들리는 범위 안에서가 바람직하다. 장시간 온라인 강의를 듣는 학습자를 생각한다면 교수자도 성우가 전하는 이 피드백을 기억할 필요가 있다.

교수자에게 필요한 목소리는 단순히 좋고 나쁨이나 또는 아나운서처럼 깔끔하고 완벽히 정돈된 느낌이 드느냐와는 차이가 있다. 인기 유튜버(Youtuber)는 하나같이 편안하면서도 강조법을 살리는 목소리를 연출한다. 마찬가지로 온라인 수업에 있어서 자연스럽고 친근하게 '대화'하는 느낌으로 강의하는 경우 학습자의 마음을 움직이게 될 것이다.

영상에 변화주기

같은 화면 구성으로 강의가 계속 진행되면 학습자의 입장에서 다소 지루할 수도 있다. 교수방법도 다채롭게 섞어서 사용하듯이 화면 구성에 변화를 주는 것도 시도해 볼 수 있다. 예컨대, 스크린을 뒤에 두고 교수자가 앞에 서는 화면과 PPT 중심으로 나오면서 교수자가 하단에 작게 나오는 화면 등을 중간중간 전환할 수 있다.

인터넷강의(인강) 강사들에게는 시청하는 학습자들이 영상에 오래 머물고 계속 수강하는지의 여부가 수입으로 직결된다. 학습자들이 흥미를 갖고 강의를 듣게 만들기 위하여 임팩트를 주는 자신만의 아이템을 가지고 강의를 하는 강사도 있다. 어떤 강사는 중요한 부분에서 분필을 격파하고, 어떤 이는 큼지막한 고양이 머리띠를 착용하며, 어떤 이는 삽자루를 들고 강의한다. 그런가 하면 학습자가 흥미를 갖는 만화나 영화의 등장인물로 복장까지 바꾸는 예도 있다.

'저렇게까지 해야 하나?' 싶을 도 있지만 학습동기가 낮은 학습자에게는 시각적인 자극이 확실 시선을 끌 수 있다. 다소 엉뚱한 방법인 것 같지만 학습자가 수업 집중하게 되었다면 교수자로서는 성공한 셈이다. 필자의 경우도 학습방법을 탐색하는 강의에서는 가끔 탐정의 콘셉트로 변신한다. 학습자들은 빵 터지면서 재미있어하고 강의 내용에 집중하게 된다 밋밋한 영상에 뭔가 변화를 주고 싶다면 복장이나 배경의 변신을 도해 보는 것도 학습자들에게 색다른 집중의 포인트가 될 수 있다.

[그림 4-4] 시각적인 변화를 시도한 장한별 강사의 강의 모습

    영상을 찍는 장소의 변화를 주는 것도 가능하다. 강의 주제와 관련된 현장을 찾아가거나 야외에서 영상을 찍는다면 학습자의 입장에서 새롭고 신선하게 느껴질 수 있다. 다만, 외부의 경우 소음이 많이 들어가지 않도록 주의할 필요가 있다. 또는 크로마키 촬영을 통해 배경을 바꿀 수도 있다. 크로마키는 날씨 예보처럼 그린 스크린에서 촬영하고 여기에 기상도 영상을 합성하는 방식이다. 전문적이고 어려울 것 같지만, 단일 색상의 천만 있으면 집에서도 얼마든지 촬영이 가능하다. 크로마키 촬영은 녹색이나 파란색의 천이나 벽을 이용하는 경우가 많다. 해당 공간에서 원하는 배경을 입히면 교수자가 하와이든지 우주든지 색다른 곳에서 강의하는 모습을 연출할 수 있다. 이러한 구체적인 방법은 부록의 영상을 참고하기 바란다.

    교수자 혼자 영상에 나오는 방식을 탈피할 수도 있다. 예컨대, 다른 교수자와 함께 듀얼 진행을 하면서 대화를 주고받거나 토론을 할 수 있다. 특정 분야의 전문가에게 인터뷰를 하는 방식으로 영상을 찍을 수도 있다. 교수자의 입장에서도 영상을 혼자 찍으면 어색하지만 다른 출연자와 함께라면 자연스럽게 찍을 수 있다는 점도 좋다. 유튜브의 많은 영상이 대화의 방식을 연출하고 있으며, 실제로 이런 방식을 적용한 기업과 학교의 온라인 영상은 토크쇼의 느낌으로 학습자들의 좋은 반응을 얻고 있다.

교수자가 일방적으로 전달하는 영상에 변화를 불어넣어 보자. 대화의 느낌을 선사하고 새로운 경험을 줄수록 학습자의 흥미와 집중, 실재감은 높아지게 될 것이다.

2. 상호작용의 핵심: 질문 전략

성공적인 수업을 위해서는 학습자가 최대한 능동적으로 수업 내용을 습득하고, 또 깊이 사고하며 심화하여 학습해 가도록 해야 한다. 그 과정에서 '질문'의 중요성은 아무리 강조해도 부족하다. 촬영 동영상이든 실시간 온라인 수업에서든 '질문'을 어떻게 주고받느냐가 교수자-학습자 상호작용의 핵심적인 부분이 된다. 이 절에서는 교수자가 온라인 수업 중에 학습자에게 던질 수 있는 질문 방법을 살펴보자.

위험한 질문

"장한별 학생, 지난 시간에 배운 게 무슨 법칙이었죠? (침묵) 왜 모르죠? 공부 안 했나요?"

교수자의 질문으로 교실이 얼어붙는 상황을 다들 경험하였을 것이다. 질문받은 학생이 두려움에 떨며 입을 열지 못하면, 교수자는 이어서 묻는다.

"그 옆의 학생! 답이 뭐죠?"

이쯤 되면 교수자가 부르는 명단이 저승사자의 명부나 살생부 같다. 학습자들은 머리에 총부리가 겨누어진 사람처럼 두려움 속에 답을 찾으려 하지만 얼어붙은 뇌는 로딩이 잘 안 된다.

교수자가 '답을 내놓아라' 하는 질문은 학습자에게 공격적으로 느껴지기 쉽고 부담이 커지면 사고하기보다 포기하게 될 수 있다. 정답을 묻지 말고, 또는 학습자를 지목해서 질문하지 말라는 의미가 아니다. 학습자가 공포에 떨지 않으면서 차근차근 생각할 수 있도록 질문 상황을 잘 디자인할 필요가 있다.

"문화란 뭘까요?"

종종 이런 추상적이고 모호한 질문을 던지고 나서 학습자들이 답이 없다며 소극적이니 배울 의욕이 없다느니 하고 한탄하는 교수자가 있다. 투수가 공을 잘 던져야 포수가 잘 받는다. 애초에 학습자들이 생각할 수 있는 방향이 아닌 쪽으로 흘러가는 질문에는 누구도 대처할 수 없다. 그렇다면 어떤 질문이 좋은 형태일까?

호기심을 자극하는 질문

이 질문은 학습자들에게 지적인 갈증을 불러일으켜 학습 내용에 관해 관심이 가고 궁금해지게 만든다. 몇 가지 예를 살펴보면 다음과 같다.

인간이 AA전지로 에너지를 공급받는다면 하루를 살기 위해 전지가

몇 개나 필요할까요?

– 조벽 교수(열역학 강의 中) –

당신이 전차를 운전하는 중에 갑자기 브레이크가 들지 않는다. 그대로 가면 인부 세 명을 들이받고 측선으로 꺾으면 한 명과 부딪히게 된다면 어떻게 하겠는가? 어떤 것이 정의로운가?

– 마이클 샌델 교수(정치철학 강의 中) –

연예인 ○○가 바다에서 구조를 기다리고 있다. 목이 마른 나머지 바닷물을 마셨다. 탈수현상으로부터 구하려면 얼마 안에 구해야 할까?

– 교수법 워크숍 中–

이러한 질문은 보통 도입부, 또는 새로운 개념이 등장할 때 사용할 수 있다. 호기심을 자극하는 질문은 새롭고 신선하거나, 반대로 학습자와 친숙한 배경지식이나 실생활(관심사, 이득)과 연결되어야 효과적이다. 이러한 질문은 학습자를 학습으로 오게 하는 초대장과 같은 역할을 한다. 촬영 동영상, 실시간 온라인 수업에서 모두 활용할 수 있다.

프레이밍(Framing) 질문

컵에 물이 반 있는 것을 보고 '반만 남았다'라고 볼 것인가, '반이나 있다'고 볼 것인지에 따라 사고의 방향이 달라진다. 행동경제학에서 같은 문제라도 표현을 어떻게 하느냐에 따라서 판단과 선택이 달라지는 현상을 '프레이밍 효과'라고 한다. 필자는 여기에서 착안하여 교수·학습에 활용할 수 있는 질문을 '프레이밍 질문'이라고 이름 붙여 보았다.

서울에서 길을 찾으려면 세계지도가 아닌 서울의 지도가 필요하다. 아울러 현재 위치를 알고 근처의 랜드마크 같은 곳을 파악하면 길 찾기는 수월해진다. 프레이밍 질문은 학습자가 학습의 길을 찾아갈 수 있도록 오히려 질문의 폭을 좁히는 등 범위를 정해 줌으로써 사고를 촉진한다.

예컨대, '3세 아이들의 특징'을 묻는다고 하자. 학습자가 어디에서부터 생각해야 할지를 어려워한다면, "영아기 때와 비교하면 어떨까요?", "신체적으로는 어떨까요?", "언어적으로는 어떨까요?", "사회적으로는 어떨까요?"처럼 사고의 범위를 좁혀서 학습자가 더 쉽게 생각할 수 있도록 해 줄 수 있다. "영유권이 왜 중요할까요?"처럼 추상적인 질문보다 "독도를 일본에게 뺏긴다면 우리는 어떨까? 어떤 손해가 있을까요?"처럼 상황을 구체적으로 만들어서 질문의 범위를 좁혀 주면 사고를 촉진할 수 있다.

단계별 질문: 손가락 질문법

누군가 길거리에서 설문조사를 부탁할 때 응하는 사람의 비율이 29%였다. 이때 설문조사 부탁에 앞서 질문 하나를 던졌더니 참여율이 두 배 이상 높아졌다고 한다. 어떤 질문이었을까?

"당신은 남을 잘 돕는 편이신가요?"라는 질문에 Yes 할 경우, 설문조사를 부탁하면 77%가 참여하였다. 초반에 Yes를 하면 뒤에서도 Yes 하며 참여할 가능성이 커진다. 뒤에서 Yes 할 수밖에 없는 맥락을 미리 만들어 놓는 것이다(Cialdini, 2016).

이러한 전략을 교수·학습에 적용하여 학습자가 쉬운 질문부터 대답하여 점차적으로 사고를 확장해 나가게 하는 것도 가능하다. 이름하여 손가락 질문법(장한별, 2018)이다.

가장 먼저 학습자에게 던지는 질문은 손가락 하나, 즉 답이 하나 (Yes)인 질문이다. 두 번째로 던지는 질문은 손가락 둘, 즉 답이 두 개인 질문이다. 이어서 손가락 셋은 답이 세 개인 질문, 손가락 넷은 구체적인 사실, 손가락 다섯은 그 이상의 사고의 깊이를 요하는 질문으로 기억하면 편하다.

- **Yes를 이끌어 내는 질문**: '네'라는 대답, 또는 '끄덕끄덕'이 나오는 형태의 질문이다.
- **Yes/No 중 선택하는 질문**: Yes나 No, 또는 O나 X 중에 선택하게 하는 질문이다.
- **몇 가지 중 선택하는 질문**: 이제부터는 보기가 3~4개 주어진다.
- **구체적인 '사실'을 묻는 질문**: 어느 정도 답이 정해진 단답식 질문이다. Who, When, Where, What 등의 정보를 묻는다.
- **Why를 묻는 질문**: 왜 그렇게 생각하는지 원리까지 묻는 질문이다.

초반부터 네 번째와 다섯 번째를 물으면 답하기 어렵다. 특히 Why의 질문은 꼭 필요하지만, 초반부터 대뜸 다섯 번째를 물으면 학습자는 멘붕에 빠질 수 있다. 시험문제의 난이도가 똑같아도 어려운 문제를 앞에 배치하면 학습자는 시험이 더 어렵다고 느끼며 쉬운 문제가 나와도 실력 발휘가 어려운 경우가 생기는데, 질문의 순서도 이와 마찬가지라고 볼 수 있다.

특히 촬영 동영상에서는 학습자의 이해도가 실시간으로 보이지 않아서 교수자 중심으로 질문하기가 쉽다. 이런 상황을 예방하기 위하여 '질문은 단계적으로 한다'라는 '손가락 질문법'을 기억하고 차례대로 활용하면 영상을 보는 학습자와 어느 정도 발걸음을 맞춰 갈 수 있을 것이다.

3. 렌즈를 넘어 소통하게 하는 '학습자 실재감'

앞서 2장에서 상호작용 관련 이론을 살펴보면서 온라인 강의에서는 '실재감'이 중요한 요소라고 하였다. 교수가 내 앞에 있는 것 같다는 '교수실재감', 사람들과 실제로 소통한다고 느끼는 '사회적 실재감', 성찰하고 소통하며 고차원적 배움으로 가는 '인지적 실재감'이 그것이었다. 실재감은 상호작용에서 비롯되기 때문에 온라인 강의가 죽은 강의가 되지 않도록 하기 위해서는 상호작용을 어떻게 살리느냐가 관건이다.

여기 동영상을 찍으려는 교수자에게 필요한 실재감이 한 가지 더 있다.

촬영 동영상은 승객 없이 달리는 폭주기관차

실시간 온라인 수업은 그래도 학습자가 웹캠을 통해서 눈에 보이는데, 촬영 동영상은 그조차도 없다. 학습자 한 명 없는 곳에서 교수자 혼자 찍고 영상을 업로드한다. 영상을 찍으면서 학습자들의 리액션이 일절 없어서 혼자 원맨쇼하는 것 같아 민망하기만 하다. 그러다 보니 오프라인 강의에서는 질문도 하고 학습자들과 주고받고 하던 교수자도 촬영 동영상에서는 딱딱하고 무미건조하게 촬영하는 때도 있다.

학습자의 반응이 없다 보니 내용 전달 속도에는 오히려 가속도가 붙는다. 실제로 코로나19 이후 촬영 동영상을 만든 주변의 초등학교, 중학교 선생님들로부터 '영상으로 만드니 진도 나가는 속도가 5G급'이라는 이야기를 들었다.

물론 학습자는 촬영 동영상을 보며 모르는 부분은 다시 돌려보고 쉬운 부분은 빠르게 보기도 하면서 이해될 때까지 영상을 자유자재로 볼 수 있다. 그것이 동영상 강의의 최대 장점이 아닌가? 하지만 그 기능이 얼마나 빈번하게 활용될까? 자기주도성이 최대치인 학습자라면 완전히 이해될 때까지 영상을 거듭 볼지 모른다. 그러나 대부분 학습자는 영상을 겨우 보고 과제를 하기에도 빠듯하다. 영상을 틀어 놓고 이내 흥미를 잃고 딴짓에 빠져 시청자 없이 플레이어만 외로이 돌아가는 경우도 적지 않다. 영상을 밀리지나 않고 보면 다행이다. 수십 개의 영상을 미루고 미루다가 시험 직전에서나 몰아보기를 하는 학습자도 있다.

상황이 이러다 보니 촬영 동영상은 자칫 브레이크 없는 폭주기관차가 되어 순식간에 여러 학습 챕터의 역을 빠르게 지나가지만, 막상 승객인 학습자는 태우지 못하고 가는 경우가 허다하다. 그래서 교수자는 영상을 찍으면서도 '학습자'가 실제로 존재한다는 '실재감'을 가질 필요가 있다.

　　　　　　　　　　　　　　04 교수자-학습자 상호작용 전략: 촬영 동영상

교수자의 상상 친구를 닮은 '학습자 실재감'

"윌슨이 아직 차에 안 탔단 말이야!"

꼬마 아이들은 보이지 않는 존재와 이야기를 나누고 소통하는 경우가 있는데, 이를 '상상 친구(imaginary friend)'라고 한다. 현실과 상상을 제대로 구분하지 못하는 어린이에게 나타나는 정상적인 발달 과정이다. 상상 친구는 대화의 과정 속에서 언어발달에 도움을 주고 어떤 존재가 늘 존재한다고 여기는 대상 항상성 발달에도 도움을 준다. 온라인 수업을 하는 교수자에게도 이런 상상 친구가 있다면 어떨까?

필자는 동영상 강의를 촬영하다 보면 렌즈 너머로 학습자의 목소리가 살포시 들린다. 빙의되었거나 또는 환청이 들린다는 것은 아니지만 학습자의 반응이 조금은 느껴지고 그려지는 듯하다. 상상 친구와도 같은 이러한 괴현상은 교수자에게 유용할 수 있다.

필자는 동영상 강의를 촬영하는 교수자를 위하여 '학습자 실재감 (Learner Presence)'을 제안하고자 한다. 촬영을 하는 교수자의 처지에서 학습자가 실제로 내 앞에 있다고 느끼거나 지각하는 것이다. 카메라 렌즈를 보고 촬영하면서도 '학습자가 나를 보고 있다'는 실재감을 가질 수 있다면 상호작용이 더 자연스러워짐은 물론 영상을 보는 학습자의 반응도 그려 볼 수 있다.

성인(聖人)처럼 되고 싶다면 성인처럼 생각하는 습관을 지녀야 한다. 범인을 잡고자 하는 탐정은 범인처럼 생각해야 사건의 열쇠를 찾는다. 연애에서 밀당을 잘하고 싶다면 상대방이 가진 현재 생각을 알아야 한다. 물건을 팔고 싶다면 소비자의 심리를 알아야 한다. 마찬가지로 학습자의 마음을 얻고 싶다면 학습자의 처지에서 생각하고 느낄 수 있어야 한다.

이것이 눈높이 교육이고 맞춤형 교육의 시작이자 마지막이 아닐까 싶다. 교수자는 학습자가 느끼고 생각하는 바를 실제로 보고 들어서 알아야 하고, 이런 경험을 기반으로 온라인 강의를 듣는 학습자가 어떤 반응을 보일지 그릴 수 있어야 한다.

과연 나는 교수자로서 영상을 촬영하면서 학습자의 시선을 느끼고 고려하고 있는가? 몇 가지 문항을 제시하고자 한다. 스스로 진단해 보자!

- 카메라(캠)가 학습자의 시선으로 느껴진다.
- 학습자가 내 말을 들었을 때의 표정 등 반응이 추측된다.
- 학습자가 이 부분을 쉬워하거나 어려워하거나 또는 답답해할 것 같다.
- 학습자가 궁금해하는 부분이 어디인지 알 것 같다.
- 학습자가 영상을 보며 지금 무슨 생각을 할지 그려진다.
- 학습자가 영상을 보다가 언제 지쳤을지 알 것 같다.
- 학습자가 영상을 보며 지금 무엇을 하고 있는지 예상된다.

학습자 실재감을 어떻게 키울까

학습자가 없지만 있는 것처럼 느끼는 것이 '학습자 실재감'이라고 한다면 얼핏 이것은 상상의 영역이고 마인드 컨트롤인가 싶을 수 있다. 그러나 이러한 '감'은 생생한 실제 사례를 기반으로 해서 생성된다.

필자의 경우, 많이 하고 있는 강의 주제 중의 하나가 목표/시간관리이다. 오프라인 특강으로 진행될 때도 오픈카톡 등을 활용하여 학습자들과 많은 아이디어를 나누고 소통하였다. 그러다 보니 동영상 촬영을 할 때면 학습자들의 반응이 기억난다.

예를 들어, '아이젠하워 매트릭스[2]'를 설명하며 "네 영역 중 어떤 영역이 제일 중요할까?"라고 질문하면 학습자 다수는 '급하고 중요한 일'을 선택한다. "네 영역에 각기 해당하는 일들은 어떤 것이 있을까?"를 물으면 '시험', '리포트 마감', '식욕' 등 다양한 의견이 나온다. 이후 동영상 촬영을 할 때, 눈앞에는 학습자들이 없었지만, 예전 오프라인 강의 때의 소통 덕분인지 마치 학습자들의 반응과 의견이 들리는 듯했다.

온·오프라인에서 학습자의 의견을 실제로 들어본 것이 '학습자 실재감'의 귀중한 소스가 된다. 어떻게 설명할 때 학습자가 고개를 끄덕였고 언제 갸우뚱했으며, 이런 개념이 등장할 때 어떤 반응이 었고 무슨 말을 했는지를 떠올려 보는 것이다. 아쉽게도 학습자의 반응에 대한 '감'이 부족하다고 느낀다면 다음과 같은 방법을 사용해 볼 수 있다.

---

2 우선순위를 정할 때 많이 활용되는 2×2 매트릭스로, '중요한가 중요하지 않은가', '급한가 급하지 않은가'를 가지고 네 영역으로 구분한다.

수업 중 학습자의 반응을 듣는다

오프라인 수업이나 실시간 온라인 수업에서 자유롭게 의견을 나누거나 채팅할 수 있는 분위기가 형성되면 학습자의 이해도나 상황을 확인할 수 있다. 학습자의 리액션이 적극적이지 않다면 교수자가 대놓고 '쉬운지, 어려운지, 당최 모르겠는지', '어느 부분이 인상적이었거나 재미있었는지' 등을 물어볼 수 있다. 또는 인터넷 검색을 통해 수업 주제와 관련한 학습자들의 이야기나 댓글 등을 살펴볼 수 있다. 이러한 아이디어나 이해도, 상황과 관련된 멘트는 메모해 두자. 영상 촬영 시에 귀중한 자료가 된다.

수업 후 성찰일지에서 학습자의 반응을 듣는다

오프라인이든 실시간 온라인이든 교수자 앞에서 의견이나 생각, 또는 농담을 편하게 말하고 표현하기란 쉽지 않을 수 있다. 더군다나 촬영 동영상 위주로 강의가 진행되면 수업 중에 반응을 듣기란 불가능하다. 이럴 때는 동영상을 보고 나서 '성찰일지'를 작성하게 할 수 있다. 보통 '성찰일지'나 '페이퍼'라고 하면 동영상 강의의 핵심정리나 배우고 느낀 점, 또는 적용과 활용에 관련된 아이디어를 적도록 하는 것이 일반적이다. 여기에 추가적으로 어려웠던 부분은 무엇인지, 수업 중 들었던 재미있거나 엉뚱한 생각 등을 간략히 적도록 할 수 있다. 바로 이 부분이 동영상 강의에서 학습자의 반응에 해당하는 소중한 소스가 된다.

경험을 기반으로 상상한다

인간은 상대방의 처지에서 생각할 수 있는 공감 능력을 갖추고 있다. 앞의 방법으로 평소 학습자의 반응을 알아왔다면 이를 기반으로 상상이 가능해진다. 예를 들어, 평소에 과제를 대충해서 교수자에게 혼났던 학습자는 '과제를 대충해서 냈을 때 선생님의 반응은 어떨까'를 추측할 수 있고, 부부는 이전 경험을 기반으로 '내가 충동구매를 한 걸 배우자가 알면 뭐라고 할까'를 예측할 수 있다. 교수자역시 학습자에게 평소 관심을 가져왔다면 그 반응을 예측할 수 있다.

교수자는 동영상에서 무슨 내용을 어떻게 설명할까에 대해 고민할 것이다. 여기에 한 가지만 추가하여 '학습자라면 이 내용을 어떻게 받아들일까, 지금 무슨 생각을 할까'에 대해 고민해 보자. 학습자가 현재 내 앞에는 없지만 어떤 반응을 하고 생각할지를 머릿속으로 그릴 수 있게 될 것이다.

촬영 시의 학습자 실재감 활용 전략

학습자 실재감이 어느 정도 생겼다면 동영상을 촬영하면서 활용해 볼 수 있다. 방법은 간단하다. 과거 반응을 기반으로, 또는 추가적인 상상을 기반으로 학습자의 반응이 그려진다면 그것을 '말'로 표현하는 것이다.

앞서 살펴본 목표/시간관리 중에서 아이젠하워 매트릭스에 대한 학습자의 반응을 알았다면, 동영상을 찍으면서 말로 표현해 볼 수 있다. 다음 두 방식의 차이를 느껴 보자.

A: 여러분에게 있어서 중요하면서도 급한 일은 어떤 것들이 있을까요? 중요하면서도 오늘 당장 해야 하는 일에는 '시험'이 있겠고요, 또 리포트 마감과 과제 마감 등도 여기에 해당할 수 있습니다.

B: 여러분에게 있어서 중요하면서도 급한 일은 어떤 것들이 있을까요? 중요하면서도 오늘 당장 해야 하는 것은? 많은 분이 '시험'을 떠올릴 수 있겠죠. 내일모레가 시험이다, 그럼 어때요? 발등에 불이 떨어진 거죠. 밀린 동영상 강의도 2배속으로 해서 봐야지 하면서 정신이 없죠. 또 리포트 마감이 떠오르는 분도 있을 것 같아요. 그러면 우리는 또 손으로 쓰든 발로 쓰든 당장에 해치워야 하는 일이 됩니다.

A 방식은 그래도 질문을 던져서 일방적인 정보전달보다는 조금 나을 수 있다. A와 B 모두 질문을 사용했지만 그중 학습자 실재감을 좀 더 담아낸 것이 B이다. 이야기를 들으면서 학습자들이 가질 만한 생각을 말로 표현해 주면 학습자는 '아, 맞아! 나도 그런 생각을 했었는데.' 하면서 소통하는 느낌을 받게 된다.

마음이 있어도 '말'로 표현하지 않으면 모른다. 사랑하는 마음이 있어도 '사랑한다'고 말하지 않으면 상대방은 모를 때가 많듯이 교수자가 학습자에게 관심이 있어도 그것을 '말'로 표현하지 않으면 학습자는 교수자의 관심을 알 리가 만무하다. 교수자가 느낀 '학습자 실재감'을 생생한 언어로 표현해 보자. 그 순간 학습자의 집중도가 올라갈 것이다.

04 교수자-학습자 상호작용 전략: 촬영 동영상

수업 내용을 모두 저렇게 풀어 줄 필요는 없고 중요한 부분이라서 학습자가 꼭 기억했으면 하는 내용이거나 학습자가 고민했으면 하는 포인트에 적용해 볼 수 있다. 길지 않게 한두 문장만 덧붙여도 학습자의 몰입을 높이는 데 이바지할 수 있다.

A 방식처럼 수업 내용만 전달하면 같은 시간에 더 많은 내용을 전할 수 있어서 얼핏 효율적인 것처럼 보인다. 하지만 학습자와의 소통 없이 폭주기관차처럼 달리면 그 안에 학습자가 미처 타지 못할 수 있음을 기억하자.

질문 후 '쉼'만 잘 써도 대화의 느낌이 산다

앞서 '카메라 마주하기' 전략 중 '목소리'를 다루면서 적절한 강조법의 활용이 상호작용의 느낌을 살릴 수 있다고 하였다. '강감찬떡', 즉 강약, 감정(대사), 찬(천)천히(속도), 떡밥 멘트가 그것이었다. 그중 속도의 변화에서 '쉼(pause)'이 있었다.

동영상 촬영 시에는 특히 이 '쉼'의 활용이 중요하다. 촬영 시에는 학습자가 보이지 않기 때문에 교수자가 질문하고 교수자가 답하는 '자문자답'을 하게 된다. 이건 촬영 중 어쩔 수 없는 부분임이 분명하다. 하지만 질문 후에 '쉼'이 있고 없고의 차이는 상당히 크다.

A: 여러분이라면 오늘 배운 내용을 팀 과제에 어떻게 사용해 보시겠습니까? 예를 들면, 시장조사할 때나 인터뷰할 때, 빅데이터를 수집할 때 활용할 수 있겠지요.

B: 여러분이라면 오늘 배운 내용을 팀 과제에 어떻게 사용해 보시겠습니까? (3초 쉼) 생각해 보시면 꽤 유용하게 쓰실 수 있으실 거예요. (2초 쉼) 예를 들면, (2초 쉼) ~~~

많은 말을 빠르게 전한다고 학습자가 많은 정보를 받아들이는 것은 결코 아니다. 오히려 한 귀로 듣고 한 귀로 흘리는 양만 많아질 수 있다. 특히 동영상을 듣는 학습자는 수동적인 자세로 강의를 듣기가 쉽다. 학습자는 '사고'하지 않고 'TV' 보듯이 멍한 상태로 강의를 본다. 눈은 떠 있지만, 뇌 안은 멈추어 정적이 흐른다. 학습자를 계속 이런 상태에 두어서는 안 된다. 적절한 자극이 필요하다. 만약 학습자가 생각하려던 찰나에 교수자가 '쉼' 없이 바로 자문자답을 하게 되면 학습자를 'TV시청자'로 만드는 꼴이 된다.

화장할 때 화장품을 얼굴에 잔뜩 묻힌다고 끝이 아니다. 톡톡 두들겨서 온전히 피부에 흡수시켜야 한다. 질문 후 '쉼'은 학습자에게 메시지가 스며들게 하는 역할을 한다.

'쉼'은 얼마나 주는 것이 적당할까

앞서 나온 A와 B의 경우 중, 쉼을 사용한 B에서 3초, 2초 쉬라고 되어 있는 근거는 무엇일까? 이는 절대적으로 산정된 시간이 아니다. '학습자 실재감'에서부터 추정된 시간이다.

대화를 한다고 해 보자. 교수자는 질문을 던지고 나서 학습자가 잠깐 생각하며 말할 만한 여유를 주는 것이다. 앞의 B에서 나온 '쉼'

의 시간을 '학습자 실재감'에서 비롯된 학습자의 생각으로 풀어 보자.

교수자: 여러분이라면 오늘 배운 내용을 팀 과제에 어떻게 사용
　　　　해 보시겠습니까?

학습자: (어딘가 써먹을 데가 있을 것 같긴 한데…….) (3초 쉼)

교수자: 생각해 보시면 꽤 유용하게 쓰실 수 있으실 거예요.

학습자: (음, 뭐가 있을까?) (2초 쉼)

교수자: 예를 들면…….

학습자: (알려 줘요. 뭔데요?) (2초 쉼)

'학습자 실재감'이 반영되어 '쉼'이 들어가면 영상을 보는 학습자
는 자신도 모르게 교수자와 대화한다고 느낄 수 있고 소통의 느낌
을 살릴 수 있다. 물론 영상 제작 시에 실제 대화처럼 한없이 기다
려 줄 수는 없지만, 어느 정도의 '쉼'을 넣는 것만으로도 기대 이상의
쏠쏠한 상호작용이 가능하게 된다.

　촬영 동영상에서 많은 교수자가 오디오를 잠시라도 비우면 안
된다는 부담을 가진다. 그러나 침묵을 두려워하지 말고 여백을 주
자. 학습자들이 무엇을 해야 하는지 인지하고 생각할 수 있다면 '쉼'
은 뇌가 멈춘 시간이 아니라 가장 활발하게 돌아가는 시간이 될 수
있다. '학습자 실재감'을 훈련하고 활용해 보자. 말을 쏟아 내지만
말고 학습자의 반응을 듣고 또 상상하자. 렌즈를 넘어 귀를 기울이
면 학습자의 목소리가 조금씩 들린다. 그리고 동영상이라는 한계를
넘어 소통은 시작될 것이다.

4. 영상 후의 온라인 상호작용

촬영 동영상이라면 추가적인 상호작용은 필수

촬영 동영상을 업로드하고 학습자들이 보게 하고 나서 교수자가 자신의 역할을 다했다고 생각한다면 큰 문제가 발생한다. 영상만 보는 것은 사실 '인터넷강의'를 수강하는 것과 다를 바가 없다. 특히 교수자가 클래스를 맡고 있거나 특정 과목을 장기간에 걸쳐 맡고 있는데 강의 업로드로만 끝낸다면 문제는 더 커진다.

고객 '만족'은 고객의 '기대' 수준을 넘을 때 발생한다. 클래스에 참여하거나 긴 강좌를 수강하는 학습자는 교수 · 학습적인 '상호작용'을 기대한다. 촬영 영상을 본 이후에 적절한 상호작용의 기회를 제공하지 않으면 학습자의 불만이 폭주할 수 있다.

또한 영상만 올리고 공부하기를 바라는 것은 학습자가 알아서 공부한다는 자기주도성을 전제로 하는 것인데, 그와 같은 수준의 학습자는 많지 않다. 영상을 밀리고 밀리다가 벼락치기로 겨우 수 강할 수 있으며 본다고 해도 영혼 없이 영상 플레이만 돌아갈 수 있다. 학습자가 원하는 시간에 강의를 볼 수 있다는 점은 오히려 학습의 발목을 잡을 수 있으며, 교수자가 아무 조치도 하지 않는다면 그들은 학습 이탈의 늪에 빠져들 수밖에 없을 것이다. 학습자가 영상을 밀려서 본다면, 이에 대한 절반 이상의 책임은 교수자에게 있다. '공부는 학습자가 하는 것'이라고 손 놓고 있는 것은 책임 있는 교수자의 자세가 아니다. 교수자는 학습자가 학습할 수 있는 환경을 만들고 점검해 주고 촉진해 주어야 한다.

온라인 수업, 특히 촬영 동영상 수업에서 상호작용이 바닥 수준이 되지 않으려면 교수자는 반드시 온라인 게시판이나 디지털 도구 등을 활용해야 한다. '영상 보고 궁금한 사항은 질문해라' 수준으로 학습자의 자발성에 맡겨 두면 안 된다. 의무적으로 참여하게 하도록 만들어야 한다. 이것은 선택이 아니라 필수이다!

온라인 게시판

보통 온라인 관리시스템(LMS, eTL 등)을 통하여 주차별 영상 등 수업자료를 공유하고 각종 게시판을 통하여 상호작용을 하게 된다.

상호작용을 위해 사용되는 게시판은 '토론/질문 게시판', '과제 게시판' 등이 있다. '과제 게시판'은 주로 영상을 보고 나서 배운 내용을 정리해 제출하거나, 또는 배운 것을 응용하고 활용할 수 있는 과제를 제출하는 데 사용된다. 올리는 과제물은 보통 당사자와 교수자만 볼 수 있게 되어 있다. (학습자 간 상호작용을 촉진한다면 과제물을 공유·열람되게 할 수도 있다.) 교수자는 학습자의 과제에 대하여 피드백을 줌으로써 상호작용을 할 수 있다. 한 명의 교수자가 많은 학습자의 과제에 대해 일일이 피드백을 주는 것은 쉬운 일은 아니나, 학습자는 이에 대한 기대를 하고 있으며 이것이 소통의 기본이라고 여긴다. 따라서 교수자는 주요한 과제물에 대해서라도 피드백을 주기를 권한다. 길지 않고 간단한 댓글 형태라도 좋다. 있고 없고의 차이는 분명하다.

'토론/질문 게시판'은 촬영 동영상을 본 후에 활용된다. 학습자가 영상을 보고 궁금한 사항을 올리면 교수자가 댓글 등으로 대답해 줄 수 있다. 사이버대학교의 경우 학습자의 질문에 48시간 안에 답변하게 되어 있는 경우가 많다. 그만큼 피드백에는 신속함과 타이밍도 중요하다. 또는 영상으로 배운 내용에 대하여 학습자 간 질의응답을 하고 토론하는 용도로 게시판을 활용할 수도 있다. 이때는 교수자가 모든 의견에 관여하고 피드백을 주는 것이 시간적으로도 어려울뿐더러 효과적이지도 않을 수 있다. 오히려 학습자들이 서로 질문에 답변을 달고 토론의견을 주고받을 수 있도록 학습자-학습자 상호작용을 촉진하는 편이 낫다(이에 대한 자세한 방법은 6장에서 살펴보겠다.).

구글 클래스룸

대학교와 달리 초·중·고등학교나 중소기업은 고유의 온라인 시스템을 가지고 있지 않은 경우가 많다. 자체적으로 온라인 클래스를 운영하는 경우라면 '구글 클래스룸'을 사용할 수 있다.

구글 클래스룸에는 '스트림, 수업, 사용자, 성적' 네 가지 기능이 있다. '스트림'은 클래스 소통 공간으로 학습자가 과제를 등록하거

나 질문을 올릴 수 있다. '수업'에서는 주제별로 수업영상 등 교육자
료를 공유하고 과제를 부여할 수 있다. 또 설문 양식을 활용하여 퀴
즈를 낼 수도 있다. 전반적인 기능은 대학의 LMS(eTL)와 유사하다.

카카오톡

교수자-학습자 상호작용을 카카오톡을 통해서 하는 예도 있다.
카카오톡 등의 채팅 형식은 교수자가 거의 실시간 수준으로 빠르게
반응할 수 있어서 주고받는 대화와 질의응답이 가능하다는 장점이
있다.

필자가 아는 한 교수자는 학습자들에게 팀별 프로젝트를 내주는
데, 학습자들이 중간중간에 갖는 의문점이 적시에 해소되어야만 다
음 단계로 넘어갈 수 있었다. 이런 질문은 게시판에 한두 번 올려서
해결되는 수준이 아니므로 교수자와 대화 형식 속에서 풀어 가는
것이 효과적이다. 이때는 채팅 프로그램을 이용한 교수자-학습자
상호작용이 효과적이다. 중간중간 학습자의 학습 현황을 묻고 관심
을 보여 주기에도 좋은 수단이 된다.

채팅을 통한 소통의 단점은, 전체적인 대화의 흐름이 한눈에 들
어오지 않아서 한번 놓치면 흐름을 타기가 어려울 수 있고, 학습자
의 질문 등 참여가 활발할 때 교수자 혼자서 대응하는 데 한계가 올
수 있다는 것이다. 이럴 때는 조교의 도움을 받거나 학습자-학습자
상호작용(6장)의 힘을 활용하는 것이 좋다.

패들렛(Padlet)

패들렛은 마치 담벼락에 포스트잇을 붙이는 것처럼 학습자들의 여러 의견을 모아서 볼 수 있는 플랫폼이다. 포스트잇은 오프라인에서 여러 아이디어를 한눈에 보게 해 주고 구분과 정리를 쉽게 해 주는 데 온라인에서도 같은 역할을 한다.

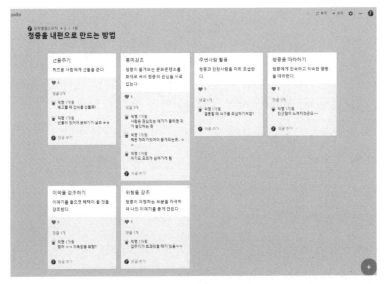

[그림 4-5] 패들렛의 활용 장면

학습자들이 영상을 본 뒤에 교수자가 내주는 문제에 대한 답변을 패들렛에 적게 한다. 교수자는 전체 의견을 보고 비슷한 것들끼리 묶으며 피드백을 해 줄 수 있다. 패들렛은 여러 가지 의견을 보기에 편리한 도구이므로 답이 한 가지인 질문에 답하는 용도로 사용하기에는 보통 적합하지 않을 수 있다. 학습자들이 다채로운 의견을 낼 수 있는 질문이라면 패들렛이 유용할 수 있다.

패들렛에서는 학습자들이 파일 업로드를 하고 사진, 동영상, 목소리를 삽입할 수도 있어서 과제 제출과 자료 공유에도 편리하다. 또한 '좋아요'와 '점수주기' 등의 반응 기능과 댓글, 투표 기능이 있어서 좋은 아이디어를 선정하거나 서로 의견을 주고받는 등 학습자-학습자 상호작용을 촉진하기에도 좋다.

교수자는 학습자가 촬영 동영상을 본 후에 토론 주제에 대해 패들렛에 의견을 달고 서로 '좋아요'를 누르고 댓글을 달게 할 수 있다. 무조건 자율에 맡기기 보다 의무적으로 몇 개 이상 달게 할 필요도 있다. 패들렛은 구글 로그인으로 작성자의 이름이 나오게 할수 있으나, 로그인이 번거롭다면 링크로 패들렛에 접속해 의견을 적을 때 자신의 이름을 같이 적게 할 수 있다. 학습자들의 참여 촉진을 위해서 교수자가 먼저 샘플로 글을 다는 것도 좋으며, 올라오는 의견에 먼저 솔선하여 댓글을 달고 '좋아요'를 누를 수도 있다. SNS같은 느낌의 패들렛을 통해 촬영 동영상에서 특히나 저조한 '학습자-학습자 상호작용'의 아쉬움을 달래 보자(자세한 이 툴의 사용 방법은 8장에서 살펴본다.).

05

교수자-학습자 상호작용 전략: 실시간 온라인

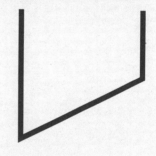

1. 비디오와 오디오 연출

수업을 위한 기본 준비

실시간 온라인 수업을 위한 장소 선정하기

실시간 온라인 수업 장소가 스튜디오처럼 대단하거나 특별한 곳일 필요는 없다. 연구실이나 개인 방도 무리가 없다.

교수자가 아무래도 수업 중에 말을 제일 많이 하게 된다. 그런 교수자의 환경에서 소음이 발생한다면 학습자들은 두고두고 듣기에 고통스러울 것이다. 그러므로 무엇보다 소음이 차단된 공간에서 실시간 온라인 수업을 진행하는 것이 장소에 있어서는 가장 중요하다.

수업을 위한 기본 도구 갖추기

실시간 온라인 수업은 고품질의 비디오/오디오 장비가 아니더라도 수업을 진행하기에는 무리가 없어서 기기에 대한 교수자의 부담은 적은 편이다.

실시간 온라인 수업은 PC, 노트북, 태블릿PC, 휴대전화 등으로 진행할 수 있다. 이 중 휴대전화를 먼저 제외한다. 여러 학습자의 얼굴을 볼 수 없고 화면 공유 등 여러 기능에서 작은 화면으로 보는 것에 어려움이 있기 때문이다. 태블릿PC는 화이트보드(판서)에 스마트펜을 가지고 화면에 직접 적을 때 사용하며 보통 수업을 위한 교수자의 메인 기기로 사용하지는 않는다.

노트북으로 수업을 하는 경우라면 대부분 자체적으로 웹캠과 마이크를 갖추고 있어서 노트북만 가지고 수업 진행이 가능하다. 보통 내장 웹캠의 성능이 좋은 편은 아니지만, 실시간 온라인 수업에서 오디오/비디오를 출력하기에는 무리가 없다. 판서를 많이 하는 편이라면 노트북 화면에 전용펜으로 필기가 가능한 노트북을 갖추면 별도의 태블릿PC가 필요하지 않아서 편리할 수 있다. 노트북 화면이 작다고 느껴지면 HDMI로 PC용 모니터에 연결하여 큰 화면을 사용하거나 듀얼모니터를 쓰는 것도 가능하다.

PC로 수업을 하는 경우도 많을 텐데, 이때는 '웹캠'이 필수이다. PC 자체에는 마이크나 웹캠이 없으므로 따로 준비해야 한다. 웹캠에 마이크가 내장된 제품도 많으며 좀 더 높은 품질을 원한다면 마이크를 따로 사서 사용할 수도 있다. DroidCam 등의 앱을 이용해 휴대전화를 웹캠처럼 사용할 수 있는 방법도 있으나 강의 중 휴대전화를 사용하는 경우도 종종 생길 수 있으므로 추천하지는 않는다(8장에서 소개한다.).

그 밖에 교수자의 얼굴이 어둡게 보이지 않게 하려면 조명을 사서 사용할 수도 있다. 굳이 조명을 쓰지 않아도 교수자가 전등이나 창문의 햇살이 얼굴을 내리비치는 위치에 있다면 그나마 밝고 화사하게 나온다. 사진을 찍을 때 햇살을 받으면서 찍으면 잘 나오고 햇살을 등지고 찍으면 역광이 나온다는 것을 생각하자.

학습자를 위한 실시간 온라인 수업 매뉴얼 전달하기

실시간 온라인 수업에 참여하기 위하여 학습자에게는 카메라와 마이크, 인터넷 환경이 필요하다. 휴대전화는 카메라와 마이크를 모두 가지고 있지만, 수업 중에 전화가 오거나 다른 링크로 이동하다 보면 잘못 눌러서 튕기거나 할 우려가 있고, 작은 액정화면으로 인해서 서로 얼굴을 보는 상호작용에도 불편하여 사용을 추천하지 않는다(사운드 등의 문제도 휴대전화에서 더 많이 발생한다.). PC로 접속하게 하는 것도 가능하나 이때는 웹캠(카메라와 마이크)을 별도로 준비해야 한다. 노트북의 경우 카메라와 마이크가 대부분 내장되어 있어 사용하기에 편리하다. 사용 기기와 관련하여 사전에 학습자에게 안내해 준다. 실시간 온라인 수업에 공공 Wi-Fi로 접속할 경우에 접속이 불안정할 수 있으므로 안정적인 인터넷 환경에서 참여케 한다. 조용한 공간에서 수업에 접속하게 하며, 유사시에 대비해 이어폰을 지참케 하는 것도 좋다. 실시간 온라인 수업 진행을 위해서는 이러한 접속방법(수업 링크 공유 포함) 등에 대해서 사전에 디테일한 안내가 필요하다.

온라인 수업과 관련된 저작권 문제가 발생하지 않도록 전달하는 것도 필요하다. 수업 화면을 불법으로 녹음·녹화하거나 수업자료를 외부에 배포하지 않도록 안내한다. 출석체크 등 클래스 운영의 효율을 위하여 실시간 온라인 수업 시 학습자가 '이름+학번'으로 수정하여 접속하도록 안내하는 것도 좋다.

[그림 5-1] 실시간 온라인 수업을 하는 모습

실시간 눈 맞춤

'상호작용'은 일방향이 아닌 쌍방향이다. 눈 맞춤 역시 그러해야 한다. 실시간 온라인으로 진행하는 경우에 간혹 학습자의 불편함을 배려하는 차원에서 비디오 ON/OFF를 자율에 맡기는 경우가 있는데, 100% 자발적이고 학습동기가 높은 참여자가 아닌 이상 상호작용의 첫 단추부터 잘못 끼워졌다고 볼 수 있다. 이 경우에 교수자-학습자 상호작용은 물론 학습자-학습자 상호작용은 더욱 기대하기 어렵다. 또한 학습자가 딴짓을 하는지, 자는지 알 수 있는 방법이 없다.

반드시 모든 학습자가 '비디오 ON'으로 수업에 접속하도록 안내한다. 이는 선택이 아닌 의무이다. 첫 시간부터 '비디오가 ON이어야만 출석이 인정된다'고 확실히 공지하고 한두 차시 수업에서 강조하면 이후에는 학습자들이 자연스럽게 받아들이게 될 것이다.

카메라 렌즈를 언제 보고, 또 보지 말까

눈 맞춤이 소통의 기본이라고 하였다. 그렇다면 실시간 온라인 수업에서는 시선 처리를 어떻게 하면 좋을까? 영상 촬영의 경우라면 카메라 렌즈를 학습자의 눈으로 생각하고 그곳만 보면 되기 때문에 시선 처리에 대한 고민이 없다. 실시간 수업에서도 기본적으로 그런 인식을 갖되 약간 전략적으로 시선 처리를 할 필요가 있다.

PPT를 띄우고 수업할 경우, 교수자의 모습은 보통 자그마하게 나오게 된다. 이때는 교수자가 PPT나 다른 곳을 보아도 시선의 이동이 크게 신경 쓰이지는 않는 수준이 된다. 수업을 진행하는 중간중간에 교수자는 학습자가 집중하는지 흥미를 느끼는지를 확인하기 위하여 학습자의 모습을 보아야 한다. 이때도 시선이 카메라 렌즈를 향하지 않아도 괜찮다. 학습자의 반응을 보는 목적이 더 중요하기 때문이다.

다만, PPT 없이 얼굴만 나올 때 교수자의 얼굴이 크게 보이게 되는데, 이때는 가능하다면 카메라 렌즈를 많이 봐 주는 것이 좋다. 특히 강의의 시작과 끝, 그리고 중요한 메시지를 학습자에게 전하고 싶을 때는 카메라 렌즈를 바라보고 전달하자. 그래야 학습자의 처지에서 '교수님이 나를 지금 바라보고 계시구나.'라고 더욱 실재감을 느낄 수 있다.

카메라 각도는 셀카를 생각하며

사람을 만나는데 기왕이면 멋지고 예쁜 모습을 보여 주고 싶지 일부러 못나고 추하게 보이고 싶은 사람은 없을 것이다. 그런데 교수자의 영상을 모니터링하다 보면 학습자를 너무 편하게 생각한 나머지 카메라에는 그냥 내 얼굴 형체만 담기면 된다고 생각하시어 카메라 각도를 '그까이꺼 대충'으로 여기시는 안타까운 예도 있다.

내 모습을 담은 셀카를 찍을 때를 생각해 보자. 우리는 다양한 각도로 수십 장을 찍고 그중 한두 장을 남긴다. 보통 셀카를 찍을 때 눈높이보다 높은 위치에서 찍으면 얼굴이 좀 더 갸름해 보이게 나오고 밑에서 찍으면 하관이 실제의 배로 넓어 보이게 나온다.

[그림 5-2] 밑에서 올려다보는 웹캠과 눈높이에 있는 웹캠

'기왕이면 교수자도 학습에게 최상의 모습을 보이자! 비주얼의 힘도 무시할 수 없다. 카메라나 웹캠은 가능하면 눈높이보다 아주 낮게 위치하지 않도록 한다. 웹캠의 위치가 너무 높으면 장시간 바

라볼 경우 목에 무리가 갈 수 있으므로 눈높이 정도가 적절하다.

노트북은 캠의 위치가 고정되어 있고 눈높이 밑에 있어서 그대로 온라인 수업을 하면 실제로는 멋진 나의 모습이 철저히 왜곡된다. 웹캠을 추가로 사용하면 편하지만, 노트북만으로 진행해야 하는 경우라면 노트북 밑에 받침대나 책을 사용하여 높이를 높이면 도움이 된다. 노트북 사용의 추가적인 팁을 주면, 보통 노트북에 마우스를 연결해서 사용할 텐데, 키보드도 따로 연결해서 쓰기를 권한다. 그럼 노트북과의 거리가 조금 더 생겨서 교수자의 얼굴이 너무 크게 잡히지 않게 할 수 있고 실시간 온라인 수업의 경우 키보드 소리도 조금이나마 작게 들어갈 수 있다.

[그림 5-3] 노트북 밑에 놓인 받침대

교수자의 감정은 전염된다

교수자가 심각해지면서 학습자를 혼내면 모두의 분위기가 심각해진다. 오프라인에서도 이런 부분은 비슷하겠지만, 온라인에서는 목소리가 이어폰 등을 통해 바로 귀로 들어오고 얼굴 표정이 더 자세하게 보이기 때문에 두려움의 분위기는 더 빠르고 생생하게 확산할 가능성이 있다.

필자는 강의하는 강사인 동시에 강의를 듣는 대학원생이기도 하였다. 온라인 수업이 어색하고 배우는 내용이 어렵고 할 때, 교수님이 웃으면서 이야기를 건네면 필자도 숨통이 트이면서 마음이 편해졌고 '우리가 이 상황을 공유하고 있다'는 실재감이 느껴졌다. 다른 학생들도 무장해제를 하고 미소가 전염되는 경우를 많이 보았다. 자칫 인간미가 떨어지고 삭막할 수 있는 온라인 환경에서, 또 어려운 학습 내용으로 학습자가 경직되는 상황에서 교수자의 미소는 분위기를 녹이는 봄날의 햇살이 된다.

학습자들에게 수업과 교수자에 대해 좋은 기억을 주고 싶다면, '초두효과'와 '최신효과'를 기억하면서 최소한 강의가 시작될 때와 마무리될 때는 학습자들에게 미소를 보내자.

학습자의 반응을 보고 말로 표현해 주자

"여기 이 부분은 다들 어려운가 봐요. 여러분 모두 멘붕에 빠진 표정이네요."

필자가 온라인 수업을 듣는 중 교수님이 이런 말씀을 하시자 학습자 다수는 미소를 지으며 수업에 더욱 집중하게 되었다.

"지금 수업이 아닌 다른데 은근히 몰두하는 사람들이 보이네요.

여러분의 눈빛이 다 보입니다."

"여러분이 밝게 웃는 모습을 보니 제가 제대로 설명했구나 싶네요."

"지금 몇몇 분이 소리 없이 입술 모양으로 답을 말씀해 주셨네요. 고요 속의 외침 같은 답변 감사합니다."

교수자가 학습자의 반응을 보고 그때그때 말로 표현해 주면 학습자의 입장에서 '공간은 다르지만, 우리가 함께 수업하는구나' 하는 느낌을 줄 수 있다. 교수자가 학습자를 바라보고 그들의 반응에 따라 적절한(최대한 긍정의) 피드백을 지속적으로 주면 학습자는 소통된다는 느낌을 가지며 수업에 더 집중할 수 있게 된다.

때로 PPT가 소통의 걸림돌이 된다

실시간 온라인 수업은 주로 PPT를 화면에 꽉 차게 띄우고, 교수자와 학습자들의 얼굴을 작게 띄우는 식으로 진행된다. 학습자도 보통 크게 띄워진 PPT 화면에 집중하다 보니 교수자가 보이기는 하지만 직접 소통하는 생생한 느낌은 크지 않다. 수업을 효과적으로 만들어 주는 PPT가 온라인에서는 교수자와 학습자 사이의 생생한 소통의 맛을 앗아가는 것이다.

실시간 온라인 수업 중 화면 공유(발표 시작)를 끄면 학습자들의 얼굴만 나오기 때문에 서로가 더 잘 보이고, 그제야 비로소 한 공간에 있고 소통하는 느낌이 들기 시작한다. 여기에 추가적인 효과도 발생하는데, 바로 수업 분위기가 환기되는 것이다. 교수자 얼굴이 작게 나오고 PPT만 크게 보이는 상태가 지속되면 학습자의 집중이 떨어지고 긴장감이 사라지기 쉽다. 이때 화면 공유(발표 시작)를 끄고 모두의 얼굴이 보이게 되면 학습자들은 늘어졌던 긴장의 끈을 다시 조이며 집중하게 된다. 필자도 수업을 듣는 처지에서 이런 화면 전환이 있을 때마다 속으로 놀라면서 어느새 자세를 고쳐 앉게 되었다.

이런 효과가 있지만, 사람은 누구나 관성에 젖기 마련이어서 수업 내내 PPT를 화면 공유한 상태로 진행하기가 쉽다. 따라서 의도적으로라도 최소한 수업의 처음과 끝만큼은, 욕심을 부린다면 중간중간 분위기 환기 차원에서 PPT 화면 공유를 해제하고 서로의 얼굴이 크게 보이게 해 보자. 상호작용의 맛을 좀 더 살릴 수 있을 것이다.

교수자가 눈앞에 있게 느껴지게 하려면 '모두에게 추천'으로

'핀(구 비디오 고정)'은 ZOOM에 접속하는 누구나 사용할 수 있는 기능으로 해당 학습자의 화면을 내가 보는 화면상에서만 크게 보이도록 하는 기능이다. 학습자의 모습을 좀 더 면밀하게 살펴보기에 좋다. '핀'은 나의 화면에만 출력이 되며 다른 학습자에게는 고정된 이 화면이 크게 보이지 않는다.

이와 대비하여 ZOOM의 운영자(교수자)가 개인의 비디오를 클릭하면 '모두에게 추천(구 추천 비디오)'이라는 메뉴가 뜬다. 이것은 '핀' 과는 다르게 운영자가 고정한 학습자의 화면이 나(운영자)뿐만 아니라 모두의 화면에 고정적으로 크게 뜨게 된다.

이 기능은 교수자의 처지에서 소통을 위해 사용하면 좋다. 예컨대, 수업의 처음과 끝에 학습자와 대화하는 느낌을 더 살리고자 한다면 PPT '화면 공유를 해제'하고 자신의 영상을 '모두에게 추천'으로 해 놓는다. 그 상태에서 렌즈를 보고 학습자와 대화하면 학습자는 교수자의 실재감을 최대로 느낄 수 있다.

특정 학습자가 발표할 때 그 사람의 화면을 고정할 수도 있고 누군가 주목받게 하고자 할 때도 사용할 수 있다.

[그림 5-4] '모두에게 추천' 기능의 활용

대형 모니터나 세컨드 모니터를 사용한다면

대형 모니터라면 보통 모니터 위쪽에 웹캠을 다는 것이 일반적이며, 모니터가 매우 크다면 시야를 가리지 않는 범위에서 모니터 중간에 위치시킬 수도 있다. 모니터를 두 대 사용하여 수업한다면 주로 보는 모니터 위쪽에 놓거나, 학습자들의 얼굴이 뜨는 모니터 쪽에 두는 것이 적절할 것이다.

종종 노트북을 대형 모니터에 연결해서 강의할 수가 있는데, 이 경우 카메라는 노트북의 것을 사용하면서 눈은 저 멀리 모니터를 보기 때문에 학습자의 처지에서는 아무래도 '나를 보고 있다'고 느껴지는 부분이 약할 수 있다. 학습자들과 깊이 있는 소통을 하고자 할 때는 의도적으로 렌즈를 바라보거나 아니면 아예 웹캠을 대형 모니터에 부착할 수 있다.

두 개의 모니터를 사용할 경우, 첫 번째 모니터는 PPT 등을 화면 공유를 하는 용도로 사용하고 두 번째 모니터는 학습자의 얼굴/채팅을 보거나 또는 필요한 디지털 도구/학습자료를 활용하는 용도로 쓸 수 있다.

애니메이션과 음악의 사용은 최소로

ZOOM과 Google Meet, Webex 등 온라인 플랫폼은 화면을 공유할 수 있는 기능이 있다. 비교적 안정적인 편이지만 필자가 여러 번 강의를 진행해 본 결과 PPT의 애니메이션이 조금씩 끊기는 경우가 상당수 있었다. 여러 상황에 따라 이런 현상이 발생할 여지는 늘 있으므로, 특히 움직임이 있는 동영상이나 애니메이션의 사용은 최소화 하기를 권한다. 화면이 끊기듯이 나오는 현상이 지속되다 보면 학습자에게 불필요한 스트레스를 줄 수 있기 때문이다. 마찬가지로 온라인 수업에서 교수자의 무대이동이나 제스처도 지나치게 크고 빠르지 않도록 하는 것이 좋다. 움직임이 있는 이미지 파일(GIF) 등의 사용도 주의가 필요하다.

그에 비해 음악이나 효과음은 끊김없이 잘 전달되는 편이다. 그러나 이 역시 빈번하게 사용할 경우, 학습자의 입장에서 적절한 볼륨을 파악하기 어려운 온라인 상황에서는 본의 아닌 스트레스를 줄 가능성이 있다. 꼭 사용해야 하는 상황이라면 적합한 볼륨이 어느 정도인지, 교수자의 말과 음향 크기가 조화로운지 등을 사전에 반드시 체크하도록 한다. 비상시에는 휴대전화나 다른 노트북으로 음악을 켜고, 그 소리가 교수자의 마이크에 들어가게 하는 방법 등도 있다.

강의 때 학습자 음성은 OFF, 그러나 전환에 익숙하게

학습자가 음성을 켜고 접속할 경우, 생활소음이 모두에게 전해질 우려가 있다. 옆방 TV 소리부터 세탁기 돌아가는 소리, 강아지 짖는 소리 등이 끊임없이 클래스 전체를 괴롭힌다. 그러므로 교수자가 강의를 시작하는 시점에는 특히 학습자가 기본적으로 음성을 끄도록 한다.

그러나 학습자가 '음성은 항상 OFF이다.'라고 생각하게 만들어서는 안 된다. 학습자 모두가 음성이 OFF이면 교수자의 처지에서는 사실 관리가 편하다. 하지만 그렇게 될 경우, 교수자-학습자 상호작용은 물론, 학습자-학습자 상호작용이 매우 큰 벽에 부딪힐 수 있다.

따라서 학습자가 '음성 ON/OFF' 전환에 익숙하게 해야 한다. 그러려면 특히 처음이 중요하다. 강의 시작 시 학습자가 모두 음성을 켜게 하여 인사를 나눈다. 교수자가 학습자와 간략하게 인사를 나누는 것도 가능하다. 강의 중간중간에도 함께 읽거나 하는 부분이 있다면 그에 앞서 모두에게 '음성을 ON으로 해 달라'고 이야기한다. 특히 6장에 나올 학습자-학습자 상호작용 전에는 꼭 음성을 ON으로 하는 것이 좋다. 아마도 가장 이상적인 모습은 학습자가 질문이나 의견을 이야기할 때는 알아서 음성을 켜고, 교수자나 다른 학습자의 발표 시에는 자발적으로 음성을 끄게 하는 것이다. 교수자가 음성 전환에 익숙한 분위기를 만든다면 충분히 가능하다.

2. 실시간으로 학습자에게 의견 묻기

   실시간 온라인 수업이 촬영 동영상보다 나은 최고의 장점은 실시간으로 학습자의 이해를 확인하고 학습 내용으로 소통할 수 있다는 것이다. 따라서 실시간 온라인 수업의 묘미를 살리려면 학습자에게 적절하게 의견을 물을 수 있어야 한다.

실시간 온라인 수업에서의 질문법

참여를 위한 밑 작업, 브레인스토밍형 질문

   마케팅 기술 중에 '풋 인 더 도어(foot in the door)'[1]라는 기술이 있다. 일명 '문 안에 한 발 들여놓기'로 사소한 부탁을 먼저 해서 거절하지 못 하게 한 후에 정말 원하는 요청을 해서 더 쉽게 승낙을 얻어내는 방법이다. 예컨대, 가정집에 찾아가 2시간 동안 집에서 요리할 때 쓰는 제품을 조사한다고 하면 동의율이 22%지만, 첫 방문에서 8문항 설문을 부탁하고 3일 후에 요리할 때 쓰는 제품을 조사한다

---

1 이 기술은 프리드먼(Jonathan I. Freedman) 교수가 1966년에 실시한 이 사례를 통해서 입증되었다.

고 하니 동의율이 43%로 2배 가까이 올랐다.

수업에서 갑자기 뚱딴지같이 영업 기법을 이야기한다고 생각할 수 있다. 그런데 이 메커니즘은 교수·학습 상황에서도 매우 유용하게 활용할 수 있다. 교수자는 학습자가 발표하고 질문하고 의견을 내기를 원한다. 그러려면 그에 앞서 더 쉽고 편한 내용에 참여하도록 요청해야 한다. 이번에 살펴보는 '브레인스토밍형 질문'이 바로 학습자의 마음에 한 발을 들여놓는 역할을 할 것이다.

이 질문의 목적은 학습자가 쉽고 편하게 한마디라도 던지면서 수업 주제에 접근하게 하는 것이다. 도입부에 활용되기 좋고, 중간중간 학습자의 다양한 의견을 받기 위해서도 사용될 수 있다.

예컨대, 3D프린터 기술에 관련된 수업이라면 '이 기계로 무엇을 만들고 싶은지' 학습자의 다양한 답변을 들을 수 있다. 세계 관광의 역사 수업을 시작하면서는 "내가 로마시대 지중해에 있다면 어디로 관광을 가고 싶을까?"에 관해 물을 수 있다.

이 질문은 주제와 관련되어 있으면서도 답이 정해져 있지 않고 생각하기 부담스럽지 않아 학습자가 답변하기에 좋다. 몇 가지 팁을 덧붙이자면, 교수자는 학습자가 어떤 이야기를 해도 긍정적으로 받아들이고 좋은 아이디어라고 공감해 준다. 초반부터 '그건 아니다', '틀렸다'가 나오면 이후의 단추가 잘못 끼워진다는 점을 명심하자. 엉뚱하다고 생각되는 의견이라면 "새로운 관점이다", "그럴 수 있겠네." 하면서 인정해 주도록 한다. 교수자가 열려 있고 어떤 의견이든 받아들인다는 생각이 들어야 이후 학습자의 참여가 활발해진다.

학습자의 수가 많지 않다면 실시간 온라인 수업에서는 한 명 한 명의 간단한 답변을 직접 들을 수 있다. 학습자가 말하기를 주저한다면 '모두가 하나씩은 말해야 하고 먼저 나온 의견을 중복해서 말할 수는 없다'라는 룰을 덧붙이면 의견 선점을 위해 학습자가 서로 빨리 말하려고 하는 현상도 일어날 수 있다. 학습자가 많다면 일일이 의견을 들을 시간이 없을 때는 채팅을 활용하는 것이 좋다. 참여가 부족할 때는 교수자가 '예를 들어, 사막 쪽도 있겠고⋯⋯. 산이 좋은 곳도 있겠고⋯⋯.' 하는 식으로 힌트를 주는 것도 방법이다.

호기심을 자극하는 질문

이 질문부터는 앞서 4장에 나왔던 질문 전략이다. "장학금을 한 명만 선정해서 주는 것이 나을까, 아니면 금액을 나누어 100명에게 주는 것이 나을까?(공리주의 수업)"처럼 도입부나 새로운 개념이 등장할 때 사용하여 학습자의 궁금증을 자아내는 목적으로 사용된다고 하였다. 질문의 형태는 앞과 같지만, 수업이 실시간으로 진행되기 때문에 상호작용 촉진을 위한 몇 가지 활용법이 추가된다.

실시간 온라인 수업 중에 시간이 허락된다면 상상력을 발휘할 수 있는 이 질문에 대해 학습자의 의견을 들을 수도 있고 학습자끼리 짧게 이야기를 나누어 보게 할 수도 있다. 또는 질문 후 생각할 여유를 잠시 주고 난 뒤에 이에 대한 답을 얻기 위한 힌트를 강의나 수업활동을 통해서 찾아보라고 할 수도 있다.

프레이밍(Framing) 질문

이 질문은 '3세 아이들의 특징'을 학습자가 어려워한다고 판단될 경우 "영아기 때와 비교하면 어떨까요?", "신체적으로는 어떨까요?", "언어적으로는 어떨까요?", "사회적으로는 어떨까요?"처럼 질문의 폭을 좁혀서 오히려 사고하기를 편하게 해 주는 방식이었다.

실시간 온라인 수업이라면 질문을 던지고 난 뒤 학습자의 의견을 실제로 들어볼 수 있다. 생각해야 할 범위가 좁아졌기 때문에 좀 더 구체적인 답변이 나올 가능성이 커진다. 비교적 쉬운 프레이밍 질문이라면 학업성취도가 낮은 학습자들이 답변할 수 있게 해서 그들의 학업적 자기효능감(=자신감)을 높여 줄 수 있다.

단계별 질문: 손가락 질문법

쉬운 물음에서 시작해서 점차 어려운 쪽으로 하는 질문법으로, 처음에 ① 'Yes'가 나올 수 있는 쉬운 질문을 던지고, 그다음에는 ② 'Yes/No' 중 선택하는 질문, 다음에는 ③ '몇 가지 중 선택하는 질문', 이후에 ④ '구체적인 사실', 마지막으로 ⑤ 'Why'를 묻는 방식이다.

실시간 온라인 수업의 경우 학습자의 반응을 바로 보고 들을 수 있어서 '손가락 질문법'을 활용하기에 좋다. 예를 들어, 학습자들이 실험결과가 예상대로 나오지 않아 혼란을 겪고 있다면, ① 실험을 했는지, ② 결과가 기대한 대로 나왔는지, ③ 실험결과 A, B, C 중 어떤 것이 예상대로 나오지 않았는지, ④ 이론과 비교해서 어떤 차이가 있는지, ⑤ 그런 차이가 왜 발생했는지 이처럼 순서대로 물어보면 학습자의 사고를 촉진할 수 있다.

이 질문법을 또 다르게 활용할 수도 있다. 교수자가 학습자에게 질문을 던졌는데 학습자가 어려워할 경우, 질문의 난이도를 바꿀 수 있다. 예를 들어, 학습자가 구체적인 사실을 묻는 교수자의 질문 ④에 답변하지 못했다면, 교수자는 즉석에서 보기를 세 개 주는 질문 ③으로 바꿀 수 있다. 반대로 질문에 쉽게 대답한다면 다음 단계의 질문으로 학습자가 더 생각해 보게 할 수 있다. 어떤 질문인가도 중요하지만, 학습자의 반응을 보고 즉석에서 거기에 맞추어 질문을 바꾸는 전략이야말로 실시간 수업에서의 묘미가 아닐까 싶다.

개별 학습자 지목하기

학습자의 수가 많지 않다면 한 명씩 지목해서 질문하는 것이 가능하다. 개별 지목할 때 몇 가지 주의할 점을 살펴보자. 우선, 학습자의 이름을 불러 주는 것은 기본이자, 어떤 유명인이나 스타 강사도 해 줄 수 없는, 해당 수업의 교수자만이 해 줄 수 있는 특별한 역할이다. 온라인 수업이다 보니 이름이 뜨게 되어 기억하기도, 불러 주기도 편하다. 수업 중 최대한 모든 학습자가 골고루 지목되도록 한다. 몇몇 학습자가 답을 잘 한다고 그들만 단골집처럼 찾으면 안 된다. 그리고 실제로 골고루 지목해야 학습자의 처지에서 '나도 지목될 수 있다'고 느껴서 수업에 좀 더 집중하게 된다. 누구를 지목했는지 헷갈린다면 질문한 학습자의 이름을 지우는 식으로라도 표시하자.

교수자의 질문에 답한다는 것은 학습자의 작은 성공을 의미하고, 작은 성공이 쌓이면 공부에 대한 자신감(학업적 자기효능감)이 생긴다. 따라서 교수자의 질문에 학습자가 어려워한다면 즉석에서 힌트를 주거나 질문을 바꾸어 학습자가 어떻게든 답할 수 있게 해 주기를 권한다. 특히 학습자에게 개별 질문을 할 때는 학습자 개인의 수준을 고려한다. 쉬운 질문이나 가벼운 질문은 성취도나 학습동기가 낮은 학습자에게 던져서 답변에 성공함을 통해 자신감을 얻을 수 있도록 한다. 성취도가 높은 학습자에게는 좀 더 도전적인 질문을 던져서 사고의 폭을 넓히도록 돕는다.

학습자의 답변이 길어진다면 짤막하게 해 달라고 요청하고, 길어지는 경우가 많다면 애초에 간단히 답해 달라고 요청한다. 학습자의 의견에 경청해야 하지만 질문에 할애된 시간을 넘어서지는 않도록 하자.

100명의 답을 3초 만에 확인하는 비법

예를 들어, 수강하는 학생이 100명이라고 생각해 보자. 이들로부터도 질문에 대한 답변을 받을 수 있을까? 가능하다. 뿐만 아니라 방법도 다양하다. 채팅이나 구글독스, 카훗, 멘티미터, 패들렛 등의 디지털 도구를 이용할 수 있지만, 이번에는 그보다 훨씬 쉽고 직관적이고, 심지어 3초 만에 100명이든 1,000명이든 동시에 의견을 받는 것이 가능한 획기적인 방법을 소개하고자 한다.

수많은 학습 도구 중에 가장 파워풀하면서도 쓰기 편한 도구, 심지어 따로 준비가 필요하지 않고 학습자가 늘 가지고 있는 도구가 있다. 온라인 수업에서도 바로 활용할 수 있는 이것은 무엇일까?

바로 학습자가 '손'을 이용하여 답하게 하는 것이다. 예를 들어, 수업 내용과 관련된 명제를 하나 주고 '맞다고 생각하면 O, 틀리다고 생각하면 X'를 들게 한다. 심지어 5지 선다형 문제도 손가락을 이용하여 답을 제시하게 하는 것이 가능하다.

너무 단순해서 허탈한가? 그러나 장담하건대 단순한 것이 최고이다. 가위바위보 같은 원초적인 게임이 수백 년을 지나 온갖 디지털 게임이 난무하는 지금까지도 게임계의 베스트셀러인 것도 같은 이유이다. 손으로 O나 X만 표시하게 해도 무려 게이미피케이션[2]이 적용된 것이다. 이론적인 증거를 대자면 온라인에서 O나 X를 드는 것만으로도 게임의 네 가지 형태를 모두 만족시킨다.[3] 다른 학생들의 얼굴을 보며 O나 X를 들므로 경쟁게임인 '아곤(agon)'이 되고, 1/2의 가능성이므로 확률게임인 '알레아(alea)'인 셈이며, 온라인 환경에서 갑자기 움직이고 아날로그적으로 전환하게 만들므로 몰입과 도전의 '일링크스(ilinx)'의 요소가 있고, 다른 친구들의 답을 확인하거나 보고 바꾸기에 모방놀이인 '미미크리(mimicry)' 요소도 있다. 실증적인 증거를 대자면 누구보다 필자가 강의하며 수없이 효과를 목격하였다. 직접 해 보면 확실히 분위기가 환기되는 것을 느낄 수 있을 것이다.

---

2 Gamification은 'game + -fication'으로 게임이 아닌 것에 게임을 적용하는 게임화를 의미한다. 마케팅 등 여러 방면에서 활용되고 있으며, 특히 교육에서도 효과를 주목받고 있다.

3 로제 카이와(Roger Caillois, 2001)는 게임을 네 가지로 나누었다.

[그림 5-5] 손으로 OX문제 풀기

손으로 생기 있는 상호작용이 가능하다

단, 'OX나 손가락으로 번호 들기'처럼 간단한 활동도 미리 몇 가지 조건이 준비되지 않으면 학습자들의 반응이 시큰둥할 수 있다. 첫째, 비디오는 수업 시작부터 모두 ON이어야 한다. 수업 내내 OFF로 되어 있다가 "잠깐만 다들 비디오 켜 주세요." 하면서 퀴즈를 내려고 하면 늦다. 비디오 OFF인 학습자들을 독려하다가 기회는 지나간다. 둘째, 활력 있게 활동 방법을 안내하고 '하나 둘 셋'을 외치며 손을 들게 한다. 늘어지는 말투로 OX를 들어 달라고 하면 참여도가 확 떨어진다. 예컨대, 이런 식으로 말해 보자.

"자, 지금부터 우리 모두 간단한 퀴즈를 함께 풀어 볼 겁니다. 문제를 잘 듣고 제가 '하나 둘 셋' 하면 동시에 손으로 O나 X를(교수자가 손으로 O나 X를 그리면서) 들어주시면 됩니다. 문제는 딱 한 번만 가니까 잘 들으세요. 다들 준비하시고……. 온라인 수업에 대한 만족도를 높이는 데 가장 중요한 요인은 '상호작용'이다. 맞으면 O, 틀리면 X! 다 같이 하나, 둘, 셋! 들어주세요!"

필자는 기업 강의에서는 게임식 방법을 많이 사용하는데, 이처럼 짧고 활력 있는 말투, 명확한 구령이 청중을 움직이게 하는 것을 경험하였다. 몇 가지만 연습하면 손만으로도 학습자와 상호작용이 가능하다.

[그림 5-6] 손으로 사지선다형 문제에 답하기

조금 더 소통의 느낌을 살리고 싶다면 '지금 어떤 번호가 많이 나왔는지 살펴봐라', '바꾸실 분은 5초 안에 바꾸라'처럼 게임의 느낌을 더 살릴 수 있다. 문제를 풀고 답을 보여 주면서는 학습자들의 반응을 보고 이를 유쾌하게 말로 표현해 주면 좋다.

"몇몇 학생은 지금 답을 티 안 나게 귀신같이 바꾸셨네요."

"다들 박력 있게 들어주셔서 감사합니다. 맞추신 분들 잘하셨고, 틀려도 괜찮아요. 우리에겐 다음 문제가 있어요. 도전해 보시죠!"

디지털 환경에서 사용하는 아날로그 리액션

디지털 환경에서 아날로그 방식은 오히려 익숙하면서도 새롭다. 코로나19로 교육계가 혼란스러웠던 2020년 상반기, 삼성화재에서는 온라인 비대면 방식으로 교육을 진행하였다. 이때 학습자들에게 택배로 툴키트(Tool Kit)를 보내 주었다. 이 안에는 명찰과 명함, 도서 패키지 외에도 여러 도구가 포함되어 있었다. OX판, 엄지척, 좋아요와 같은 팻말들이 있어서 실시간 온라인 수업에서 의사 표현과 학습 참여에 유용하게 활용되었다. 그뿐만 아니라 학습자들이 각자 화이트보드에 의견을 적어 화면상에 보여 주게 함으로써 새롭고도 인상적인 방식으로 수업 중에 소통이 이루어졌다.

[그림 5-7] 팻말을 활용한 온라인 수업 장면

출처: 삼성화재

좀 더 학습자에게 움직임과 생기를 주고 싶다면 리액션을 위한 도구도 사용해 볼 수 있다. 초·중·고등학교라면 수업 첫 시간에 학습자가 몇 가지 도구를 만들어서 한 학기 동안 온라인 수업에 활용하게 해도 좋을 것이다. 또는 굳이 도구 사용이 없어도 앞서 설명한 '손'만 잘 쓰게 되어도 상호작용이 활발해질 수 있다.

온라인 수업에서 온라인 플랫폼과 디지털 도구가 활용된다고 해서 꼭 디지털 방식이 최고라는 편견을 버리자. 편견을 버리면 소통의 아이디어가 보인다.

디지털 도구를 활용한 실시간 질문

학습자에게 질문지를 제공할 방법은 다양하다. 설문을 돌릴 때 사용하는 구글 설문이나 네이버 설문지를 문제 푸는 용도로 활용하는 것도 가능하며, 구글 클래스룸을 사용할 경우 자체적인 문제내기의 기능도 있다. ZOOM 역시 '폴링(설문조사: 유료 버전)'의 기능이 있어서 설문이나 문제맞추기의 역할로 사용할 수 있다.

[그림 5-8] PC(좌)와 휴대전화(우)에서의 주석 기능

ZOOM을 사용할 경우, 화면 공유 중 '주석 기능'을 이용하면 간단

한 투표를 할 수 있다. PC에서는 상단메뉴의 옵션보기 클릭 후 '주석작성'을 이용하면 된다. 휴대전화에서는 하단의 펜 모양을 클릭하여 화살표나 펜 등의 주석을 이용할 수 있다.

예컨대, PPT로 5지 선다형 표를 보여 주면서 학습자로 하여금 '스탬프'를 이용하여 별이나 하트, 화살표 표시 등으로 투표를 하게 하는 것이다. 간단하면서도 즉각적으로 학습자의 이해도를 확인하면서 참여하게 만들 수 있는 방법이다. 보통 표가 많이 몰리는 쪽에 학습자가 투표하는 경향이 있는 것도 사실인데, 그렇다고 해도 그 과정 속에서 학습자에게 생각하고 참여하는 기회를 주었다는 점은 충분히 의미가 있다. 학습자가 고민한 후 동시다발적으로 참여하기를 원한다면, 문제를 낸 뒤 생각할 시간을 10여 초 주고 "3초, 2초, 1초, 지금부터 붙여 주세요!" 하면서 참여하게 만드는 것도 방법이다.

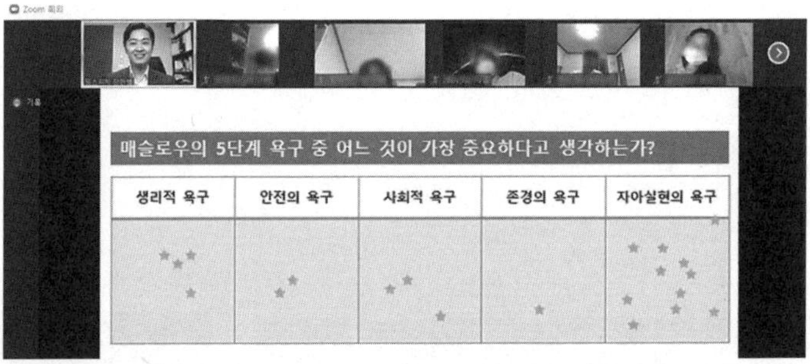

[그림 5-9] ZOOM의 주석(스탬프)를 활용한 실시간 투표

좀 더 상호작용이 잘 구현된 툴로는 '소크라티브(Socrative)'와 '카훗(Kahoot)', '멘티미터(Mentimeter)' 등이 있다. '소크라티브'는 학습자가 한 문제를 풀면 교수자가 바로 확인하고 피드백을 주는 모드

(teacher paced), 또는 학습자들이 각자 페이스대로 문제를 쭉 풀게 하는 모드 등이 있다. '교사 시간 조정 허용(teacher paced)' 모드의 경우 학습자가 그 자리에 풀고 바로 정답률과 오답률을 확인할 수 있어서 실시간 온라인에서 활용하기에 좋다. '카훗'은 제한시간 안에 4지 선다형 답을 선택하는 방식으로 좀 더 긴박감이 있고 게임적인 느낌이 든다. 각 문제를 풀 때마다 학습자가 어느 보기를 택했는지, 또 누가 앞서가는지를 확인할 수 있다. '멘티미터'는 실시간 설문을 순위별, 원그래프, 점(dots) 워드클라우드(word cloud) 등 다채로운 방식으로 보여 주는 비주얼적으로 강력한 설문 도구이다(디지털 도구들에 대한 상세한 설명은 8장에서 다룬다.).

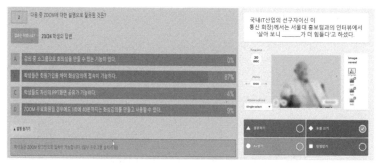

[그림 5-10] 소크라티브(좌)와 카훗(우)

3. 채팅을 통한 소통법

대단위 수업에서 요긴하게 쓰이는 채팅

'활발한 교수자-학습자 상호작용을 위해서는 20명 미만이 적당하다'는 미네르바스쿨의 이야기에 동의한다. 그러나 현실적으로 교수자의 뜻대로 그런 환경이 가능한 것은 아니다. 필자는 기업과 대학 강의에서 소규모부터 많게는 수백 명의 청중을 만나게 되었다. 어떻게든 방법을 찾아 운영하는 것은 교수자의 몫이다. 일찍이 오프라인에서부터 활용한 것이 카카오톡(카톡)이었다. 오프라인 강의에서는 상호작용을 위해 팀별 활동이 빈번하게 이루어지는데, 이조차 대단위일 경우에는 개입과 의견 공유가 쉽지 않았다. 그런데 카톡 등의 채팅을 활용하면서는 오프라인의 결과물과 의견을 빠르게 공유할 수 있었다. 그뿐만 아니라 오히려 오프라인보다 더 활발하게 의견이 올라왔다. 발표나 의견 표현에 부담을 느끼는 소극적인 학습자도 채팅에는 쉽게 참여하였다.

실시간 온라인 수업에서 참여 학습자의 수가 많다면 채팅은 훌륭한 소통의 도구가 된다. 유튜버들은 라이브 방송을 통해 수백, 수천 명의 시청자와 채팅을 통해 주로 소통한다. 그렇다면 교수자가

100여 명의 학습자와 채팅으로 소통하는 것도 물론 가능하다.

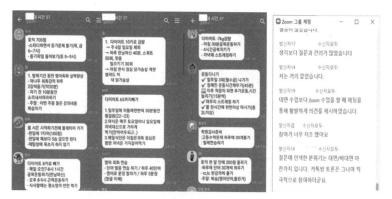

[그림 5-11] 카톡(좌)과 ZOOM 채팅(우)을 이용한 소통

좋은 도구도 사용 이전에 목적을 생각하자

인기가 있다고 무조건 가져다가 사용하기보다 우선 나의 수업 목적과 맞는지를 생각할 필요가 있다. 채팅은 실시간으로 반응을 즉각적으로 확인할 수 있는 좋은 수단이지만 휘발성이기도 하다. 많은 대화를 다시 되돌려서 확인하고 점검하기에는 상당한 수고가 뒤따른다. 따라서 말 그대로 수업 중에 학습자들의 의견을 듣고 소통하는 용도라면 채팅의 활용이 적합할 수 있다. 그러나 학습자들의 의견을 반영하여 평가로 이어지고 해당 의견을 보존하여 다음 작업으로 이어져야 하는 경우라면 활용이 적절하지 않다. 이 경우에는 구글독스나 패들렛 등을 사용하는 편이 나을 수 있다.

카톡 활용의 장점과 단점

채팅은 카톡을 활용하거나 온라인 플랫폼의 자체 채팅창을 사용할 수 있다. 우선, 카톡의 장점은 대화 보존이 쉽고 강의를 마친 후에도 의사소통할 수 있다는 부분이다. 오픈채팅의 경우 학습자들의 연락처를 일일이 수집할 필요가 없고 '익명' 입장이 가능한 것도 구미를 당긴다. 단점은 카톡이 수업을 위한 목적뿐 아니라 개인적인 채팅을 위해서 쓰일 수 있다는 것이다. 더욱이 오프라인 환경이 아닌 이상 수업 카톡을 쓰는 김에 자연스럽게 학습자끼리 카톡을 하게 되는 '딴짓의 클래스화'가 일어날 가능성이 있다.

대화 보존, 강의 후 의사소통, 익명 등의 목적이 필요한 경우라면 카톡을 사용하고, 굳이 그렇지 않다면 온라인 플랫폼의 자체 채팅 기능을 이용해도 충분하다.

채팅도 '문간에 발 들여놓기' 먼저

앞서 '문간에 발 들여놓기(foot in the door)' 전략을 기억하는가? 채팅에서도 일단 첫 참여를 쉽고 빠르게 하게 만드는 것이 중요하다. 필자는 학습자들이 채팅방에 입장하자마자 "채팅이 잘 되는지 확인하기 위하여 각자 애용하는 이모티콘(카톡의 경우)과 함께 활력 있게 인사 한 말씀씩 해 주세요."라고 요청한다. 그 이후 수업 중에도 주제와 관련되어 있으면서 학습자들이 편하게 답할 수 있을 만한 의견을 한두 번 올리게 한다. 예컨대, '내가 가고 싶은 여행지'나 '지난 수업에서 나를 가장 괴롭혔던 것'과 같은 브레인스토밍형 질문이 이에 해당할 수 있다. 편하게 참여하고 나면 그다음에 좀 더 사고를 요구하는 물음과 요청에도 참여가 쉬워진다.

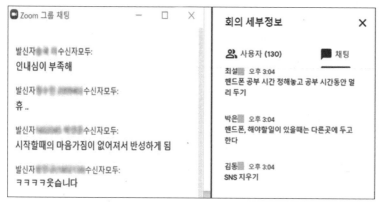

[그림 5-12] Zoom(좌)과 Google Meet(우)에서 채팅을 통한 학습자 참여

참여 돋우기 비법

학습자에게 시간관리에 관련된 강의를 하면서 '자투리 시간에 관련된 의견을 채팅에 올려 달라.'고 한다고 생각해 보자. 우선은 관련된 내용을 설명한 후에 적용의 차원에서 질문을 던지는 것이 참여적 측면에서는 좋다. "여러분이 자투리 시간을 어떻게 사용하는지 간단하게 의견을 올려 주세요."라고 하면 굉장히 적은 의견이 올라오거나 잘 올라오지 않을 가능성이 크다. 쉬운 질문을 먼저 던지며 답하게 하는 '문간에 발 들여놓기' 전략을 썼다고 해도 특별한 자투리 시간 활용 비법이 없는 사람은 채팅에 글을 올리기 어렵기 때문이다.

질문은 쉽게, 사례는 미리 장전

일단 질문을 좀 더 쉽게 만든다. '나의 시간을 개선하는 방법은?'
보다는 '나의 시간 도둑 1위를 찾아보자.', '어떻게 하면 그 녀석을 잡
을 수 있을까?'처럼 의견이 나오기 쉽게 만들어 준다.

교수자가 몇 가지 예를 생각할 수 있도록 던져 주는 것도 좋다.
교수자가 예를 드는 방향에 따라서 학습자의 의견이 나오는 경우도
많다. 교수자가 등하교나 출퇴근 때 할 수 있는 자투리 시간 활용법
을 예로 들면 학습자도 비슷한 상황에서 할 수 있는 활동 위주로 의
견이 나오게 될 것이다. 교수자가 먼저 채팅창에 예를 한두 개 살짝
올리는 것도 방법이다.

학습자의 사고를 더욱 촉진하고자 한다면 다양한 사례를 아우르
는 힌트를 줄 수 있다. 예를 들어, '아침에 일어나서 학교에 오고
집에 가서 침대에 눕기까지 하루를 쭉 돌아보면서 내가 놓치는 시
간을 찾아보자' 하는 식으로 사고를 자극할 수 있다.

당근과 채찍

앞의 방법은 학습자가 능동적으로 생각하고 참여하도록 촉진하
는 편안하고 달콤한 방법이다. 그렇게 해서 활발한 참여가 올라오
면 좋겠지만 아쉽게도 자발성만으로 모든 활동이 원활히 이루어지
는 경우는 드물다. 비자발적이고 수동적인 학습자가 늘 있다는 것
을 잊지 말자.

따라서 앞의 방법과 함께 약간의 의무감을 줄 필요가 있다. 이때
'의견을 올리지 않으면 점수가 마이너스'라는 것처럼 강제성을 강하

게 부과하면 남아 있는 작은 자발성의 싹마저 없애는 꼴이 되므로 채찍은 '있구나' 정도를 인지만 하게 하고 '두렵다'고 느끼게 해서는 안 된다.

예를 들어, '의견은 여러 개 올려도 상관없지만, 일단 하나씩은 꼭 올려 주셔야 한다', '시간관계상 3분 정도만 드리겠다'는 식으로 약간의 압박감과 의무감을 줄 수 있다. 학습자가 '해 보자'는 생각이 들게 만들어야지 '해야지 어쩌겠어'의 생각이 들게 되면 학습에는 부정적으로 작용할 수 있다. 그 오묘한 경계선을 잘 타며 작은 부담감 한 스푼을 줄 때 학습자의 참여가 촉진된다. 일단 참여가 시작되면 그다음부터는 달콤한 방법 위주로 갈 수 있게 된다.

기다리기

학습자에게 의견을 물은 후에 5초 만에 채팅창에 의견이 꽉 차리라는 조급함은 갖지 말자. 배운 것을 적용, 분석, 평가하고 창의적인 의견을 내는 것은 몇 초 만에 뚝딱 되지는 않는다. 정해진 시간을 주고 기다린다. 시간이 임박해도 의견이 잘 나오지 않으면 '남은 시간 1분이다' 하는 약간의 압박과 '정답은 없다, 어떤 아이디어든 좋다'는 식의 당근을 함께 줄 수 있다.

채팅은 VIP 의견처럼 성함을 읊으며 피드백하라

라이브 방송을 하는 유튜버에게 시청자의 의견은 그야말로 최고의 선물이다. 학습자의 활발할 참여를 기대하는 교수자라면 채팅창에 올라오는 의견 하나하나를 VIP의 의견으로 여기고 성함을 읊으며(나이 어린 학습자라도 VIP이기 때문에 '성함'이다) 긍정의 피드백을 실시간으로 해 준다.

"오~ 장한별 학생이 '전자레인지 앞에서 삼각김밥 돌리는 20초 안에 스쿼트를 한다'고 의견 주셨네요. 이 분 시간 정말 알뜰히 쓰시네요. 조만간 몸짱 되시겠어요."

필자는 수업 초반에 '강의 중간중간에 하고 싶은 말이나, 갑자기 수업 관련하여 재미있는 생각이 떠오른다면 어떤 말이든 채팅에 편하게 쳐도 된다'고 말하고 실제로 의견이 올라오면 실시간으로 읊어 준다. 긍정의 메시지를 살짝 덧붙이고 추가적인 아이디어가 있으면 함께 전달한다. 이런 분위기가 온라인에 퍼지면 학습자들의 몰입과 리액션이 풍부해지면서 채팅 참여는 가속도가 붙는다. 그런 수업을 진행하면서 '유튜버가 이런 짜릿한 재미 때문에 라이브 방송을 하는구나' 하는 소통의 참 재미를 즐겼다. 오프라인 강의에서는 교수자의 말에 맞장구를 치거나 관련된 말장난을 할 수 없지만, 온라인에서는 가능하다. 수업과 관련된 학습자들의 이야기가 편하게 나온다면 그때 진짜 실시간 상호작용의 즐거움을 교수자와 학습자가 함께 누릴 수 있다.

간혹 학습자들이 너무 예의 없을 정도로 편하게 채팅을 해서 우려되는 수준이라면 그런 채팅은 무시하고 언급하지 않으면 된다. 너무 심한 수준이라면 개인적으로 따로 피드백을 줄 수 있다. 굳이 전체 앞에서 끄집어내서 비난하여 전체 분위기를 해칠 필요는 없다.

의견이 너무 많아서 일일이 언급하기 어렵다면, 비슷한 의견끼리 묶어서 "장한별, 배수지, 조이서 학생은 이런 의견을 주셨네요." 하는 식으로 간단하게 피드백을 해 줄 수도 있다. 또는 학습자들을 두 팀으로 나누어 A 팀은 주제 1에 대해 고민하고 B 팀은 주제 2에 대해 고민하게 한 뒤, "먼저 주제 1에 대한 A 팀원 분들의 아이디어를 지금부터 보내 주세요!" 하면서 차례대로 의견을 살펴보는 방법도 있다.

카카오톡 오픈채팅: 그룹 채팅의 활용

카카오톡을 사용하고 있다면 누구나 '오픈채팅'방을 만들 수 있다. 오픈채팅은 '그룹 채팅'과 '1:1 채팅방'이 있으며, 각기 성격이 달라서 활용도 다르다. '그룹 채팅'은 학습자들이 모두 함께 대화하는 단체 채팅방이다(오픈채팅방을 만드는 방법은 8장에서 다룬다.).

교수자가 채팅방을 만들고 주소를 공유하면(링크, 또는 채팅방 검색) 학습자는 실명, 또는 닉네임으로 입장하게 된다. 일반적으로는 학습자 정보 파악을 위하여 실명으로 들어오게 한다. 물론 사람은 보통 익명이 보장되면 더욱 자유분방하게 의견을 내는 경향이 있다. 진솔한 의견이나 창의적인 의견을 받고 싶으면 애초 입장할 때 닉네임으로 하도록 한다(단, 'ㅎㅎ'같은 이름은 중복이 많을 수 있어서 나만의 닉네임으로 하도록 권장한다.). 학습자가 좀 더 책임감을 가지고 채팅에 참

여하게 하거나 또는 너무 장난으로 이어지거나 무례한 이야기가 나
올 수 있다면 실명 입장을 하도록 한다.

[그림 5-13] 오픈카톡 그룹 채팅(좌)과 1:1 채팅(우)

카카오톡 1:1 오픈채팅의 활용

오픈채팅은 일반 채팅처럼 학습자의 연락처나 카톡아이디를 수
집할 필요없이 교수자가 만든 채팅방에 학습자들이 링크나 QR코
드, 또는 채팅방 검색으로 접속할 수 있어서 편리하다. 오픈채팅은
'그룹 채팅'과 '1:1 채팅'이 있다. 오픈채팅 중 1:1 채팅은 교수자와
학습자가 1대 1로 대화하는 채팅이다. 기존의 1:1 채팅과 '1:1 오픈

채팅'의 차이가 있다면, 오픈채팅은 통합된 하나의 큰 채팅방 안에 작은 1:1 채팅들이 모여 있는 구조이다. 이 채팅은 학생 개개인과 대화하거나 상담할 때도 활용할 수 있다.

　필자의 경우는 이 채팅방을 '게임 퀴즈'를 맞추는 용도로 아주 유용하게 사용하였다. 보통 클래스 전체에게 질문을 던지면 적극적인 한두 학생만 빠르게 답을 이야기하고, 이런 패턴이 반복되면 대다수는 생각하기를 포기할 수 있다. 학습자들에게 카톡 '1:1 오픈채팅' 방에 들어오게 하고 실시간 온라인 수업에서 모두에게 퀴즈를 내준 뒤, 제한시간을 20~30여 초 주고 답을 적게 한다. 이런 식으로 하면 마치 동시에 퀴즈를 푸는 효과가 있다. 뒤에서 설명할 '카훗(Kahoot)' 이나 '소크라티브(Socrative)'와 같은 디지털 도구를 사용하는 것도 좋지만 일일이 문제를 만들어야 하는 번거로움이 있다. 이때는 준비 시간이 부족하다면 카톡 1:1 오픈채팅을 활용하는 것도 하나의 방법이 된다. 맞춘 문제를 가지고 평가해야 한다면 모든 문제를 풀고 나서 각자 맞춘 개수를 1:1 오픈채팅으로 적게 한다. 자신이 앞서 문제를 맞힌 기록이 채팅에 남아 있으므로 정직하게 답변할 것이다.

4. 실시간으로 질문받기와 피드백

구두로 질문받기: 의무질문제(또는 질문찬스권)

가장 간단한 방법은 학습자가 마이크를 통해 음성으로 질문하는 것이다. 다만, 실시간 온라인 수업의 특성상 오디오가 겹치면 안 되기 때문에 여러 명이 동시에 말하기는 불가능하고, 학습자의 처지에서 교수자의 말을 끊고 질문하기에 다소 망설여지는 부분이 있다. 학습자가 웹캠을 통해 손을 들 수 있는데 학습자의 수가 많다면 PPT와 함께 강의하는 교수자는 그 모습을 놓치기 쉽다. 온라인 플랫폼의 '리액션' 버튼(손들기, 엄지척, 박수)이 있으나 막상 학습자가 이용하기에는 주저되고 교수자도 이를 발견하지 못하는 경우가 많아 활용도는 낮은 편이다.

수업 중에 학습자들이 자발적으로 활발하게 질문하는 경우는 아쉽게도 많지 않은 듯하다. 그런 수업은 불가능한 것일까? 어떻게 하면 학습자들이 실시간 온라인 수업에서 질문하게 만들 수 있을까?

자리가 사람을 만드는 듯하다. 필자는 교수자의 처지가 되면 활발해지지만, 학습자의 처지가 되면 반대로 조용해지고 말이 없어진다. 교수자일 때는 학습자의 질문과 참여를 바랐지만, 또 학습자가 되니 질문하기가 꺼려졌다. 학습자들이 질문에 참여하지 못하는 이유는 두 가지이다. 첫째는 겁이 나서, 둘째는 질문거리를 생각하지 않아서이다. 이 두 가지를 동시에 해결하는 간단한 방법이 있는데 바로 '의무질문제'이다. 수업시간 동안에 한 번 이상은 무조건 질문하게 하는 것이다. 이 방법을 썼다면 교수자는 실제로 질문하는 학습자를 하나하나 표시하면서 중간쯤에 '아직 질문 안 한 학생이 ○명 있다'고 알려 주고 강의 마무리에는 질문하지 않은 학습자 한 명 한 명을 호명하며 질문을 끝끝내 받을 수 있다. 이런 방식이 몇 번만 진행되면 학습자들이 적극적으로 질문하는 분위기로 바뀐다. 의무감이 자발성을 훼손한다? 도리어 의무감이 질문을 편하게 할 수 있게 해 주고 자신이 궁금한 것을 담아내게 도와준다.

'의무질문제'라는 이름부터 학습자의 자발성을 침해하는 듯하여 거부감이 든다면 좀 더 긍정의 느낌을 담아 '질문찬스권'이라 명명할 수도 있다. 수업시간 중에 모두에게 이 찬스권을 사용할 기회가 주어지는데, 기회는 딱 한 번이므로 알차게 사용해야 하고, 또한 기회는 수업이 끝나면 소멸하기 때문에 그 전에 무조건 써야 한다는 식으로 적절한 포장도 할 수 있다.

채팅을 통한 질문

중간중간 궁금한 사항을 채팅으로 받는 것도 가능하다. 물론 학습자의 자발성만 의지하며 기다리면 기대보다 질문이 많이 올라오지 않을 수 있다. 특히 수업 뒤에 채팅을 통한 질문시간을 따로 할 애하고 질문을 기대하면 소위 그날 장사는 좋날 수 있다. 이 방법이 성과를 내려면 앞서 언급한 '의무질문제'와 함께 어느 정도 결합할 필요가 있다. 학습자들이 올린 질문에 간단히 답을 주는 수준이 아니라 이후의 활동이나 점수 등으로 연결되기를 원한다면 다음에 소 개하는 디지털 도구를 활용하는 편이 낫다.

구글독스를 통해 의견받기

구글독스(google docs)를 통해 여러 인원이 실시간으로 공유문서 를 작성할 수 있다. 동시에 학습자들이 하나의 문서에 작업하게 되 어 의견을 모으는 용도로 활용하기에도 좋다. 학습자들은 별도의 회원 가입을 할 필요 없이 링크만으로 참여할 수 있어서 간편함에 서도 탁월하다.

학습자들에게 구글독스 링크를 전해 준 뒤에 질문이나 의견을 실시간으로 올리도록 한다. 이 또한 막연하게 자발성에 맡기기보다 의무로 작성하게 하는 편이 좋다. 아예 구글 문서에 표를 넣어 학습 자들의 이름을 넣어놓고 자신의 이름 옆에 질문이나 의견을 적게 하는 것도 하나의 방법이다. 참여 촉진을 위해 교수자가 먼저 질문 이나 의견을 달 수 있다. 강의 중간이나 쉬는 시간, 또는 말미에 구 글독스에 적힌 의견을 확인하면서 교수자가 피드백을 주는 식으로 수업을 정리할 수 있다.

구글독스는 다음 장에 나오는 '학습자-학습자 상호작용'에서 팀

별 토론이나 과제를 정리할 때도 활용할 수 있다(디지털 도구의 기본적

인 사용방법은 8장에서 다룬다.).

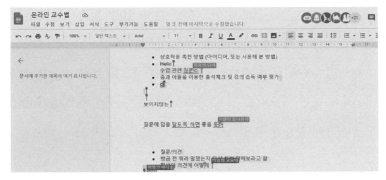

[그림 5-14] 구글독스의 실시간 활용 장면

온라인 포스트잇 담벼락 '패들렛'

오프라인 수업에서 학습자들의 여러 의견을 모을 때 포스트잇을

벽에 붙이는 방식을 사용한다. 포스트잇은 떼고 붙일 수 있어서 비

슷한 의견들끼리 그룹핑할 수도 있는 등 전체적으로 의견을 파악하

고 구분하기에 편리하다.

이러한 모습을 온라인으로 가져온 것이 '패들렛(Padlet)'이다. 오프

라인에서의 포스트잇처럼 온라인 담벼락에 의견을 적을 수 있고,

교수자는 온라인 메모지를 옮기거나 겹쳐서 그룹핑할 수 있다. 학

습자들은 파일을 업로드하고 링크를 삽입하고 사진, 동영상, 목소

리 등을 넣을 수 있어서 다채로운 의견 제시가 가능하다. 필요하면

과제 제출로도 사용할 수 있다.

교수자가 학습자들에게 생각할 질문을 주고 학습자들은 이에 대한 저마다의 생각을 패들렛에 올리도록 한다. 교수가 먼저 샘플로 의견을 올리고 댓글을 다는 것도 참여 촉진에 도움이 된다. 교수자는 의견을 보며 실시간으로 피드백을 줄 수 있다. 학습자들도 클래스 구성원들의 의견을 한눈에 볼 수 있어서 편리하다.

패들렛에는 서로의 메모지에 대하여 좋아요를 누르거나 댓글로 게시물에 대한 피드백을 달 수 있어서 학습자-학습자 상호작용에도 유용하게 활용할 수 있다.

온라인 피드백의 원칙

한 명에게 한 것이 모두에게 한 것과 같다

"틀렸어요. 장한별 학생은 이 질문에 제대로 답하지 못했네요."

교수자가 이런 피드백을 주는 순간 장한별 학생은 민망하기도 하고 부끄럽거나 수치심을 느낄 수도 있다. 그러나 장한별 학생만 그렇게 느낄까? 상호작용의 유형 중에서 교수자와 다른 학습자 간에 일어나는 상호작용을 관찰하며 일어나는 '대리적 상호작용'이 있었다. 장한별 학생을 바라보는 다른 학습자들도 모두 안타까움을 느끼며 나도 저런 처지가 될 수 있다는 불편한 감정을 느낄 것이다. 만약 교수자가 정답만을 강조한다면 모든 학습자는 '확실한 정답이 아니면 말하지 말아야지.'라고 느끼게 될 것이다. 반대로 한 학습자를 부드럽게 대하면 다른 학습자들도 편안함을 느낄 것이다. 교수자는 학습자 한 명에게 피드백을 줄 때, 사실은 이를 지켜보는 모든 학습자에게 같은 피드백을 주고 있다는 사실을 기억할 필요가 있다. 따라서 학습자들이 열심히 질문하고 발표하고 참여하게 만드는 것은 거의 전적으로 '교수자가 피드백을 어떻게 주느냐'에 달려 있다.

이름을 불러 주며 긍정의 피드백

학습자가 의견을 구두로 말했든, 채팅이나 구글독스, 패들렛으로 제시했든 모두 같다. 교수자는 학습자의 '이름'을 불러 주며 긍정의 피드백을 준다. 특히 수업 초기라면 '무조건 긍정'의 피드백을 주어야 한다.

"오~ 장한별 학생이 이런 의견을 적으셨네요. 좋은 시사점을 주었습니다."
"손정호 학생은 저보다 더 고차원적으로 생각하셨네요."
"김미선 학생은 배운 내용을 잘 활용하는 방안을 말해 주셨어요."

답변이 괜찮았다면 수업 중간중간에 다시 언급하는 것도 좋다. '앞서 장한별 학생이 잘 설명했듯이 이 부분의 포인트는~'이라고 이름을 이야기하면 마치 논문이나 신문기사에서 내 이름이 인용된 듯이 그 학습자가 뿌듯함은 물론 이를 지켜보는 학습자들에게 자극이 될 수 있다.

다소 튀거나 교수자의 생각과 다른 의견이 나왔을 때야말로 중요한 시점이다. 교수자의 개방성을 보여 주면서 학습자의 참여를 높일 기회가 온 것이다.

"장한별 학생의 이런 의견은 굉장히 창의적이네요."

'새로운 접근이다, 특별한 방법이다, 발상의 전환이다'와 같은 피드백도 가능하다. 긍정의 피드백을 지속하면 학습자는 심리적인 안전감을 느끼게 되고 좀 더 적극적으로 참여할 수 있게 된다.

정답이 아닐 때 교정이 필요할 수 있다. 이때도 '틀렸어요'를 너무 강조하기보다 부드러운 방식의 피드백을 권한다. 답변한 것 자체에 대해서는 긍정적으로 반응해 주고 수정이 필요한 측면에 대해 제시하는 것이다. 또는 추가 질문이나 힌트를 주면서 교정하게 할 수도 있다.

"장한별 학생이 이런 답변을 주셨네요. 그렇게 생각할 수도 있겠는데요, 그렇다면 이런 측면에서 생각해 본다면 어떨까요?"

위험한 칭찬

앞서 긍정의 피드백을 강조했지만, 무조건적인 칭찬을 하라는 의미는 아니다. 위험한 칭찬도 있다.

'똑똑하다'는 칭찬은 위험하다. 캐럴 드웩(Carol Dweck)은 10여 년간 20개 초등학교 400명에게 퍼즐 문제를 풀고 지능지수를 평가하는 실험을 했다. 1단계에서 쉬운 문제를 내고 A 그룹에는 '똑똑하다'고 피드백을 주고, B 그룹에는 '열심히 풀었다'고 과정을 칭찬해 주었다. 2단계에서는 쉬운 문제와 어려운 문제 중 선택을 하게 했더니 A 그룹은 대부분 쉬운 문제를, B 그룹은 어려운 문제를 택했다. 3단계에서 두 그룹에게 어려운 문제를 제시했더니 A 그룹은 절망했고, B 그룹은 도전을 지속했다. 4단계에서 다시 1단계만큼 쉬운 문제를 내 주었더니 A 그룹 성적은 20% 하락하고, B 그룹의 성적은 30% 상승하였다.

교수자가 칭찬해야 한 것은 '지능'이 아니라 학습자가 노력하는 '과정'이 되어야 한다. '다른 학습자보다 잘한다'는 비교 칭찬은 위험하다. 활동에는 평가가 뒤따를 수밖에 없지만, 비교 칭찬을 하게 되면 누구도 기분이 좋지 않다. 뒤처진다는 이야기를 듣는 학습자는 필요 이상의 경쟁심을 갖게 될 수 있고, 아예 뒤처지는 학습자는 흥미를 잃을 수 있다. 가장 잘한다고 칭찬받은 학습자도 마치 다른 학습자를 짓밟고 잘한 것 같은 느낌이 들어 찝찝할 수 있다.

'정답'일 때만 해 주는 칭찬도 위험하다. 정답이 곧 칭찬이라는 잘못된 교훈을 새기게 되어 학습자가 다양하게 창의적으로 생각하는 것을 막을 가능성이 있다.

'사실에 입각하지 않은 과한 칭찬'도 위험하다. 팀원을 조금 도와준 학습자에게 "이런 헌신과 따뜻함을 지닌 사람을 본 적이 없다. 사회가 필요로 하는 사람이다."와 같이 과하게 피드백을 주면 본인도 부담 백배일 뿐 아니라 칭찬의 진실성을 의심할 수 있다.

칭찬은 '과자상자'로

긍정의 피드백을 줄 때는 '과'정을 '자'세하고 '상'세하게 '자'각한 시점에 바로 주자.

학습자가 아는 것만 칭찬하는 것이 아니라 비록 정답은 아니지만 시도한 모든 '과'정의 노력을 칭찬하는 것이다. 오답을 말하는 것 또한 '학습과정'이다. 그런 관점에서 보면 학습으로 가는 모든 시행착오가 격려와 칭찬의 요소이다.

칭찬은 막연히 '잘했어'가 아니라 '자'세하고 '상'세하게 이루어져야 한다. 리포트를 잘 썼다면 "3단 구성이 탄탄했다.", "서론에서 최근 시사 이슈를 잘 녹여 냈다."와 같이 잘한 부분을 짚어 주어야 학습자가 이를 인지하고 행동이 강화될 수 있다. 이 모습을 지켜보는 학습자들도 '대리적 상호작용'을 통하여 무엇을 열심히 해야 할지 정보를 얻게 된다.

'자'각한 시점에 바로 하는 것도 중요하다. 특히 온라인 수업에서는 피드백의 속도가 생명이다. 웹 페이지에서 Z세대의 평균대기시간이 8초라고 한다. 디지털에 익숙한 세대일수록 빠른 피드백을 원한다. 칭찬 등 피드백도 유효기간이 있다고 여기면서 즉각적인 피드백을 주면 학습자의 몰입과 참여 동기가 강화되는 데 도움이 될 것이다.

실시간 온라인 수업에서 올라오는 학습자들의 의견이 있다면 이에 대해서 '과자상자'로 긍정, 아니 초긍정의 피드백을 해 주자. 이것이 도화선이 되면 온라인상에서 학습자들의 반응은 폭발적으로 증가하게 될 수 있다.

05 교수자–학습자 상호작용 전략: 실시간 온라인

06

학습자-학습자
상호작용 전략

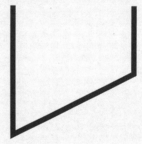

1. 간단한 수준의 학습자 간 상호작용 전략

학습자 간의 소통, 왜 필요할까

집중 시간의 한계

사람의 집중 시간이 얼마나 될까? 교수·학습 연구들은 보통 10~20분 정도를 이야기한다. 영국 로이드 TSB보험사와 데이비드 목슨(David Moxon) 교수 팀이 성인 1,000명을 대상으로 한 연구에서는 현대인의 집중 시간이 12분으로 나타났으나, 10년 뒤 측정했을 때(2008년)는 5분 7초로 급감한 것으로 나타났다.

흥미와 자극 위주로 구성된 디지털 콘텐츠를 접하다 보니 학습자의 주의 집중 시간은 점점 더 떨어지고 있다. 라거스트롬 등(Lagerstrom et al., 2015)의 연구에 따르면 비디오를 보던 학습자들은 영상 시작 후 10분 정도 되었을 때 시청자의 2/3 정도가 감소하였고, 30분 정도 되었을 때는 시청률이 급격히 상승하였다. 많은 학생이 약 10분에서 30분 사이의 비디오 부분을 건너뛰었다.

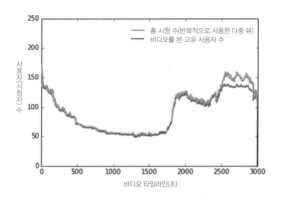

총 시청 수(반복적으로 사용한 다중 뷰)
비디오를 본 고유 사용자 수

[그림 6-1] 시간의 흐름에 따른 영상 시청자 수의 변화

이러한 이유로 강의 전달이나 영상 제작의 최적 시간을 15분으로 꼽기도 한다. 세계 명사들이 강연하는 TED는 18분 이내로 이루어지며, 우리나라의 세바시(세상을 바꾸는 시간)도 15분으로 이루어진다.

그러나 교수자가 전달해야 하는 양은 15분 수준의 것이 아니다. 40~50분 단위의 수업으로 많은 내용을 전달해야 하는 교수자가 수업시간을 15분으로 뎅강 잘라 버릴 수는 없는 노릇이다.

우선 교수자는 학습자의 집중 시간을 확인하고 교수자가 아무리 날고 기어봐야 집중의 한계가 있다는 점을 받아들여야 한다. 그리고 주기적으로 학습자의 집중력을 높일 수 있는 수업 구성을 해야 한다. 강의를 15분 정도 했다면 교수·학습 방법에 변화를 주면서 수업을 진행하는 식으로 말이다.

이때 주목받는 방법이 '학습자 중심 수업'이다. 강의하다가 수업 방식이 중간에 바뀌면서 학습자가 주체가 되어 참여하고 논의할 때 집중력은 다시 높아질 수 있다. 집중력을 지속해서 끌어올리기 위해서라도 학습자 간 소통은 수업에 포함될 필요가 있다.

학습 피라미드, 들으면서 배우는 한계

미국 버지니아의 연구기관인 NTL(National Training Laboratories)은 공부한 후 24시간 후에 기억하는 비율을 [그림 6-2]와 같이 피라미드로 나타냈다. 놀랍게도 강의 듣기 후 기억하는 비율은 고작 5%에 불과했다. 반면에, 집단토의는 50%, 연습은 75%, 가르치기는 90%로 나타났다.

물론 이 결과만 가지고 강의식 수업을 평가절하할 수는 없다. '강의법'도 어떤 방식으로 진행되느냐에 따라 결과는 상당히 달라질 수 있고, 기억의 정도는 여러 요인의 영향을 받을 수 있기 때문이다.

그럼에도 불구하고 학습자가 주도적으로 학습했을 때 기억에 더 오래 남는다는 시사점은 의미가 있다. 공자께서 "들으면 잊는다. 보면 기억한다. 행동하면 이해한다."라고 하셨던 말씀도 맥을 같이한다.

실시간 온라인 수업이 강의식으로만 진행된다면 더욱 의미가 퇴색된다. 실시간 수업은 촬영 동영상과는 차별화되어야 한다. 좀 더 고차원적인 논의와 활발한 상호작용이 이루어질 필요가 있다. 학습자 간 상호작용을 위해서는 '참여적 학습방법'을 빼놓고는 상상하기 어렵다.

5%	수업듣기(Lecture)
10%	읽기(Reading)
20%	듣고 보기(Audio-Visual)
30%	시연하기(Demonstration)
50%	집단토의(Group Discussion)
75%	연습(Practice)
90%	가르치기(Teaching Others)

수동적 학습방법 / 참여적 학습방법

[그림 6-2] 수업 방식에 따른 기억률

학습공동체 분위기 형성

코로나19로 인하여 우울감과 외로움을 호소하는 사람들이 늘어
나고 있다. 경기도교육연구원이 2020년 7월에 경기도 내 800개 학
교를 대상으로 한 조사에서 초등학생은 코로나19 이후 학교생활에
서 가장 힘든 부분으로 '친구관계'를 꼽았다. 대학생도 사정은 마찬
가지로 온라인 수업에서 느낀 가장 큰 어려움으로 '친구의 부재'를
꼽았다(56.2%)[1]. 또 다른 설문조사[2]에 따르면 코로나19로 학교 캠퍼
스가 폐쇄된 2020년 1학기에 우울증을 호소한 대학생은 직전 학기
보다 2배 가까이 증가하였다.

온라인 수업이 진행되면서 많은 학습자는 관계성이 충족되지 못

---

1 과학기술원 공동사무국이 국내 5개 과학특성화대학교 재학생을 대상으로 2020년
   1학기 초(1,661명)와 학기 말(1,257명)에 진행한 연구 결과이다.
2 '헬시 마인즈 네트워크'가 2020년 7월에 미국 대학생 1만 8,000명을 대상으로 실
   시한 설문조사이다.

06 학습자-학습자 상호작용 전략

하여 우울함을 가지기 쉽다. 초·중·고등학생들은 물론 성인학습자들도 동료들을 만나지 못하여 쓸쓸함을 느끼고 '코로나19 블루[3]'에 빠지기도 한다. 일찍이 온라인 수업 위주로 진행한 방송대와 사이버대학교는 학습자가 느끼는 외로움과 혼자 공부하며 슬럼프를 겪는 상황을 경험하면서 출석수업이나 대면 특강, 동호회 활동 등을 운영하였다.

교수자가 온라인 수업에서 챙겨야 할 것은 '수업 내용'이라는 수준을 넘어서는 '학습자의 배움'이다. 그 배움이 원활하게 이루어지기 위해서는 학습자 간 분위기도 큰 몫을 한다. 교수자는 학업분위기 조성을 위해서라도 학습자 간 상호작용을 챙겨야 한다. 지식 획득 외에도 팀워크, 의사소통 능력 등을 키워 주기 위해서도 학습자 참여 활동은 필요하다.

첫 시간에 소개의 시간 주기

학습자 간 상호작용의 시작으로 먼저 학습자들이 서로 얼굴을 보고 익힐 기회를 주는 것이 필요하다.

학습자가 대단히 많은 것이 아니라면 교수자는 실시간 온라인 수업 첫 시간에 학습자 이름을 일일이 불러 출석을 부르고 짧게라도 자기소개를 할 시간을 주자. 이때는 화면 공유(발표 시작)를 풀어

---

3 코로나19와 우울감(blue)가 합쳐진 신조어로 코로나19 확산으로 생긴 우울감, 무기력증을 의미한다.

서 모두가 서로의 얼굴을 잘 볼 수 있게 해 주자. 소개를 길지 않게 20~30여 초 정도만 하면 20명이 해도 10분 이내에 충분하다. 또는 주마다 몇 명씩 할당하여 자신을 소개하는 것도 가능하다.

학습자의 수가 더 적고 시간적 여유가 있다면, 짧은 소개 후 서로에 대해 간단히 질문하는 시간을 할애하는 것도 가능하다. 이때 그냥 질문하라고 하면 학습자들이 자체적으로 나서기 어려울 수 있으므로 앞에 소개한 사람이 다음 소개자에게 질문하게 하거나 교수자가 특정 질문자를 지목함으로써 최대한 균등하게 발언권을 줄 수도 있다.

출석체크는 굳이 이름을 부르지 않아도 온라인으로 할 수 있지만, 그럼에도 수업을 진행하면서 교수자가 학습자의 이름을 부르며 출석체크를 하면 학습자의 목소리를 듣고, 가능하다면 짧게 근황이나 안부를 묻는다면 이를 지켜보는 학습자들도 함께 분위기를 풀어갈 수 있다.

발표자에게는 박수와 호응을 유도하기

필자가 들었던 한 수업의 교수자는 학습자의 발표가 끝나면 항상 "수고한 장한별 학생에게 모두 박수를 보내 주세요."라고 요청하였다. 필자도 발표 후에 박수를 받았는데 확실히 박수가 없을 때보다 기분이 좋으면서 좀 더 호의적인 분위기가 되는 것을 느꼈다.

상호작용은 학습자 개개인이 다른 학습자들로부터의 반응을 느낄 때 이루어진다. 평상시에 대부분 정지상태처럼 있던 학습자들이 동시에 나를 위해 박수를 보내 주는 모습을 보면 '우리가 함께 있구나.' 하는 생생함을 느낄 수 있다.

박수를 보낼 때는 박수 소리가 들려도 상관없고 음소거여도 상관없다. 단, 비디오에 손뼉 치는 '손 모습'은 보이도록 해야 발표자가 이를 확인할 수 있다. 화면 공유(발표 시작)를 끄고 박수를 보내면 더 많은 학습자의 모습이 생생히 보일 수 있다. 더 좋은 분위기를 위해 "장한별 학생에게 박수와 미소를 함께 보내 주세요."라고 요청할 수도 있다.

발표 후에는 서로에게 질문하게 하기

서로에게 질문이 쏟아져 나오다

필자가 들었던 수업의 교수자는 아주 간단한 방법으로 학습자 간 상호작용을 이끌어 내었다. 발표자의 발표가 끝나면 학습자들이 질문하게 하는 것이다. 그런데 이런 상황에서 학습자들끼리 서로 질의응답을 주고받을까? 물론 질문이 잘 나오지 않는다. 이때 '의무질문제'가 다시 등장한다(의무의 뉘앙스가 싫다면 '질문 찬스'로). 수업이 끝나기 전까지 발표자 중 한 명에게는 무조건 질문을 하게 하는 것이다. 그 교수자는 의무질문제라고 말만 하고 이후부터 학습자들에게 맡긴 것이 아니라 실제로 한 명 한 명 질문한 사람의 이름을 표시하였다. 그리고 강의 중간에 "아직 질문하지 않은 장한별, 김수지 학생, 이제 마지막 기회가 있으니 꼭 활용하기 바랍니다." 하면서 '지켜보고 있다'는 언질을 주었다. 이런 식으로 몇 차례 강의를 진행하고 모두가 질문하게 했더니, 그다음부터 재미있는 현상이 일어났다.

교수자가 '방금 발표자에게 질문있으신 분'이라고 하면 서로가 손을 드는 현상이 나타난 것이다. 동시에 손든 학습자들이 하도 많아서 교수자가 "A-B-C 학생 순으로 질문하세요."라고 교통정리를 해 주어야 할 판이었다. 학습자들의 처지에서는 어차피 질문해야 하는데, 사실 학습자들이 생각하는 질문이 비슷비슷할 수 있다. 따라서 빨리 질문을 선점해야 마음 편하게 미션을 완료한 셈이 된다.

한 학기를 마무리했을 때 필자는 그 수업이 꽤 유익했다고 느껴졌다. 만약 의무질문제가 없었다면 다른 학습자들의 발표시간에 그토록 집중하지는 않았을 것이다. 발표자의 처지에서도 교수자의 질문은 다소 부담스럽지만, 다른 학습자들의 질문은 대답하기에 좀 더 편할 수 있다.

상호 질문에 재미를 더하다

필자가 아는 또 다른 교수자는 의무질문제에 약간의 역할극을 더하였다. A조의 발표에 대해서 B조는 '고객'의 입장이 되어서 듣고 발표 후 질문을 하라고 지침을 주었다. 그랬더니 B조 학습자들은 "요즘 시장 상황이 이런데 이 부분을 제안에 어떻게 반영하시겠어요?"라고 하며 어느새 고객으로 빙의하여 질문하고 있었다. 질문은 날카로웠지만 동시에 분위기는 화기애애했다. 게임적인 측면에서 보자면 경쟁게임 아곤(agon)의 분위기와 역할극과 같은 미미크리(mimicry)의 요소가 어우러져서 흥미로운 질의응답 시간이 되지 않았나 싶다.

06 학습자-학습자 상호작용 전략

"지금부터 여러분은 교수님의 눈으로 발표를 듣고 질문해 주세요."

"이제 우리는 모두 사장님입니다. 비즈니스 관점에서 들으신 후에 사장님으로 빙의해서 의견을 주세요."

이처럼 질문을 의무적으로 하게 하면서도 약간의 역할을 주면 학습자들은 이내 지침처럼 역할에 빠져들면서 몰입감 있게 의견교환을 할 수 있게 된다. A조와 B조가 상호 질문해서 질의응답이 다소 과열될 우려가 있다면, A조 발표 후 B조가 질문, B조 발표 후 C조가 질문, C조 발표 후 A조가 질문하는 식으로 조절할 수 있다.

온라인 게시판, 또는 패들렛에는 서로 댓글 달아 주기

온라인 게시판은 학습자에게 주도권을 준다

온라인 수업을 위해 보통 온라인 게시판(LMS, eTL, 구글 클래스룸 등)을 사용하게 된다. 수업을 듣고 게시판에 질문이나 의견을 올리게 할 수 있다. 교수자는 가뜩이나 과제에 대해 피드백을 주기에도 바쁜데 많은 의견에 대해서 일일이 코멘트까지 주기에는 벅차다. 물론 교수자가 답을 주면 빠르고 정확하겠지만 모든 영역을 교수자 혼자 해결하려고 하는 것은 교수자와 학습자 모두를 위해 적절하지 않다. 이 영역은 학습자들이 함께할 수 있도록 기회를 주자.

수업 후 올라온 질문에 대해서 학습자들끼리 서로 댓글을 통하여 생각하는 답을 달아 주게 하자. 학습자들은 서로의 질문에 대해 고민하면서 배운 내용을 떠올리게 되고 헷갈리는 내용은 다시 찾아

보면서 학습할 수 있게 된다. 동료들의 의견과 토론을 읽으면서 이해하는 과정에서 자기 생각을 비교하고 발전시킬 수 있다.

적당한 부담과 의무가 참여를 촉진한다

질문을 자율적으로 올리고 자율적으로 답변하게 하면 참여율이 떨어지면서 상호작용은 실패하기 쉽다. 역시 의무적으로 참여하도록 안내해야 한다. 예컨대, '수업 후 무조건 질문 1~2개 올리기, 다른 학습자의 질문에 최소 2개 이상 답변의 댓글달기'처럼 가이드라인을 알려 주며 참여 점수로 일부분 반영할 수도 있다.

이처럼 진행할 경우, 특정 질문에 답이 몰리거나 먼저 댓글을 단 의견을 보고 고민 없이 답을 카피하는 사례도 발생할 수 있다. 이를 방지하려면 '질문은 겹치지 않게 하기', '질문당 댓글은 3개까지만 가능'과 같은 규칙을 통해서 질의응답이 고루 이루어지도록 할 수 있다.

주마다 주제를 맡은 발표자가 있다면, 그 발표자가 해당 주의 학습자 질문에 대해 답하게 할 수도 있다. 다만, 이 경우 많은 질문을 발표자 혼자 소화하기가 꽤 부담스러울 수도 있다. 학습자가 수업 내용에 대한 폭과 너비를 모두 갖추었다면 이와 같은 방식도 가능하다.

패들렛 등은 전체 의견을 한눈에 보게 해 준다

온라인 포스트잇 담벼락인 '패들렛'을 이용하는 경우라면 각 의견에 대해서 댓글 외에도 '좋아요' 기능을 이용할 수 있다. 앞의 게시판 질의응답처럼 학습자들에게 의무적으로 댓글을 달게 하면서, 탁월한 질문/의견이라고 생각되면 '좋아요' 누르기를 하게 할 수 있다. 교수자는 이러한 활동을 확인한 후 다음 수업시간에 많은 선택을 받은 질문이나 교정이 필요한 부분에 대해 간단히 피드백해 줄 수 있다. 물론 교수자는 모든 의견에 대해 '좋아요'를 솔선수범 클릭함으로써 교수자의 응원과 함께 지켜보고 있다는 약간의 부담을 동시에 주어야 한다.

학습자-학습자 상호작용과 관련된 디지털 도구들을 추가로 몇 가지만 간단히 소개한다. 패들렛과 비슷하면서 전지처럼 넓은 화면에서 프레임이 좀 더 자유로운 '비캔버스(BeeCanvas)'가 있다. 무료로 7개까지 페이지를 사용할 수 있다. 더 심플한 형태를 원한다면 구글의 '잼보드(JamBoard)'도 있다. '뮤랄(Mural)'도 대표적인 협업도구이다. 화이트보드, 포스트잇 방식의 공통점이 있다. 기능이 다양하지만 무료버전은 30일까지만 이용이 가능하다. 학습자들과 함께 마인드맵을 그리기 원한다면, '마인드 마이스터(Mind meister)'를 이용할 수 있다. 참고로 온라인 플랫폼이나 해외의 디지털도구들은 인터넷 익스플로러보다 '크롬(Chrome)' 등의 인터넷 브라우저로 접속하기를 권장한다.

디지털 도구들은 다양하지만 사용 방법은 대부분 간단한 편이고 서로 대동소이하기 때문에 온라인 수업의 목적이나 교수자의 취향에 맞는 도구를 선택하면 된다. 도구 활용은 어느 정도 수준만 되면 되고, 그 이후로는 학습자들의 반응을 이끌고 참여하게 만드는 퍼실리테이션이 더 중요하다.

2. 팀 활동에 대한 이해

온라인에서 팀 활동의 한계와 가능성

많은 교수자가 '교수자-학습자 상호작용'은 그래도 온라인에서 어떻게 하겠는데 '학습자-학습자 상호작용'은 당최 답이 없다고 걱정한다. 솔직히 한계가 있는 것이 사실이다. 오프라인에서처럼 동시에 빠른 속도로 대화를 주고받고 동시다발적으로 논의하는 상황이 온라인에서는 그대로 재현되기는 쉽지 않다. 온라인에서는 오디오가 겹치면 의사소통이 어려워지고 팀원들이 바로 옆에 없으므로 즉각적인 협업에 다소 제한이 있다.

필자도 기업과 대학교에서 온라인 강의를 하면서 확실히 오프라인만큼의 상호작용이 쉽지 않다는 부분에 공감한다. 팀별(조별)로 빠르게 학습 미션을 해결하거나 게임방법을 결합해 사용하기에 다소 제한되는 부분이 있다는 점은 인정할 수밖에 없다.

하지만 불가능한 영역은 아니다. 오프라인에서 발생하는 토의, 토론, 각종 팀 활동의 상당 부분은 온라인에서도 이루어질 수 있으며, 온라인이기 때문에 조용했던 학습자가 더 활발하게 참여 가능한 영역도 있다. 온라인에서의 학습자-학습자 상호작용은 코로나19

직후에 본격적으로 관심을 받으면서 여러 해법이 모색되고 있어서 앞으로 발전할 수 있는 여지도 많다.

물론 교수자가 온라인에서 "토론하세요.", "팀 활동 하세요."라고 한다고 학습자들이 뜻대로 움직이기만 하는 것은 절대 아니다. 온라인에서의 학습자-학습자 상호작용은 교수자-학습자 상호작용보다 확실히 더 어려움이 있어서 미리 설계하고 준비해야 한다. 시키면 할 것이라고 즉흥적으로 실시하거나 '소회의실(ZOOM)/세부세션(Webex)'에 학습자를 대충 몰아넣고 토론의 장이 열리길 바라면 참패할 가능성이 농후하다. 따라서 교수자는 먼저 토의, 토론, 팀 활동에 대해 이해하고 온라인 상황에 맞게 활동을 재디자인할 필요가 있다.

팀 활동의 성공/실패 요인

팀 활동의 실패 요인

학습자 참여 활동의 절차를 단순하게 제시한다고 서로 존중하고 협력하는 활동이 자연발생적으로 일어나지는 않는다. 토론수업의 실패와 성공 요인(Brookfield & Preskill, 2005; Gibson, 2009; Novak & Slattery, 2017; Spiegel, 2005; Swan & Richardson, 2017: 최욱, 2017에서 재인용)에 대한 이해는 학습자 중심 수업 운영을 위해 필요하다. 먼저, 팀 활동, 팀별 토론이 잘 이루어지지 않는 경우는 다음과 같다.

첫째, 학습자들이 토론을 잘할 것이라는 비현실적인 기대이다. 오히려 소수의 전횡, 다수의 소극적인 참여, 집단 사고, 적대, 선동 등이 비일비재하게 일어난다. 단순한 활동 설계 이상의 정밀한 사전준비가 필요하다.

둘째, 토론의 룰이 없는 경우이다. 행동지침의 결여가 토론 실패로 이어지는 경우도 빈번하다.

셋째, 교수자의 역할 모범이 부족한 경우이다. 학습자 중심 수업이라고 교수자가 무조건 손을 놓고 있는 것이 최선은 아니다. 지식의 왜곡이나 파행적 행동을 내버려 두지 말고 적절하게 코칭이나 시범을 보일 필요가 있다.

팀 활동의 성공 요인

그렇다면 토의·토론 등 팀 활동이 성공하기 위해서는 어떤 부분이 필요할까? 성공 요인 네 가지(Gibson, 2009: 최욱, 2017에서 재인용)는 다음과 같다.

첫째, 토론 활동을 위한 학습환경을 조성해야 한다. 모둠 구성, 소집단 내 팀워크 향상 활동 등이 수반될 필요가 있다.

둘째, 학습자들이 토론 규칙을 인지하고 준수하도록 해야 한다. 상호 의견 존중, 지식과 생각의 적극적인 공유, 타인 의견에 대한 건설적 주장, 양질의 논쟁, 민주적 의사결정 등이 포함된다.

셋째, 토론 전략에 대하여 사전 훈련을 제공해야 한다. 활동과 참여가 구체적으로 무엇인지 교육해야 한다.

넷째, 교수자는 수업 중 활동 장애요인에 선제적으로 대처해야 한다. 필요한 조치를 적기에 취하며 활동을 촉진하는 유연성을 발휘해야 한다.

팀 활동의 성공포인트[4]

집단을 팀으로 만들기

학습자를 몇 명을 모아놓고 같은 팀이라고 이름 붙인다고 팀의 역동성이 저절로 생기는 것은 아니다. 아직 팀이 아닌 '몇 명의 묶음'에 불과하다. 단순한 집단이 아닌 팀이 되어야 구성원들은 높은 헌신과 신뢰 수준을 가지고 적극적으로 학습에 참여하고 성과를 도출하게 된다.

집단을 팀으로 만들기 위해서는, 첫째, '함께 상호작용하는 시간'이 필요하다. 이 시간은 온라인 수업에서 저절로 확보되지 않는다. 교수자가 팀 활동 시간을 할애하여 팀원들 간에 이야기를 나누고 과업을 해결할 기회를 주어야 한다.

둘째, '자원'이 필요하다. 팀원 개인들이 가지고 있는 여러 자원을 팀의 자원으로 활용할 수 있는데, 특히 '지적인 자원' 등이 여기 해당한다. 교수자는 팀별로 이런 자원이 균등하게 배분될 수 있도록 조를 구성해야 한다.

셋째, '공동의 목표가 되는 도전적인 과업'이다. 팀은 단순히 친교로 형성되는 것이 아니라 함께 주어진 미션을 해결할 때 만들어진다. 교수자는 팀 단위로 해결해야 하는 문제를 미리 준비해야 한다.

넷째, '개인별, 팀별 성과에 대한 잦은 피드백'이 있어야 한다. 학습자가 중심이 되는 활동에서 교수자는 뒷짐지고 있는 것이 아니

---

4   이 부분은 마이클슨 등(Michaelsen et al., 2009)의 '팀 기반 학습'을 일부 참고하였다.

다. 학습자 간의 상호작용을 자세히 살펴보면서 활동에 어려움이 있는 팀은 촉진해 주고, 몇몇 구성원들이 적극적으로 참여하고 있지 않다면 참여하도록 가이드를 주어야 한다.

수업 내에서 과업을 수행

교수자는 팀별 과제를 주고 수업 후에 그들이 열심히 만나 논의하고 뜨거운 학구열을 불태우기를 기대한다. 그러나 학습자들에게는 대충 빨리 처리해야 하는 귀찮고 사소한 일 정도일 수 있다. 수업 밖에서 팀별로 따로 만나기에는 어려움이 많다. 바쁜 현대인이 서로 시간 맞추어 본다는 것 자체가 만만치 않은 일이다. 더군다나 온라인 수업이 주가 되는 상황이라면 질병이나 천재지변의 이슈가 있다는 의미이기 때문에 모이는 것 자체가 제한될 수 있다.

팀별 과제를 하면 교수자가 기대하는 팀 학습이 발생하기보다는 각자 분량을 나누어 따로 해결하는 경향이 나타나게 된다. 팀 과제가 끝나고 나면 뜨거운 학구열보다는 통상 발생하는 무임승차자에 대한 뜨거운 분노만 남게 된다. 결국 팀별 과제는 '믿을 인간은 나밖에 없다'는 상처 가득한 교훈을 남기고 마무리되기에 십상이다.

팀별 활동과 논의를 수업 내에서 진행할 시간을 주기를 권한다. 수업은 교수자가 주관하고 있는 시간이기 때문에 아무래도 학습자들이 좀 더 적극적으로 참여할 수 있고, 교수자는 팀별 활동을 보면서 실시간으로 필요한 피드백을 줄 수도 있다.

학습에 대한 책임

앞서 '의무질문제(질문 찬스)'를 여러 번 강조하였다. 자율에만 맡기는 것이 아니라 약간의 의무감과 부담을 주는 것이 학습참여에 도움이 된다. 토의, 토론, 팀 활동에서도 학습자들이 반드시 학습에 대한 책임을 지도록 해야 한다. 팀에게 알아서 모든 것을 해결하라고 던져주고 인간의 자율성만 믿다가는 수고스러운 일에서 발을 빼려는 부정적인 적극성만 발견하게 될지도 모른다. 교수자는 개인과 팀별 참여와 결과에 대해 지켜보면서 학습자들이 참여하도록 만들어야 한다. 여기에서 책임은 팀 성과에 대한 책임인 동시에 자신의 성과에 대한 책임이다. 어떻게 하면 무임승차자를 없애고 모두가 적극적으로 참여하게 만드느냐가 팀 활동의 중요한 이슈이다.

팀 구성하기

팀 멤버를 구성하는 방법

팀 구성은 교수자가 정해 주는 방법, 학습자들끼리 정하는 방법, 무작위로 구성하는 방법 등이 있다. 우선 학습자들끼리 알아서 정하라고 하는 방법은 최악이다. 일부 아는 사람들끼리 뭉치게 되면 다른 학습자들은 소외당할 수 있다. 무작위로 팀을 구성하면 교수자로서는 편하다. 그러나 자칫 팀별 격차가 크게 나타날 수 있고, 그럴 때 자원이 부족한 팀의 학습동기가 저하될 수 있다.

최선은 교수자가 학습자들의 특성을 파악하여 이를 반영한 균형 있는 팀을 구성하는 것이다. 성별, 지적 자원, 대인관계 능력, 과업에 필요한 기술 등이 팀별로 잘 분배될 수 있도록 한다. 교수자가 이 모든 정보를 수업 초반에 파악하기에는 어려움이 있다. 따라서 첫 시간에 수업 관련한 사전지식과 흥미, 발표나 컴퓨터 역량 등을 파악하고 이를 토대로 팀을 구성한다.

팀 멤버를 매번 무작위로 구성하면 교수자는 편하고 학습자들은 여러 동료를 만나겠지만 짧은 토론 시간 안에 공감대를 형성하고 팀으로 변화되기는 불가능에 가깝다. 모두를 매우 어설프게 아는 정도가 되며 팀 수준의 학습능력 발휘는 기대하기 어려우므로 교수자가 사전에 팀을 구성하고 한 학기, 또는 과정 동안 해당 구성을 유지하는 것을 기본으로 한다. 다만, 동료를 고루 만나지 못하는 온라인 수업의 특성상 다른 팀원과 소통하지 못해 아쉽다는 의견도 있으므로 가끔은 서로 섞인 재구성을 할 수 있다.

집단의 크기(인원 수)

적절한 팀 구성원 수는 오프라인의 경우 5~7명 정도이다. 4명 이하이면 개인들의 다양한 자원을 얻기 어렵다고 보는 경우가 많고, 8명이 넘으면 서로 충분히 논의하기 어렵고, 집단 운영에 관련한 문제들이 발생하는 경향이 있다. 6명 정도면 크기도 적절하고 편의에 따라 그 안에서 둘씩 짝 지어 간단하게 활동하게 할 수도 있다.

하지만 온라인 수업에서는 상황이 조금 다르다. 6명의 팀원이 오프라인에서는 속도감 있게 의사소통이 가능할 수 있지만, 온라인에서는 한 번에 한 명씩밖에 말할 수 없어 동시다발적인 팀 논의가 어렵고 의사전달도 오프라인만큼 명료하지는 않아서 속도감이 상당히 떨어진다. 6명의 팀원이 이야기 나누기에는 시간도 빠듯하고 제대로 발언하지 못하는 팀원도 발생할 수 있다. 필자가 진행했던 온라인 교수법 워크숍에서는 한 팀의 인원으로 4~5명이 적절하다는 의견이 많았다. 이런 점들을 고려하면 온라인 수업에서의 팀 구성은 4명 정도가 적절하다고 할 수 있다.

팀 과제의 성격

독립적 과제가 아닌 통합과제

흔히 팀별과제라고 하면 팀별로 챕터를 맡아서 발표를 준비하는 형태가 떠오른다. 가장 널리 활용되는 팀 과제이지만 사실은 팀 학습을 전혀 기대하기 어려운 과제일 수 있다.

집단과제의 유형은 '독립적 과제'와 '통합과제'가 있다(Shaw, 1981). '독립적 과제'는 팀원들이 각자 독립적으로 공헌하여 결과물을 만드는 형태이다. 예를 들어, 분량을 나누어 맡아서 보고서를 쓰는 등 자신이 맡은 부분만 독립적으로 하는 식이다. 이런 과제는 좀처럼 토론이 발생하기 어려우며 개별 과제와 다를 바가 없다. 결국 총대를 맨 한두 명에 의해서 과제가 이루어지는 경향이 나타나게 된다. 반면에, '통합과제'는 팀원들이 협조해서 결과물을 만드는 유형이다. 팀 학습의 역동을 기대한다면 이 과제를 내야 한다.

예컨대, 경영학 수업이라면 '우리 도시에 고깃집을 낸다고 할 때, 가장 이상적이라고 생각하는 부지를 고르고 그에 대한 중요한 이유를 하나 정하시오.'와 같은 과제를 낼 수 있다. 스피치 수업이라면 상황을 주고 '고객을 설득하기 위한 전략 한 가지'를 정하도록 할 수 있다.

이렇듯 팀 과제는 앞서 배운 내용을 활용해서 구체적으로 선택하고 의사결정을 하는 형태가 효과적일 수 있다. 단순하게 각자의 생각을 나누라고 하면 '독립적 과제'가 되지만, 토의하여 한 가지를 결정하라고 하면 '통합과제'가 된다. 서로가 중요하다고 생각하는 부분을 말하고 반박하고 논의하면서 상호작용이 활발히 발생하게 되는 것이다.

과제의 난이도 수준

팀 과제는 너무 단순하거나 답이 정해져 있으면 시시하게 느껴지고 굳이 집단 상호작용이 일어날 필요성도, 학습의 기회도 없다. 반대로 너무 어려운 과제는, 특히 구성원들 간 친밀감이 없을 때는 긴장과 갈등을 초래할 가능성이 있다. 유능한 한 명이 집단을 대신해서 과제를 완수해 버릴 우려도 있다.

난이도는 적정하면서 살짝 도전적인 것이 좋다. 인기를 끄는 게임은 난이도가 최악 수준이라기보다 살짝 어려운 경우가 많다. 그때 많은 사람이 도전 의지를 갖추고 플레이하게 된다. 교수자는 배운 내용을 토대로 하여 적용하거나 분석, 평가하고 창의력을 발휘하는 고차원적인 사고를 요구하는 팀 과제를 주되 학습자들이 가장 도전 의지를 느끼는 수준을 찾아 제시해야 한다.

3. 온라인 팀 활동

온라인 학습 팀의 탄생

팀의 분위기를 풀어 주는 아이스 브레이킹

교수자가 팀(조)을 구성해 주고 학습자들끼리 알아서 소통하기를 기대하는 것은 걸음마도 못 하는 아이를 사바나 초원에 내버려 두고 알아서 야생에서 살아남으라고 하는 것과 같다.

팀 구성 후 수업 초기에는 팀원들끼리 유대감과 공동체 의식 등 팀워크를 다지는 기회를 마련해 주어야 한다. 첫 시간에 팀원들끼리 소개를 나눌 수 있도록 별도의 팀별회의실(소회의실/세부세션)을 만들어 주고 팀별로 서로 얼굴을 익히고 소개를 나눌 수 있도록 한다. 추가적으로 과정(학기) 초에 팀별 아이스 브레이킹처럼 간단한 친목미션을 줄 수도 있다. 온라인 소회의실을 통해서도 간단히 할 수 있는 아이스 브레이킹 두 가지를 소개한다.

[그림 6-3] ZOOM에서의 소회의실 활용

'공통점 배틀'은 필자가 개발한 것으로 팀원 간 공통분모를 찾는 게임이다. 대화를 통해 최대한 많은 공통점을 찾고, 이를 간략히 메모하게 한다. 공통점의 범위와 범주는 팀별로 정의하기 나름이므로 창의적인 공통분모를 찾는 것도 가능하다고 안내해 준다. 이후 팀별 회의실을 만들어 팀별로 이야기를 나누게 하고 제한시간 후에 가장 많은 공통점을 찾은 팀이 우승하게 된다. 이때 단순히 공통점의 개수만 보지 말고, 팀별로 '우리만 찾았을 것 같은 특별한 공통점'을 1분 내로 발표하게 하면 재미와 즐거움을 공유할 수 있다. 아이스 브레이킹 게임은 굳이 점수나 평가로 연결하기보다 우승 팀에게 힘찬 박수를 보내 주고 해당 수업에서 '팀 미션 고르기 우선권' 같은 자그마한 어드밴티지를 주는 것이면 족하다. 필자가 5~7분 정도 시간을 주고 진행하였을 때는 학교, 지역, 학과 등의 공통점뿐만 아니라 '우리는 모두 산소를 즐겨 마신다.', '우리 모두 취업을 갈망한다.'와 같은 색다른 공통분모들이 나왔다.

'공감게임'도 아이스 브레이킹으로 활용할 수 있다. 학습자들에

06 학습자-학습자 상호작용 전략

게 1분 시간을 주고 (예를 들면) 지금 수강하는 '과목명'을 보고 연상 되는 단어를 8개 적게 한다. 그리고 게임 방법 안내 후에 온라인으로 팀별 회의실을 만들어 플레이하게 한다. 팀별로 한 명씩 돌아가며 자신이 적은 단어 중 하나를 외치면서 손을 든다. 장한별 학생이 "학점!"이라고 외쳤다고 하자. 같은 단어를 적은 팀원들은 "나도 나도!"를 외치면서 손을 든다. 손을 든 인원수만큼 단어를 제시한 장한별 학생과 손을 든 학생들은 점수를 받게 된다. 예컨대, 총 3명이 들었다면 3점, 2명이 들었다면 2점, 혼자만 적었다면 0점이 되는 식이다. 과목명(주제어)과 관련하여 최대한 많은 사람이 적을 만한 단어를 떠올리게 하며 공감대를 형성하는 것이 목적이다. 모두가 돌아가면서 8개의 단어를 이야기하고 나서 최종 점수를 계산하여 우승자를 정한다.

수업 시작 전의 스몰토크 타임

오프라인 강의가 시작되기 전의 교실 환경을 생각해 보자. 학습자들은 어떻게 하고 있는가? 초·중·고등학생들은 왁자지껄하게 이야기를 나누고, 대학교와 기업교육에서는 (오랜만에) 서로 만나 근황을 물으며 이야기를 나눈다. 일상적인 대화를 가볍게 나누는 스몰토크(small talk)는 진지한 대화에 비교해 소홀히 여기는 경우가 많지만, 어색한 분위기를 누그러뜨리고 분위기를 부드럽게 하는 힘이 있으며, 비즈니스에서는 업무 관계를 발전시키고 계약을 체결할 때 영향을 미치기도 한다.

온라인 상황에서는 이런 스몰토크의 시간이 없다. 학습자들은 수업시간 즈음 접속하나 누구 하나 대화하지 않고 오디오/비디오를 OFF로 하고 있다. 교수자가 오디오와 비디오를 켜며 수업 시작을 알리면 그제야 학습자들은 오디오/비디오를 ON으로 하고 방청객이 되는 경우가 일반적이다. 오프라인에서의 스몰토크를 온라인에서도 살려 보는 건 어떨까?

학습자들이 5분 정도 일찍 접속하게 한다. 교수자가 수업의 시작을 알리며 출석체크와 인사를 나누고, 곧 팀별 회의실을 만들어 스몰토크를 나누게 한다. 서로 잘 지냈는지 안부와 근황 등을 편하게 이야기 나누도록 5분 정도의 시간을 준다. 이때 교수자는 따로 들어가지 않고 메인회의실(메인세션)에 있기를 권장한다. 전적으로 학습자들에게 맡기고 편하게 이야기 나누게 하자.

조금 일찍 접속하는 것에 대해 혹시 학습자의 저항이 있다면, 정시에 강의를 시작하고 본격적인 수업 내용을 나가기 전인 초반에 이런 시간을 줄 수도 있다. 5분 투자로 2시간의 분위기를 개선할 수 있다면 해 볼 만한 투자이지 않은가?

사전학습 퀴즈도 팀 단위로 해결하기

오프라인의 사전학습 테스트를 온라인으로

팀 기반 학습(Team-based learning)은 학습자들이 사전학습을 해 오고 그 내용을 토대로 수업 중에 팀 활동을 하게 되는 교수·학습 방법이다. 보통 플립러닝(거꾸로 교실)과 비슷한 형태를 취하게 된다. 온라인 수업을 하는 교수자도 학습자들에게 사전학습을 내주고 이

내용을 기반으로 실시간 온라인 수업에서 심화적인 논의와 팀 학습을 진행할 수 있다.

단, 학습자들이 사전학습을 해 오지 않을 때 토의나 팀 활동 진행 자체가 난항을 겪을 수 있다. 그래서 팀 기반 학습에서는 수업 초반에 '학습준비도 테스트'를 간단하게 실시한다. 사전학습에 관해 묻는 간단한 퀴즈의 형태인데, 특이한 점은 개인별로 문제를 풀고, 곧이어서 같은 문제를 팀별로 치른다는 것이다. 그리고 두 점수 모두 성적의 일부로 반영한다. 팀별로 풀면 함께 각자가 생각한 답을 이야기 나누고 헷갈리는 부분은 서로 논의하면서 상호작용이 발생하게 된다.

이제 실시간 온라인에서 사전학습 테스트를 해 보자! 먼저, 학습자 개개인에게 온라인 설문지를 주고 제한시간 동안 문제를 풀게 한다. 핵심 내용 중심으로 3분 안에 풀 수 있는 정도의 분량이면 충분하다. 개별 테스트 후에는 바로 팀별 회의실을 만들어 같은 문제를 팀원들과 같이 풀도록 한다.

소크라티브를 활용한 사전준비도 테스트

온라인 설문은 구글/네이버 설문지나 온라인 플랫폼 자체에 있는 설문 기능도 있다. 그 외에 많은 디지털 도구가 있는데, 그중 '소크라티브'를 추천하고자 한다. 교수자가 사전에 문제를 만들고 학습자들을 접속하게 하여 문제를 풀게 한다. 소크라티브는 세 가지 모드로 문제를 낼 수 있다.

- 즉시 피드백(Instant Feedback): 학습자들이 자기 페이스대로 풀게 하는 방식으로 교수자가 해설을 미리 적어 놓으면 문제를 풀고 나서 바로 정답 여부와 해설도 확인할 수 있다.
- 내비게이션 열기(Open Navigation): '즉시피드백'과 같은데, 학습자들이 각자 문제를 푼 뒤, 다시 보면서 오답을 수정할 수 있다.
- 교사 시간 조정 허용(Teacher Paced): 다 같이 1번 문제를 풀고 교수자가 그에 대한 해설을 말해 주고 난 뒤 '다음'을 눌러야 학습자들이 2번 문제로 넘어가게 하는 방식이다.

실시간 온라인 수업 중 사전학습을 체크하는 경우라면 '교사 시간 허용' 모드의 사용이 적절할 수 있다. 이때 교수자는 학습자의 빠른 참여를 위해 구두로 간략히 시간 제한을 둘 수 있다. 진행에 약간 속도감이 있도록 한 문제에 대한 설명이 너무 장황해지지 않도록 한다.

학습자들의 자존감과 성취가 낮다면 '내비게이션 열기' 모드로 진행하여 개별로 문제를 쭉 풀고 나서 교수자가 해설을 해 준 뒤 학습자들이 문제를 다시 보면서 스스로 답을 교정하게 해 주는 방식도 가능하다.

팀 기반 학습처럼 '개별-팀별' 학습준비도 테스트로 이어진다면 '즉시 피드백' 모드로 설정하여 풀게 하는 것이 적절하다. 개별 테스트는 구글 설문지/네이버 설문지/1:1 오픈채팅에 제출하게 한다. 이어서 팀별 테스트를 할 때 팀별로 한 명만 소크라티브에 접속하게 하여 팀별 논의를 하며 답을 적게 한다.

사전준비도 테스트의 점수 반영

사전학습은 점수에 반영되어야 학습자들이 좀 더 준비하게 될 수 있다. 단, 매시간 테스트가 있으면 학습자들의 스트레스가 커질 수 있다. 학습자들의 수준과 반응에 따라 사전학습의 분량과 테스트의 난이도, 횟수를 조절할 필요가 있다. 사전학습은 매우 기본적인 수준으로 한 뒤, 수업 초반에 교수자가 강의를 조금 하고, 후반부 시간에 팀 활동 등을 하는 것도 가능하다.

사전준비도 테스트를 '개별-팀별'로 이어서 하면 보통 개인 점수보다 팀 점수가 높게 나오게 되어 함께 학습하는 의미도 느낄 수 있다. 테스트 결과를 평가점수로 반영할 때는 개인점수 : 팀점수=4 : 1 정도로 개인 테스트 점수를 좀 더 많이 반영하여 팀 테스트에 무임승차하는 상황을 방지한다. 학습자들이 부담을 많이 느낀다면 굳이 성적평가가 아닌 일정 수준이 되면 패스(pass)하는 식으로도 운영할 수 있다. 사전학습의 분량과 테스트 난이도는 절대적인 교수자의 기준으로만 정하지 말고 과목을 수강하는 학습자들의 수준을 보면서 조절하도록 하자.

팀 논의시간을 위한 온라인 플랫폼 세팅

온라인 플랫폼별 팀별모임 개설 기능

팀별 회의실을 만들 수 있는 기능이 온라인 플랫폼에 따라 존재한다. ZOOM은 소회의실 기능이 있고, Google Meet는 회의창을 여러 개 띄우거나 'Breakout Room'을 설치하면 운영이 가능하다(8장 참고). Webex는 '세부세션' 기능으로 이용이 가능한데 참여자가 휴대전화로 접속할 경우에는 할당되지 않는 이슈가 있었다. (추후 해결될 가능성이 있다.) MS teams에서는 호스트가 채널을 추가하여 소모임을 만들거나 소모임끼리 따로 ROOM을 만들어 활용한다.

ZOOM의 소회의실 기능

온라인 플랫폼 중 가장 많이 활용되고 팀별 회의실 기능을 잘 갖추고 있는 ZOOM을 살펴보자. ZOOM에는 '소회의실' 기능이 있어서 팀별, 소그룹 토의에 활용할 수 있다. 그러나 수업이 진행되는 중에 갑자기 소회의실을 열려고 하면 일단 메뉴부터 보이지 않아 당황하게 된다. 화상강의를 열기 전에 ZOOM 설정에서 '회의 중/소회의실'을 활성화해 놓은 뒤 화상강의를 열어야 소회의실 메뉴가 뜬다.

소회의실을 여는 방법은 네 가지가 있다. 첫째는 '자동할당'이다. 방의 개수를 설정하면 인원이 자동으로 할당된다. 예컨대, 학습자가 20명일 때 다섯 개의 방을 만들면 각 소회의실 당 4명씩 무작위로 할당된다. 둘째는 '수동으로 할당'으로 학습자를 각 소회의실로 일일이 옮기는 방법이다. 셋째는 '사전할당'으로 화상강의 전에 미리 팀별 멤버를 설정해 놓는 방법이다. 넷째는 '참가자가 소회의실을 선택하도록 허용'하는 방식으로 ZOOM 5.3.0 버전 이후로 추가된 방식이다. 교수자가 소회의실의 만들면 학습자가 자신의 팀 번호대로 소회의실을 선택해 들어갈 수 있어서 편리하다(8장 참고).

앞서 팀원이 동일하게 유지되어야 팀 학습의 힘을 기대할 수 있

06 학습자-학습자 상호작용 전략

다고 하였던 점을 고려하여 교수자가 사전에 구성한 팀에 따라서 '참가자가 소회의실을 선택하도록 허용'할 수 있다. 또는 학습자에게 '1팀 장한별'처럼 이름 앞에 팀 숫자를 붙이게 하면 즉석에서 수동으로 구성하기에 편하다(8장 참고). 소회의실 옵션도 니즈에 맞추어 설정해 놓으면 좋다. 주요 옵션은 다음과 같다.

[그림 6-4] ZOOM 소회의실 옵션

- 모든 참가자를 자동으로 소회의실로 이동합니다: 체크해 두는 것이 좋다. 소회의실을 만듦과 동시에 모든 학습자가 각 회의실로 이동한다.
- 참가자가 언제든지 메인 세션으로 돌아가도록 허용합니다: 토의시간이 남았어도 참가자들이 소회의실을 종료할 수 있다. 개인적 의견으로는 체크하지 않고 학습자들이 주어진 시간을 최대한 활용하게 하는 것이 나아 보인다.
- 다음 이후 자동으로 소회의실이 닫힙니다: 반드시 체크하고 시간을 설정하도록 한다. 팀별 논의시간을 30분 이상 길게 설정할 경우, 상호작용이 활발하지 않은 팀은 시간을 허비할 가능성이 있다. 시간은 모자라지도 너무 빡빡하지도 않은 것이

좋다. 팀별 토의 주제에 따라 10~20분 정도로 설정하기를 권한다.

- 소회의실을 닫은 후 카운트다운: 종료되기 몇 초 전부터 '곧 소회의실이 닫힌다'는 메시지를 학습자들에게 알려 줄까에 대한 부분이다. 종료 알림은 학습자들의 준비 차원에서도 필요해서 60~120초(1~2분) 정도로 설정하기를 권한다.

팀별 회의실 활성화를 위한 체크 포인트

팀별 회의실에 입장하자마자 학습자들이 원활하게 회의를 할까? 일단 낯선 학습자들끼리 랜덤으로 모아놓으면 그야말로 모두가 침묵으로 서로 눈빛만 바라보는 상황이 벌어질 수 있다. 팀별 회의실을 만든다고 팀 활동이 저절로 활성화되는 것이 결코 아니라는 점을 잊지 말자. 활동 촉진을 위해 교수자가 꼭 체크해야 하는 사항들이 있다.

기본적으로 팀별 회의실 입장 전 비디오/오디오 켜기

팀별 회의실로 들어가기에 앞서 교수자는 모든 학습자에게 비디오와 오디오 모두 ON으로 해 달라고 요청한다. 팀별 회의실 입장과 동시에 상호작용을 할 수 있는 최소한의 조건을 갖추어 놓는 것이다.

수업 시작 전에 학습자가 미리 생각하게 하기

맨땅에 헤딩하듯 갑자기 주어지는 주제를 받고도 일사천리로 생각하고 논의할 수 있는 사람은 많지 않다. 중요한 팀 활동이라면, 강의 전에 사전 과제를 내주어 이에 대해 각자 생각해 오도록 한다. 미리 고민해 오도록 하면 학습자는 바로 팀 토의·토론으로 들어갈 수 있다.

팀별 회의실 입장 전 명확한 가이드 주기

교수자는 학습자가 팀별 회의실에서 무엇을 어떻게 해야 할지 몰라 혼란스러워하지 않고 바로 활동으로 들어갈 수 있도록 구체적인 가이드를 주어야 한다.

교수자는 '논의 주제'를 명확하게 해서 학습자들이 무엇을 생각하고 이야기 나누어야 할지 정하는 데 시간을 낭비하지 않도록 한다. 특히 고차원적인 사고를 요하는 논의는 소회의실을 만들고 학습자를 던져 넣으면 십중팔구 실패한다. 사전 과제로 토의 주제에 대해 생각해 오게 하거나 온라인 수업 중 잠깐이라도 생각할 시간을 줄 필요가 있다. 팀별로 논의해야 하는 사항이 무엇인지, 만들어야 하는 결과물이 무엇인지 확실하게 이야기해 준다. 결과물은 팀별 회의실 종료 후 팀별로 발표하게 하거나 구글독스나 패들렛을 통해 문서로 만들게 하는 방법 등이 있다.

어떤 논의 주제를 주는 것이 좋은지는 앞서 '팀 활동에 대한 이해' 중 팀 과제의 성격에서 살펴보았다. 팀원들과 단순히 의견을 서로 확인하고 공유하게 하는 논의 주제, 또는 자신의 역할만 하게 하는 주제로는 낮은 수준의 상호작용만 일어나게 된다. 반면에, 팀별로 논의해서 한 가지 의견을 정하게 하는 등 우선순위를 파악하고 의사

결정을 하게 하면 비교적 높은 수준의 상호작용이 일어날 수 있다.

'팀 활동 시간'도 정확히 지정해 준다. 특히 온라인 소회의실 (ZOOM)은 지정한 시간이 되면 소회의실이 자동으로 닫히면서 모두 본 화상강의로 돌아오게 되기 때문에 애초에 적절한 시간을 정하여 학습자들에게 알려 줄 필요가 있다. 학습자들이 시간관리를 어려워 한다면 '주어지는 시간이 총 13분이다. 5분 정도 서로의 의견을 확인하고 5분 정도 최종 팀의 의견을 결정하고 3분 정도 발표할 내용을 정리하자'는 식으로 구체적인 가이드를 줄 수도 있다. 팀 활동 가이드(규칙)의 경우, 구두로만 통보하지 말고 첫 수업에서 서면으로 간단히 제시하고 설명하는 것도 좋다.

그 밖에 수준 높은 토의 · 토론을 위해 필요한 규칙으로는 사전 준비하기, 발언 기회 공평하게 갖기, 정중히 반박하기, 경청하고 메모하기 등이 있다. 이런 부분은 교수자가 학습자의 팀 활동을 보며 정하거나 팀별로 토의 · 토론 규칙을 정하게 하는 것도 자율성의 측면에서 의미가 있다.

교수자와 조교의 개입

오프라인 수업의 경우, 교수자는 모든 팀 활동을 동시에 볼 수 있어서 적절한 개입이 가능할 수 있다. 그러나 온라인 수업에서는 팀 활동 장면의 확인이 어렵거나 또는 제한적이다.

ZOOM의 경우 각 소회의실에 교수자는 입장이 가능하다. Google Meet는 팀별 회의실을 교수자가 각각 열게 되어서 원하는 회의실의 상황을 볼 수 있다. 팀 논의가 진행되는 중간중간 각 소회의실에서 들어가서 상황을 지켜보고 논의가 지지부진하다면 '지금 어디까지 논의했는지, A 학생의 생각은 어떤지, 의사결정은 어떤 식으로 하면 좋은지' 등에 대해서 개입이나 촉진의 역할을 해 줄 수 있다.

다만, 여러 소회의실에 교수자가 모두 들어가고 일일이 개입하기에는 시간적인 한계가 있다. 수업을 지원하는 조교나 멘토, 운영자가 있다면 저마다 소회의실에 참석하여 촉진을 지원할 수도 있다. ZOOM 화상강의를 만들기 전에 설정/회의 중(기본)/공동호스트를 설정(ZOOM 유료에서만 가능) 해 놓으면 호스트 대부분의 기능을 공유하게 되어 함께 관리할 수 있다(단, 소회의실 만들기는 메인 호스트만 가능).

필자가 만난 한 교수자는 수강 인원이 많지 않아 전체가 참여하는 토의·토론을 하였는데 초반에 침묵의 시간을 깨기가 어려웠다고 한다. 그래서 조교가 먼저 발표하고 의견을 제시하게 하였더니 이후 점차 의견이 활발하게 나와서 나중에는 시간이 모자랄 정도가 되었다고 한다.

이처럼 운영 지원을 받아서 학습자 간 상호작용을 촉진하는 것도 방법이다. 그러나 교수자가 촉진이 아닌 주도를 하게 되는 상황이 되지 않도록 주의할 필요가 있다. 또한 학습자들끼리 논의하는 흐름을 섣불리 깨고 교수자가 개입하는 것이 과연 효과적일지에 대한 고민도 필요하다.

팀 토의의 발표는 누가 할 것인가

'발표자'를 누구로 할 것인지도 민감한 부분이다. 필자는 강의를 듣는 학습자의 처지에서 팀별 회의실에 참여해 보았다. 학습자들이 비교적 학습동기가 높은 편임에도 불구하고 팀별 회의실에 입장 직후 첫 이야기를 꺼내는데 모두가 주저하였다. 만약 누군가 첫 마디를 꺼내며 토의·토론을 주도하는 느낌이 든다면? 결국 그 사람이 발표하는 경우가 허다하였다. 이런 경우가 반복되다 보니 팀별 회의실에 입장하고 나서 서로 눈치를 보며 침묵하는 시간이 생겼다.

'발표자'는 보통 하던 사람이 하게 된다. 이것은 무임승차를 낳게 되어 교육적으로 권장하기 어렵다. 이를 막기 위한 몇 가지 방법을 소개하자면, 우선 토의를 진행하는 역할을 팀원들이 주마다 돌아가면서 하게 할 수 있다. '논의가 끝나고 나서 팀 토의 후반에 발표자를 정하도록' 할 수도 있다. 팀에서 자체적으로 발표자를 정해도 되지만, '지난번에 발표하지 않은 사람'을 정하라고 안내해 준다. 팀별로 발표자를 정하기 어렵다면 논의 후반부에 가위바위보 등 무작위로 정하게 할 수도 있다. 어떤 방법이든 발표자는 가급적 논의 후반부에 정하도록 안내해 준다. 초반부터 발표자가 정해지면 발표의 사슬에서 벗어난 학습자들은 '나 몰라라' 하게 되면서 발표자 혼자 무거운 짐을 지게 되기 때문이다. 후반부에 발표자를 정하면 누가 하게 될지 모르고, 그게 나일 수도 있어서 팀 활동과 논의에 좀 더 적극적으로 참여할 수 있게 된다.

팀별 논의 결과 공유하기

팀별 대표의 발표

팀별로 논의가 끝났으면 최종 결과물을 함께 공유한다. 먼저, 팀별로 대표가 발표하는 경우를 생각해 보자. '학습자 중심 수업'을 맹신하는 사람 중에서 '학습자가 최대한 오래 말하도록 하는 것이 최고다.'라고 생각할 수가 있다. 그래서 학습자에게 충분하고 넉넉하다 못해 넘치도록 발표시간을 허락한다. 그러나 이것은 학습자를 위해서도 별로 유익하지 못하다. 모든 학습자가 참여하는 시간이 아니라 실제로는 발표하는 한 명만 활발히 참여하는 상황이 되기 때문이다. 그런 점에서 15주 수업을 학습자 수로 나누고, 학습자가 주마다 돌아가면서 자신이 맡은 부분을 한 시간 동안 발표하게 하는 방식은 학습손실이 크다. 학습자는 자신이 맡은 부분만 알고 나머지 내용은 대충 넘기게 되기 쉽다. 다른 학습자들은 강의식 수업을 듣는 것과 다를 바가 없는데, 교수능력이 충분하지 않은 학습자의 강의를 한참 듣게 된다는 점에서 '교수자 혼자 강의하는 수업'보다 한참 못할 수 있다.

따라서 교수자는 팀별 대표자의 발표시간을 너무 길지 않게 설정하고 최대한 중요한 포인트만 짚도록 하게 한다. 개별 발표 제한시간은 절대 넘겨서는 안 된다. 시간을 넘겨서까지 발표하게 하는 것은 학습자에게 마이크를 넘겨 충분한 기회를 주는 '학습자 중심 수업'이 아니라, 다 함께 생각하고 논의해야 하는 중요한 또 다른 활동 기회를 앗아가는 '교수자의 묵인'이다. 팀별로 발표하는 과제가 있다면 사전에 발표시간을 명확히 알려 주도록 하고, 1분 초과 시 감점이 있다는 식으로 시간 준수의 중요성을 강조한다. 학습자 발표 중 제한시간이 다 되어 간다면, '이제 1분 남았다, 마무리해 달라'는 식으로 종료 알림을 주도록 한다.

수업 중에 10여 분 팀별 토의·토론을 하고 그 결과를 발표한다면 1~2분 내로 논의사항을 간결하게 정리해 달라고 한다. 역시 길어진다 싶으면 '30초 내로 정리해 달라'고 요구한다. 팀별 논의 결과가 비슷하다면 '앞에서 나온 의견은 제외하고 발표해 달라'고 할 수 있다.

구글독스에 담은 팀 활동 결과

팀의 수가 많다 보면 일일이 대표자의 발표를 듣는 것도 많은 시간을 잡아먹는다. 여러 팀의 의견을 빠르게 파악하고자 한다면 '문서'가 오히려 편리하다.

구글독스(google docs)는 여러 인원이 실시간으로 공유문서를 작성할 수 있는 툴이다. 팀별 논의의 결과물도 이것을 활용하면 편리하다. 구글독스는 교수자의 경우 구글 ID만 있으면 공유문서를 만들 수 있다. 문서 생성 후 '공유'만 하면 학습자는 별도의 가입 없이도 이용할 수 있다.

학습자에게 사전에 구글독스 문서의 링크를 공유하고 팀별 결과물을 문서에 작성하도록 할 수 있다. 4개의 팀이라면 문서 1쪽은 1팀, 2쪽은 2팀……. 이런 식으로 제목이나 표를 설정하여 팀별 영역에서 작업하게 할 수 있다. 학습자들은 팀별 소회의실에서 토의

06 학습자–학습자 상호작용 전략

하는 동시에 구글독스를 작성하며 결과물을 만들어 가게 된다.

'다른 팀이 논의한 결과물이 공유문서에 보여서 베낄 염려가 있다'라고 우려할 수도 있다. 이 경우에 교수자는 구글독스로 팀별 문서를 따로 만든다. 그리고 팀별로 각 문서의 링크를 전달하여 학습자가 자신의 팀 문서에서 작업하도록 만든다. 팀 논의가 끝난 후, 교수자는 팀별 구글독스를 화면에 띄우고 공유하면서 논의 결과에 대한 피드백을 줄 수 있다.

패들렛에 담은 팀 활동 결과

역시 앞에서 소개한 메모장 담벼락 '패들렛'은 개별 메모 게시뿐 아니라 팀별 결과물을 적게 하는 데도 활용할 수 있다. 패들렛의 8가지 형태 중 '셸프(선반)'을 택하면 담벼락을 모둠별로 구분하여 메모장을 붙이도록 할 수 있다. 팀별로 나온 결과물을 구분하여 보기에 상당히 편리하다.

추가적으로 좋아요 하트 표시나 별점, 점수 부여 등을 할 수 있고 댓글도 달 수 있어서 다른 모둠의 의견에 대해 학습자들 상호작용을 활발히 촉진할 수 있다(패들렛과 구글독스에 대한 이용방법 설명은 8장을 참고하도록 한다.).

[그림 6-5] 패들렛(셀프)을 이용한 팀별 결과물 게시

지금까지 학습자-학습자 상호작용을 촉진할 방법을 살펴보았다. ZOOM/Google Meet/Webex의 팀별 회의실, 구글독스, 패들렛을 비롯한 디지털 도구를 활용하여 소통하는 방법이 있었다.

어떤 교수자는 기본적인 온라인 플랫폼과 간단한 도구만으로도 학습자들의 폭발적인 상호작용을 끌어내지만, 어떤 교수자는 최신의 온갖 화려한 도구들을 쓰면서도 학습자들의 외면을 받는다. 많은 툴, 여러 디지털 무기를 갖추었다고 학습자들이 움직이는 것은 아니다. 학습자들이 참여하게 하려면 툴, 그 이상의 것이 필요하다. 팀 활동에 대한 메커니즘, 참여의 심리에 대한 견고한 이해가 바로 그것이다. 이러한 부분을 확실히 소화한 교수자가 온라인 플랫폼이나 디지털 도구를 만난다면 학습자들의 소통은 온라인에서도 폭발적으로 나타날 것이다.

07

온라인 수업에서의
평가

1. 온라인 수업 평가의 현실과 방향

온라인 평가, 학습자의 양심에 맡길까

'양심에 따라 시험을 보라'고 교수자가 안내했다고 학습자들이 양심적으로 시험을 보리라 기대할 수 있을까? 온라인상에서 이루어지는 평가는 각종 부정행위가 나타나면서 평가의 신뢰도와 공정성이 심각하게 훼손되었다. 이런 현실은 우리나라만의 문제는 아니다. 미국『포브스지』는 2020년 4월 미국 전국대입시험연합 저널 자료를 인용하여 온라인 시험을 보는 학생의 70%가 부정행위 성향을 보인다고 하였다.

과제 수행 중심 수업의 경우, 발표 자료, 독후감 등 제출물에 대하여 부모 찬스를 사용하거나 외부의 도움을 받아 작성하는 예도 있다. 각자 시험문제를 가져다 풀고 기간 안에 제출하는 테이크 홈(take-home) 방식도 대리시험의 문제가 발생한다. 교수자의 처지에서 학습자가 직접 하였는지 확인하기는 어렵다.

코로나19 이후에 치러진 중간고사나 기말고사의 경우, 몇몇 학교에서는 학습자들이 휴대전화와 카톡으로 문제를 같이 풀거나 답을 공유하는 사실이 적발되었다. 큰 이슈가 되었지만, 학습자들 사이에서는 드러나지만 않았을 뿐 비일비재하고 자연스러운 일로 여겨지는 경우도 많다. 학습자들 처지에서는 이런 상황에서 정직하게 시험 보는 사람이 손해라고 인식될 수 있다. 부정행위에 가담하지 않는 학습자만 피해를 보는 셈이다.

온라인 수업 환경에서 평가를 학습자의 양심에만 맡길 수는 없는 노릇이다. 온라인 수업으로의 급속한 변화와 함께 이제 교수자에게는 수업 방식뿐만 아니라 평가에 대한 고민도 더해지게 되었다.

온라인 감독 시스템의 발전

온라인으로 시험을 치르는 경우 부정행위를 막기 위한 다각도의 시도가 이루어지고 있다. 어떤 교수자는 학습자들이 실시간 온라인 플랫폼에 접속하게 하여 시험 치는 모습을 감독하는 방법을 쓰기도 한다. 학습자들을 볼 수는 있으나 웹캠이 잡지 못하는 사각지대에 커닝 페이퍼를 놓으면 그만이다. 때로 음소거를 하고 카메라 각도를 조절하여 단체 통화를 하는 경우도 발생한다.

온라인 시험에서의 부정행위 방지를 위한 기술도 나날이 발전해 가고 있다. 예컨대, 예일대학교, 스탠퍼드대학교 등 여러 학교와 기관에서 이용하는 듀오링고 DET는 인공지능(AI)을 활용하여 시험자를 감독한다. 시험시간 동안 다른 웹 브라우저를 켜거나 헤드폰을 쓰는 것 등을 적발하며, 시험 후 75가지 의심 패턴을 분석한다. 일본의 에듀랩이 만든 시스템은 응시자의 모습과 PC작업 로그를 기록하고, 아이 트래킹, 얼굴 인증 등의 방식을 활용한다.

삼성은 2020년 5월에 삼성직무적성검사(GSAT)를 온라인으로 실시하였다. 응시자에게 개인정보 보호용 신분증 가리개, 휴대전화 거치대, 영역별 문제 메모지 등이 담긴 응시자 키트를 우편으로 발송하였다. 응시자는 개별 공간에서 휴대전화를 거치하고 모니터링 시스템에 접속하여 시험을 치렀고 큰 논란 없이 마무리되었다.

앞으로 이런 기술들은 더욱 발전할 것이 자명하고 온라인 시험에 널리 활용될 수 있을 것이다. 그러나 일선 교수자에게 보급되기까지 꽤 시간과 비용이 소요될 수 있고, 감독 기술의 적용 과정에서 개인정보의 과도한 수집도 문제가 될 수 있다. 또한 객관식 중심의 시험이 적절한지, 시험에 대한 관리·감독의 엄격성으로만 문제를 해결하려는 것이 학습자를 위해 옳은 방향인지도 논란의 여지가 있다.

교육부의 평가 가이드라인

2020년 교육부의 원격수업 가이드라인에 따르면(교육부, 2020a) 학생평가는 원격수업 학습 내용을 등교 이후 지필평가로 실시하는 것을 기본원칙으로 하고 있다. 수행평가의 경우 학생의 부담을 줄이기 위하여 기존의 경우 (학기 단위) 성적의 40% 이상이었던 비중을 조절할 수 있게 하였다.

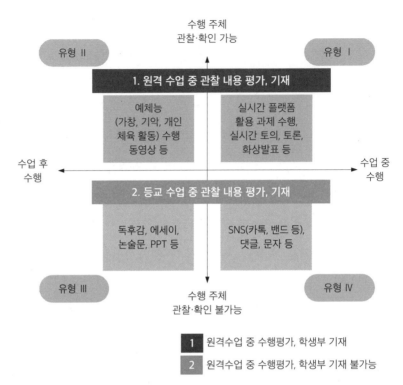

[그림 7-1] 학생평가, 학생부 기재 개념도

- 유형 I은 온라인 수업 중에 관찰·확인이 가능한 형태로 실시
  간 화상수업에서 교수자가 학습자의 발표나 토의·토론을 관
  찰하여 평가하는 방식이다.
- 유형Ⅱ는 수업 후에 관찰·확인이 가능한 형태다. 예컨대, 예
  체능 과목에서 원격수업 후에 학습자가 낸 과제(영상 등)를 교
  수자가 보고 평가하는 방식이다.
- 유형Ⅲ은 수업 후 관찰·확인이 불가능한 형태로 과제를 수행
  한 주체나 과정을 교수자가 직접 확인하기 어려운 독후감, PPT

          07 온라인 수업에서의 평가

등으로 평가할 수 없다. 단, 대면 수업이나 실시간 온라인 수업 시 해당 과제와 연계된 수업활동을 교수자가 관찰·확인한 경우에는 평가할 수 있다.

- 유형Ⅳ는 수업 중에 관찰·확인이 불가한 형태로 채팅 토론, 댓글 등이며, 역시 평가가 불가하다. 단, 대면 수업이나 실시간 수업에서 해당 자료나 교수자 피드백과 연계한 수업활동이 이루어져서 교수자가 관찰·확인할 수 있다면 평가할 수 있다.

교육부의 평가 가이드라인에 따르면 평가(및 학생부 기재)의 가능 여부는 '교수자가 직접 관찰하고 확인할 수 있는가'에 의해 좌우된다는 것을 볼 수 있다. 평가받는 부분을 학습자 스스로가 실제로 갖추고 있는지 확인하는 것은 공정한 평가를 위한 출발점이 된다. 온라인 시험의 부정행위에 대한 파장이 커지고 교수자의 관찰과 확인이 어렵다고 판단되자 온라인 수업 중심으로 운영하던 학교들도 시험만큼은 대면으로 치르는 경우도 많다.

다양한 실시간 온라인 시험 방식의 시도

교수자는 오프라인에서와 동일한 잣대로 시행되는 온라인 평가의 한계를 느끼고 시험 방식과 형태를 바꾸는 시도를 하고 있다.

실시간 온라인으로 시험을 치르면서 교수자가 카메라를 통해 학습자들을 일일이 감독하기에는 허점과 한계가 많다 보니 아예 '오픈 북 시험'으로 대체하는 움직임도 보인다. '오픈 북' 시험을 확대하는 해외 대학의 경우, 학습자마다 문제를 다르게 내서 부정행위를 방지하기도 한다.

온라인 시험에서 부정행위를 한 것이 발각되면 0점 처리하며, 이를 발각하기 위해 '신고제'를 운영하는 예도 있다. 또 온라인상에서의 부정행위를 학습자 자체적으로 금지하도록 하고, 그 이후에 대면시험을 본 뒤 두 시험의 차이가 크면 성적을 0점 처리하는 교수자도 있다.

실시간 온라인으로 시험을 보면서도 커닝할 여유를 주지 않기 위하여 시험을 빨리 풀도록 시간을 촉박하게 주는 예도 있다. 또는 문제를 빨리 풀어서 제출할수록 가산점을 주는 교수자도 있다.

정답이 있는 경우에 커닝의 가능성이 커진다는 점에 착안하여 객관식 평가 등을 지양하고 온라인으로 구술시험을 보거나 토론을 하게 하여 평가하는 사례도 있다.

온라인 평가의 변화 방향과 이슈

과정 중 평가 활성화

총괄평가[1]만으로 학습자를 평가하면 교수자의 처지에서는 수월하다. 중간고사와 기말고사 문제만 내주면 되기 때문이다. 그러나 코로나19 이전부터 총괄평가만으로 학습자를 평가하는 방식보다는 학습의 과정에서 다각도로 평가하는 방식이 지향되어 왔다. 온

---

1 '총괄평가'는 교수·학습 완료 후에 이루어지는 평가이다. 교수·학습 시작 전에 이루어지는 것이 '진단평가'이고, 교수·학습 진행 중에 이루어지는 것이 '형성평가'이다.

07 온라인 수업에서의 평가

라인 기말시험만을 성적에 대폭 반영하는 예도 있는데, 이럴 때 높은 부정시험의 가능성이 있고 학습자들의 문제 제기와 불만을 피하기 어렵다.

서울대학교 교수학습센터가 2020년 6월에 교·강사 289명을 대상으로 벌인 비대면 수업 평가에 대한 조사에 따르면, 교·강사들이 선호하는 평가방식은 1학기에 비해 2학기 때 '온라인-비실시간-과제형'과 '온라인-실시간 서술형', '과정 중 평가'의 비중이 크게 높아지는 것으로 나타났다. 특히 수업 과정 중에 여러 차례 과제를 내고 퀴즈 등을 통해 평가하겠다는 의견이 1학기 10.03%에서 2학기 26.30%로 대폭 증가하여 교수자가 온라인 수업을 하면서 '과정 중 평가'의 필요성을 느끼고 있다고 볼 수 있다. 한두 번의 시험이 아니라 '과정'을 살피면서 주기적인 평가를 하는 것이 온라인에서 더 적절한 방식일 수 있다. 온라인 수업에서는 형성평가의 비중이 좀 더 높아질 수 있다.

객관식보다 서술로, 질적 평가의 증가

오프라인 상황 시 교수자의 처지에서 가장 확실한 형태는 객관식과 단답식 위주의 지필고사이고, 한두 번의 시험으로 성적을 내는 것이 부적절하다면 중간중간 추가적인 소규모 시험을 볼 수 있다. 그러나 성적으로 이어지는 지필고사를 온라인으로 단순 대체하는 수준이 된다면 이는 온라인 수업의 특성을 제대로 반영하지 못한 것이라 할 수 있다.

객관식 평가 수준의 이상이 되어야 하는 이유로, 첫째, 부정행위 방지 차원을 들 수 있다. 단답식일 때 커닝이 일어나기 쉽다. 반면에, 지식을 토대로 하여 자신의 아이디어를 적용하고 창의적인 관점을 제시하는 서술형 문제는 설령 오픈 북으로 문제를 낸다고 해도 개인의 관점과 수준에 따라 나름대로 결론이 나오게 되기 때문에 커닝하는 것이 어렵다.

둘째, 질적인 평가가 학습자의 성장을 위해 더 유익하다. 평가는 학습자의 학습 방향을 결정한다. 알고 모르느냐에 대한 테스트도 물론 필요하겠지만 '기억-이해-적용-분석-평가-창의'[2] 중에서 '기억' 수준에만 머무르는 평가가 된다면 새로운 시대에 걸맞은 인재를 양성하기 어려울 것이다. 교재를 외워서 답을 그대로 적는 수준에 머무르지 않고 이를 토대로 비판적으로 사고하고 문제를 해결할 수 있는 인재가 되려면 평가도 그와 같은 수준으로 이루어질 필요가 있다. 미래학자 앨빈 토플러(Alvin Toffler)가 2007년 방한 당시에 '한국 학생들은 미래에 필요하지도 않은 지식과 존재하지도 않을 직업을 위해 하루 15시간 이상을 학교와 학원에서 허비한다'고 지적한 부분을 염두에 두어야겠다.

실시간 토론이 중심이 되는 미네르바스쿨의 경우, 학습자들은 등수보다 평가 그 자체에 대해 주목한다. 교수자는 녹화된 수업을 돌려보면서 학습자의 발표, 과제, 프로젝트를 종합적으로 고려해서 평가한다. 수업 활동과 평가 모두 질적인 부분 위주로 이루어지고 있는 셈이다. 이를 참고하여 교수자는 학습자의 과제물과 발표 등

---

2 신교육목표 분류(Anderson & Krath wohl, 2001)의 내용이다.

에 대하여 상세하게 피드백을 해 줄 필요가 있으며, 특히 어떤 부분이 적절했고, 또 보완이 필요한지 짚어 주어야 한다.

절대평가 대 상대평가

온라인 수업이 주가 되는 상황에서는 상대평가가 힘을 잃기 쉽다. 사실 절대평가는 구성원 간 경쟁보다 협력이 강조되고 개인 수준별 성장이 중시되면서 코로나19 이전부터 힘을 받아 왔다. 초등학교, 중학교는 절대평가가 이루어지고 있고, 고등학교와 대학교도 절대평가 쪽으로 무게 추가 기울고 있다. 학교는 물론 글로벌 선도기업들은 코로나19 이전부터 성과관리 제도를 절대평가로 전환하기도 하였다.

코로나19 직후에 많은 대학교는 절대평가와 패스-논패스 방식을 허용하였다. 대면시험이 어려운 상황에서 객관적인 성적 산출이 어려웠기 때문이다. 상대평가를 한 학교도 A학점의 비율을 50~70%로 기준을 완화하거나 B학점의 인원에 제한을 두지 않는 등 준상대평가를 실시하기도 하였다.

그렇다고 절대평가에 모든 것을 맡기기도 어렵다. 특히, 성적 발표가 장학금 선정과 취업 등에 활용된다는 점을 고려하면 까다로운 문제이다. 대학교의 경우 상대평가에서 A학점은 수강생의 30%까지 줄 수 있게 되어 있는데 이런 제한이 전면 폐지될 경우 학점 인플레이션 현상이 심화되어 학점에 대한 신뢰도가 떨어질 수도 있다. 실제로 절대평가로 전환되고 성적 장학금은 더욱 받기가 어렵고 기준이 모호해진 경우도 발생한다.

전체적으로는 절대평가의 방향으로 가는 측면이 있는 것이 현실이지만 절대평가와 상대평가에 대한 논쟁은 앞으로도 계속될 것이다. 대학교의 경우 학교마다, 또 교수자마다 저마다 다른 의사결정을 하게 될 것이다. 다만, 절대평가를 하는 경우라고 해도 관대하고 허술하게 이루어져서는 안 된다. 명확한 평가준거를 가지고 과제와 보고서, 발표 등에 대하여 평가하여 공정성을 확보해야 한다. 추가로 교수자의 평가 외에도 학습자가 스스로 성찰하고 돌아볼 수 있도록 하는 자기평가도 활용해 봄 직하다.

2. 평가방법과 제안

대면 시험을 위한 엄격한 세팅

코로나19 이후 온라인 수업 위주로 진행된 경우에도 기말고사만큼은 대면 지필시험으로 보는 경우가 꽤 많았다. 기말고사마저 온라인으로 실시할 경우에 평가에 대한 공정성의 문제를 제기할 수 있었기 때문이었다. 평가의 측면에서는 대면 지필시험이 가장 확실한 방법임은 틀림없다.

대면 시험을 실시할 경우 방역에 가능한 모든 조치를 취해야 한다. 실제로 지필시험을 치르기 위해 출석한 학생이 코로나19에 확진된 사례도 있는 만큼 교수자는 철저한 준비가 필요하다.

시험에 앞서 좌석 간 좌우 앞뒤 최소 1.5m 이상 거리두기를 할수 있도록 시험장소를 사전에 세팅해야 한다. 학습자는 입실에 앞서 마스크 착용과 손 소독, 발열 체크, 문진표 작성 등을 하도록 안내한다. 자가문진과 발열 체크를 위해 학습자가 한 명씩 시험장에 입장해야 하므로 시험 당일에 여유 있게 미리 도착하도록 사전 안내를 하는 것도 중요하다. 입실을 위해 기다리는 동안에도 개인 거리를 유지하게 해야 한다. 시험장에 입실할 때 소독 티슈를 지급하여 개인 책상을 스스로 소독하게 할 수 있다. 시험장 출입구는 단일화하고 창문은 가능하면 열어 두어 환기될 수 있도록 한다.

시험 종료 후에는 학습자들이 한꺼번에 나가지 않도록 조치해야 하며 시험감독관은 일회용 장갑을 착용하고 답안지를 수거한다. 퇴실 후에는 시험장을 소독하고 자연 환기를 시킨다.

실시간 온라인 시험을 위한 엄격한 세팅

실시간 온라인으로 시험을 치르는 경우라면 AI를 동반한 기술을 갖춘 감독 프로그램들이 있으나 개별 교수자가 사용하기에는 금전적인 부담이 크다. 비용의 부담 없이 실시간 온라인 플랫폼을 통해 진행한다면 가능한 한 엄격하게 세팅을 해야 한다.

우선 학습자들에게 부정행위를 매우 엄격하게 감독할 것이고, 적발 시에는 점수가 0점 처리된다는 사실을 분명히 한다. 단톡(단체톡)으로 답을 공유할 시에는 해당 방에 있는 학습자는 모두 처벌받게 된다는 점을 명확히 한다.

시험에 앞서서 학습자가 웹캠의 화면을 조정하도록 한다. 웹캠이 피험자의 얼굴을 비춤과 동시에 커닝의 사각지대를 최대한 줄이도록 위치하게 해야 한다. 얼굴의 경우 동공의 움직임을 보기 위하여 눈은 물론 입도 보이게 한다. 실시간 온라인 플랫폼을 음소거하고 단체통화로 정답을 공유한 사례도 있는 만큼 통신기기로 이야기할 가능성도 사전에 차단할 필요가 있다. 특히 손도 웹캠에 비치게하여 메신저를 통해 소통하지 못하게 하고 휴대전화도 웹캠 화면상에 잡히는 곳에 두게 하여 부정행위를 막는다. 감독관은 피험자의 안구와 입, 손 등을 주목하며 문제가 될 행동이 보이면 즉각적으로 경고 메시지를 보낸다. 실시간 온라인으로 치러지는 시험에서 발견되는 부정행위에는 사전에 고지한 대로 단호하고 엄격하게 대처해야 한다.

자기평가

온라인 수업 환경에서는 학습자가 개별적으로 공부해야 하는 비중이 늘어난다. 즉, '자기주도성'이 더욱 강조된다. 원활한 학습을 위해서는 학습자가 학습목표를 설정하고 수행하는 과정을 모니터링하고 돌아보게 해 주는 역할이 필요하다. 온라인 수업에서는 학습자가 교수자의 손이 닿지 않는 곳에서 스스로 학습해야 하는 부분이 많아져서 이 역할을 학습자 '자신'에게도 어느 정도 맡길 필요가 있다. '자기평가'를 통해서 말이다.

자기평가의 방법으로는, 첫째, 평가 기준을 담은 표인 '루브릭(rubric)'이나 '체크리스트'를 제공할 수 있다. 예컨대, 교수자가 창의성을 중요한 평가항목으로 여긴다면, 학습 종료 후 학습자들이 '나는 주제에 대하여 충분히 다양한 아이디어를 냈다/아이디어를 냈으나 충분하지는 않았다/아이디어를 거의 내지 못했다'와 같은 문항을 보고 스스로 고르게 할 수도 있고, 또는 5점 만점이나 상중하로 셀프체크하게 할 수 있다. 특정 교과목의 주제라면 '열역학 제1법칙을 말로 설명할 수 있다'처럼 구체적인 문항을 주는 것도 가능하다.

둘째, 자기평가를 '성찰일지'처럼 기술식으로 작성하게 할 수도 있다. 학습자가 자유롭게 작성할 수도 있지만, 막연해하고 쓰기 어려워한다면 간단한 가이드를 주는 것도 좋다. 이번 수업에 대해서 '내가 이해한 내용, 나의 참여도, 소감' 등을 A4 용지 1장 이내로 작성하게 하는 식이다. '이번 시간에 새롭게 알게 된 점, 인상 깊었던 부분, 더 알고 싶은 부분'처럼 작성 가이드를 줄 수도 있다. 배운 내용을 되짚어 보고 자신의 학습을 돌아보게 해 주는 기회를 준다는 점이 중요하다.

첫째와 둘째를 혼합하여 문항 몇 개를 체크하고(5점 척도, 또는 상/중/하 등), 밑에 내가 알게 된 점과 자신의 수업참여도에 대한 의견을 적게 하는 방식도 가능하다. 자기평가는 수업평가나 학점에 대한 배점은 따로 없게 하는 것을 권장한다. 자신에게 점수를 주고 이것을 학점 등에 반영하면 자기관대화 현상이 심하게 나타나 왜곡된 평가가 일어날 수 있다. 그렇다고 스스로 평가를 자율에만 맡기면 제대로 평가하지 않을 수도 있다. 따라서 매시간 스스로 자기평가를 하고 결과지를 교수자에게 제출하게 하는 방식을 추천한다. 강제성을 더 부여하고자 하면 제출 여부에 대해서만 출석처럼 기본점수로 주는 방법도 있다.

자기평가를 좀 더 세밀하게 한다면 수업 전, 수업 중, 수업 후로 나누어 할 수도 있으나 과업이 너무 많아지는 경향이 있으므로 수업 후에 복습하며 간략하게만 적어 보게 하는 것으로도 충분해 보인다. 제출한 내용은 자기평가이므로 교수자가 이에 대해 평가하거나 굳이 세부적인 피드백을 줄 필요는 없다. 다만, 필요할 때 격려와 응원의 메시지를 보내거나 오개념에 대한 교정학습 정도는 해 줄 수 있다.

개인평가: 페이퍼

코로나19 이전의 오프라인 수업에서 리포트, 성찰일지, 문제풀기 등의 과제물을 내주는 것과 같은 방식으로 온라인에서도 과제를 주고 이에 대해서 평가할 수 있다. 학교 온라인 게시판, 메일 등을 통해서 과제를 쉽게 받을 수 있다. 과제는 단순한 기억의 수준이 아닌, 적용-분석-평가-창의 등 배운 것을 토대로 고차원적인 사고를 할 수 있는 것으로 제시해 주는 것이 좋다.

온라인 수업의 경우 교수자-학습자 간 상호작용이 자칫 떨어질 수 있는데 과제에 대하여 교수자의 피드백이 없을 때 상황은 더 악화할 수 있다. 교수자는 학습자의 과제에 대하여 가능하면 빠르게 피드백을 주도록 한다. 시간상 길고 자세하게 해 주는 것이 어렵다면 짧게라도 전해 준다. 짧은 피드백이라도 있고 없고의 차이는 학습자의 처지에서 크게 느껴질 수 있다.

온라인상에서는 팀 평가보다 개인 평가의 비중을 높이는 것이 좋다. 오프라인에서는 잘 이루어지지 않았던 '각자 곱씹으며 생각하는 부분'이 개별 공간에서 접속하는 온라인에서는 더 활발하게 일어날 가능성이 있다. 온라인에서 팀 간 활동이 일어난다고 해도 대면하여 활동하는 것보다는 팀의 협동과 시너지가 활발하기 어렵다. 개인 점수와 팀 점수를 모두 평가하되 개인평가를 더 크게 할당한다. 개인평가는 일회성으로 평가하지 말고, 수업 과정에서 여러 과제물과 참여도 등을 종합해서 하도록 한다.

개인평가: 실시간 구술시험

온라인상에서 문제를 주고 풀게 하는 방식의 시험이 부정행위에 노출되기 쉽다 보니, 온라인 상황에 맞는 다른 시험 방식들도 탐색되고 있다. 확실히 알고 있는지 아닌지는 그 사람의 '말'이나 '글'을 보면 드러난다. 특히 '말'은 즉각적으로 답변해야 하므로 학습된 부분을 바로 확인할 수 있다. 구술시험을 준비하면서 학습자는 개념을 명확히 기억할 수 있고 자신이 아는 것과 모르는 것을 확실히 구분할 수 있다.

구술시험은 실시간 온라인 방식으로 진행되어 교수자와 학습자가 1:1로 화상회의를 통해 이루어진다. 개인당 10분 내외로 교수자의 질문에 학습자가 대답하는 방식으로 이루어질 수 있다.

구술시험 문제의 경우 무작위로 낼 수도 있고, 교수자가 중요하다고 생각하는 것을 사전에 문제로 내주고 학습하게 할 수도 있다. 또는 학습자에게 몇 가지 문제를 주고 그중에 하나를 선택하여 대답하게 하는 것도 가능하다.

구술시험의 경우 즉각적으로 대답해야 하므로 부정행위를 하기가 어렵다. 작은 가능성조차 방지하고 싶다면 학습자에게 카메라 렌즈만 바라보면서 답변하라고 하면 된다. 학습자가 미리 적어 놓은 자료나 다른 화면을 쳐다본다면 동공이 움직이는 모습이 보일 것이다.

구술시험은 학습자가 아는 바를 상세하게 확인할 수 있지만, 시간이 오래 걸린다는 단점이 있다. 한 명당 10분이 걸린다고 해도 20명의 학생이 시험을 보려면 최소 200분 이상이 걸린다. 교수자가 녹화된 구술시험 내용을 한 번 더 확인하고 최종 점수를 준다고 하면 추가적인 시간이 소요될 수 있다. 시간 소요를 좀 더 줄인다면 1:1이 아닌 1:多로 동시에 몇 명이 구술시험을 보게 하는 것도 방법이다. 문제에 대한 답변의 시간을 1분 이내로 설정하여 발언과 만회의 기회를 더 줄 수도 있다.

구술시험의 경우 특히 질적인 질문에 대한 답변의 경우 공정성에 이의를 제기하는 학생이 있을 수 있다. 따라서 교수자는 녹화 기록을 하여 증거를 확보해 두도록 한다.

개인평가: 실시간 토론

실시간 수업은 교수자 혼자 진행하는 시간이 아닌 학습자들이 참여하는 시간이어야 한다. 특히 사전학습으로 배운 것을 토대로 논의할 수 있는 토의·토론의 기회가 주어질 필요가 있다. 이런 과정은 개인평가로 활용될 수 있다.

교수자는 참여자들의 토론이 논리적인지, 배운 내용을 활용하였는지, 설득력이 있는지 등을 기준으로 평가한다. 토론에서 특정 학습자만 기회를 독점해서는 안 되므로 발언 시간을 공평히 주고 1회 발언에 시간제한을 두는 것도 필요하다. 교수자가 상호 존중하는 토론 자세를 중시한다면 이에 대한 평가 기준도 학습자들에게 사전에 알려 주어 토론자의 태도를 갖추도록 할 수 있다.

개인평가: 실시간 퀴즈

실시간 온라인으로 보는 시험은 부정행위의 위험이 있다고 하였다. 점수에 영향을 주는 부분이 큰 경우, 실시간 온라인 시험의 시간을 다소 빡빡하게 하는 방법이 있다. 교재를 뒤지고 답을 찾아볼 여유를 갖지 못하게 하는 것이다. 어느 정도 효과가 있을 수 있으나 기억재생의 속도가 조금 느린 학습자나 문해력이 낮은 학습자에게는 불리할 수 있다. 이런 방식이 학습자의 조급함과 불안감을 높일 가능성도 있다. 또한 짧은 시간을 누구에게 맞추어 설정할 것인가에 대해서도 논란의 여지가 있으며, 실제로 시간 부족으로 이의를 제기하는 학습자도 나올 수 있다. 학습자가 시간에 민감해하는 이유는 실제로 문제를 풀 시간도 관계가 있지만, 그것이 '성적'으로 연결되기 때문이다. 경쟁적인 환경에 길든 탓인지 한국인은 성적과 학점에 민감하다.

그렇다면 실시간 온라인 시험이나 퀴즈는 사용하지 말아야 할까? 목적에 맞게 잘 사용하면 효과적일 수 있다. 필자는 두 가지 방법을 제안하고자 한다.

첫째, 사전학습 테스트용으로 실시간 퀴즈를 사용할 수 있다. 실시간이니만큼 시간제한은 있겠지만, 지나치게 빡빡한 정도는 아닐 것이다. 구글/네이버 설문지나 소크라티브 등으로 학습자의 사전

학습을 확인한다. 이때 결과는 성적에 반영되지 않도록 할 수 있다. 단, 문제를 절반 이하로 맞히거나 하면 같은 내용으로 재시험을 보거나 추가적인 문제풀이를 하도록 하는 것도 방법이다. 소크라티브의 경우 자신이 푼 문제의 답을 고치도록 하는 모드(Open Navigation)도 있어서 스스로 교정하게 할 수 있다.

둘째, 사전학습 테스트를 동시에 답하는 식으로도 할 수 있다. 모두가 오디오와 비디오를 켜고 교수자가 질문 후 '하나, 둘, 셋!' 하면 카메라를 보며 O나 X를 들거나 손가락으로 답을 표시하는 식이다('손'은 최고의 학습도구 중 하나이다.). 이런 식으로 하면 굳이 점수에 반영하지 않고도 학습자는 답해야 하는 부담감으로 사전학습을 어느 정도는 하게 된다. 물론 충실히 공부하지 않은 학습자가 있겠지만, 다른 학습자의 눈치를 보면서라도 답할 것이다. 그래도 괜찮다. 다른 친구들을 보면서 '아, 이게 맞는 건가 보다.'라고 생각하는 것 자체가 학습의 과정이기 때문이다. 교수자는 학습자가 어떤 동기에 의해서 움직일까를 끊임없이 고민하며 평가를 디자인할 필요가 있다.

집단평가: 실시간 퀴즈

실시간 퀴즈로 사전학습을 확인하는 등의 경우, 개인별로 풀고 평가할 수도 있지만 같은 내용을 팀별로 풀게 하는 것도 가능하다. 팀 기반 학습(TBL)에서는 수업 시작과 함께 개인별 사전 테스트를 하고 똑같은 내용으로 팀별로 테스트를 한다. 이 과정에서 서로 아는 정보를 교환하면서 학습자-학습자 상호작용이 일어난다. 결과를 보면 개인 점수보다 팀 점수가 대부분 높게 나타난다.

실시간 온라인 수업에서도 이와 같은 방식을 적용해 볼 수 있다. 개인별로 문제를 푼 뒤, 소회의실 등을 통해서 팀별로 문제를 다시 풀어 답안을 제출하게 하는 것이다. 결과를 점수에 반영하는 경우라면 팀 점수보다 개인 점수가 많이 반영되지 않도록 한다. 그렇게 되면 개중에 팀원을 믿고 사전학습을 제대로 하지 않는 경우를 줄일 수 있다. 참고로 개인이 문제를 풀고 이어서 팀이 문제를 푸는 경우, 마이클슨 등(Michaelsen, et al., 2009)은 개인:팀 점수를 4:1 정도로 제안하였다. 학습자들이 다들 열심히 참여하여 단순히 학습 내용의 교류가 퀴즈의 목적이라면 테스트 점수는 점수에 반영하지 않을 수도 있다.

집단(팀)평가

온라인 수업에서도 팀별(조별)로 이루어지는 과제가 있을 수 있다. 집단평가에서 가장 큰 이슈는 한 팀에서도 구성원들의 기여도가 다른데 모두 같은 점수를 받게 된다는 부분일 것이다. 즉, 무임승차하는 프리라이더(free rider)의 문제이다.

교수자로서 무임승차 여부를 신경 쓰지 않고 눈에 보이는 팀별 결과만을 보고 평가할 수 있다. 사실 그게 쉽고 간단하다. 하지만 프리라이더를 내버려 두면 자칫 '노력하는 사람만 손해'라는 인식이 퍼질 수 있고 고생하는 학습자만 부담이 가중될 수 있다. 이는 공정성을 무너뜨리는 일이자 무임승차자는 학습하지 않게 되는 환경을 방조하는 셈이다.

온라인 환경에서는 오프라인에서보다 집단평가의 비중이 작을 수 있다. 온라인 팀별 활동의 폭과 깊이가 아무래도 오프라인보다는 제한되기 때문이다. 그렇다고 집단평가와 팀별 활동을 아예 없애고 개인평가만 넣는 것도 학습자의 성장과 협업 기술 향상의 측면에서 바람직하지는 않다.

팀 기반 학습(TBL)에서는 팀 활동을 촉진하는 동시에 무임승차자를 줄이기 위하여 '동료평가(peer review)'를 통해 팀 점수에 개인의 기여도를 반영한다. 예컨대, 한 팀의 구성원이 5명이라고 하면 팀 과제 후에 자신을 제외한 구성원들에게 100점의 점수를 나누어 분배하는 것이다. 100점을 나를 제외한 4명에게 분배하면 각 25점씩이다. 그러나 평가자에 따라 모두의 점수가 25점이 되지는 않을 것이다. A 학생은 팀에 좀 더 이바지했다고 판단하여 30점, 농땡이 피운 B 학생은 19점, 이런 식으로 분배가 달라진다. 4명이 각각 평가한 점수를 합해서 팀별 점수에 곱한다. 예컨대, A 학생에 대한 조원 4명의 점수 합이 90점이 나왔다면, 팀별 점수 100점에 0.9를 곱한 90점이 A 학생의 팀 점수가 되는 것이다. 조원 4명의 점수 합이 110점이 나온 B 학생의 팀 점수는 100(팀 점수)×1.10으로 110점이 된다. 또는 팀 보고서에 부록으로 팀원 개개인이 한 역할을 적게 할 수도 있다. 이처럼 '조원평가'가 있으면 학습자들이 서로를 평가자로 인식하고 좀 더 적극성을 보이게 된다.

주의할 점으로는 전체적으로 참여가 높은 클래스에 굳이 동료평가를 적용하면 협업의 분위기가 아닌 경쟁적 환경이 될 수 있으므로 동료평가는 무임승차가 많은 경우에 사용하도록 한다. 동료평가를 너무 자주 진행하는 것보다 학기 중 한두 번 정도가 적당하다. 동료평가의 편차가 너무 크게 나는 것도 주의가 필요하므로 최저비율(%)과 최고비율(%)의 구간을 정해 두는 것도 좋다.

07 온라인 수업에서의 평가

08

온라인 수업
디지털 도구와 저작권

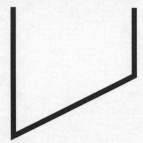

1. 온라인 플랫폼 강자, ZOOM 사용법

　　교수자는 온라인 플랫폼과 디지털 도구를 완벽하게 마스터 할 필요까지는 없지만, 막힘 없이 온라인 수업을 홀로 진행할 정도의 수준은 되어야 한다. ZOOM이나 디지털 도구의 사용법을 영상으로 배우고자 한다면 유튜브 '웜스피치' 강좌를 참고하라(부록 참고).

　　온라인 플랫폼은 ZOOM, Google Meet, Webex, RemoteMeeting, Ms teams, Skype, Amazon Chime, 구루미Biz, 두레이 미팅 등 다양하다. 코로나19 직후 이용자 면에서는 ZOOM이 3억 명, 구글이 1억 명 규모였다. 여러 온라인 플랫폼 중 가장 널리 쓰이고 비교적 안정적이라고 평가받는 ZOOM에 대해서 먼저 살펴보고자 한다.

가입에서 방 개설까지

가입
　　교수자는 반드시 ZOOM에 가입해야 하며, 학습자는 따로 가입하지 않아도 화상강의 참여가 가능하다. ZOOM 가입은 구글이나 페이스북 아이디로 로그인해서 연동하는 것도 가능하다. 무료회원일 경우에도 1:1 미팅은 무제한으로 가능하며, 3~100명까지 참여

가능한 회의는 40분까지 가능하다. 40분이 되면 회의실이 강제로 닫히므로 다시 개설해야 한다.

유료 버전 중 '프로'는 월 14.99달러로 시간제한 없이(24시간) 회의 운영이 가능하다(단, 동시에 두 회의를 열 수는 없다.). 1GB의 클라우드 저장공간이 제공되며(무료도 녹화는 가능하며 하드에 저장하면 됨), 공동호스트, 폴링, 참가자의 로그인 기록 등의 추가 기능이 있다. 그 이상의 요금제는 100명 이상인 경우에 사용한다.

방 개설

방을 개설하는 방법은 크게 두 가지로 '새 회의'를 눌러서 바로 만드는 방법과 '회의 예약'을 하는 방법이 있다. 사전에 필요한 설정 등을 하고 미리 초대하는 것이 편리하므로 '회의 예약'을 주로 이용하게 된다. 자주 체크하는 몇몇 설정 옵션은 다음과 같다.

- **시점**: 예약 날짜와 시간을 기록한다. 매일/매주/매월 특정 날짜나 요일에 회의가 열린다면 '되풀이 회의'로 설정 가능하게 한다.
- **등록**: 참여자가 ZOOM 계정이 있어야만(가입) 회의 참여가 가능하다. '소회의실 사전 구성' 등의 기능을 이용하려면 체크하는 것이 좋다.
- **Security**: 암호를 입력해 들어오게 하거나, 대기실 기능을 사용한다. 대기실을 사용하면 참여자 접속 시 대기방에 들어가고 교수자가 수락해 줘야 입장이 가능하게 된다.

- **호스트 전 참가 사용**: 호스트(교수자)가 입장하기 전에도 학습자가 회의실에 입장이 가능하게 된다.
- **소회의실 미리 할당**: 소회의실(토의 조) 멤버를 미리 할당하고 싶은 경우에 체크한다. 단, ZOOM 계정이 있는 멤버만 사전 할당할 수 있다(이 부분은 뒤에서 자세히 설명한다.).

학습자 초대

회의 예약을 할 때 생성되는 '회의 ID' 또는 '초대링크(Invite Link)'를 복사해서 학습자에게 게시판이나 카톡, 문자 등으로 안내하면 된다. 학습자는 ZOOM에 가입하지 않아도 회의 ID 입력이나 초대링크 클릭만으로 ZOOM 회의실에 연결된다.

참고로 학습자가 휴대전화로 접속 시에도 링크 클릭만으로 ZOOM 설치 후에 바로 화상회의 접속이 된다. 아이폰(iOS)일 경우에는 웹 브라우저 '사파리(Safari)'가 기본설정으로 되어 있는데 혹시라도 ZOOM을 지원하지 않는다는 메시지가 뜰 경우에는 '크롬(Chrome)' 등의 웹 브라우저를 이용하면 접속이 된다.

ZOOM의 핵심기능 정복하기

오디오/비디오 활성화

학습자가 입장한 후에 교수자는 물론 학습자도 '오디오/비디오' 테스트를 꼭 해 보도록 한다. 수업 중 학습자들의 생활소음이 많다면 '참가자/모두 음소거'를 클릭하면 된다.

ZOOM에서 우측 상단의 '갤러리 보기'를 누르면 많은 학습자의 얼굴이 보인다. PC 버전에서는 25명까지(그 이상이면 페이지가 두 개로 구성되어 마우스로 클릭해야 다음 페이지로 넘어감) 나온다.

ZOOM은 현재 발표하는 참여자의 얼굴에 자동으로 포커스를 맞춘다(노란 테두리 표시). 만약 특정 참여자의 모습을 자세히 보고 싶다면 '핀(구 비디오 고정)' 설정을 하면 그 참여자의 모습이 나의 ZOOM 화면에 보인다. 모든 참여자의 화면에 특정 참여자의 모습이 크게 나오게 하고 싶다면 해당 참여자 클릭 후 '모두에게 추천(구 추천 비디오)' 설정을 하면 된다.

녹화 기록

'기록' 버튼 클릭 시 바로 영상 기록이 시작된다. 교수자는 이런 방식으로 수업하는 모습을 녹화하여 예습 영상, 또는 동영상 강의로 활용할 수도 있다. 다만, '기록'을 클릭하는 순간 참여자들에게 녹화한다는 메시지가 뜨고 상단에 녹화 버튼이 작게 뜨게 된다. 촬영에 민감해하는 참여자가 있다면 미리 양해를 구하는 것이 좋다(회의 예약 시 '자동으로 회의 기록'이 되도록 체크하는 것도 가능하다.).

화면 공유 및 화이트보드 기능

PPT나 문서를 공유할 때 사용하는 기능이다. 특정 문서 화면만 공유되게 할 수도 있고 교수자의 화면 모두를 공유하게 할 수도 있다. PPT에 음악이나 영상을 넣었다면 '컴퓨터 소리 공유'를 체크해야 학습자들에게 사운드도 들리게 된다. 단, 소리가 학습자들에게 매우 크게 들린다.
교수자의 컴퓨터에
서 소리를 줄여도 학
습자에게는 여전히
크게 들리므로, 애초
에 PPT에 소리를 넣

을 때 볼륨을 거의 바닥 수준으로 줄여야 한다.

유튜브 영상 등을 화면 공유하는 경우에는 유튜브 자체에서 볼
륨을 조절하면 학습자에게 들리는 소리 크기도 변경된다.

'화이트보드' 사용 시 판서도 가능하다. 참여자들도 같이 필기하
도록 할 수 있다(메뉴 더보기/참가자 주석 사용). 마우스로 글씨를 쓰기
가 어려우므로 판서 시에는 태블릿PC, 또는 액정화면에 필기 가능
한 노트북과 스마트펜을 이용하는 것이 좋다. 즉, PC(노트북) + 태블
릿PC로 회의실에 접속하여
판서할 때만 태블릿PC(스마
트펜 필기 가능 노트북)로 화면
공유하여 이용하는 식이다.

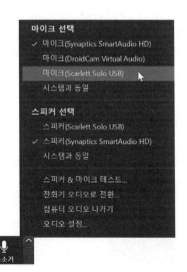

학습자 사운드/비디오 문
제 해결

학습자의 목소리가 회의
실에서 안 들리는 경우가 있
는데, 우선 접속과 동시에

오디오와 비디오로 참가(연결)한 뒤 '음소거 해제'를 하고 말해 본다. 그래도 안 되면 음소거 버튼 옆의 'ㅅ' 버튼을 클릭하여 마이크나 스피커의 선택을 바꾸어 본다. 비디오가 안 나올 때는 비디오 버튼 옆의 'ㅅ'를 클릭하여 다른 카메라(웹캠 등)를 선택한다.

휴대전화로 접속하는 경우, 특히 '소리가 안 들리거나 목소리가 안 나가는' 경우가 있다. 왼쪽 하단의 '오디오 연결(인터넷 전화)/비디오 시작'을 클릭해야 내 목소리와 얼굴이 나가고, 왼쪽 상단의 스피커 버튼(◁))이 활성화되면 스피커폰처럼 상대방의 목소리가 크게 들리게 된다. 참여자들의 목소리에 집중하기 위해 이어폰을 끼는 것도 좋다.

휴대전화 접속 시 수업 중 전화가 오거나 해도 방에서 튕기지는 않으나 작은 화면과 디지털 도구 이용의 불편함이 있으므로 가능하면 학습자도 PC나 노트북으로 접속하기를 권한다.

학습자 간 상호작용을 위한 소회의실

소회의실 만들기 및 옵션

소회의실은 소수가 모여 토의하게 해 주는 '화상강의 안의 미니 회의실'이다. 최대 50개까지 소회의실을 만들 수 있다. 회의 예약 이전에 '설정/

회의 중(고급)/소회의실'을 ON으로 해 놓아야 ZOOM 회의 시작 시 '소회의실' 메뉴가 생긴다.

소회의실 멤버는 자동, 수동으로 할당하거나 또는 참가자가 소회의실을 선택해서 들어가게 할 수 있다. '자동'을 선택하면 전체 구성원(호스트 제외)이 무작위로 섞여 소회의실이 구성된다. 예컨대, 학습자가 20명이고 5개의 회의실로 만든다면, 무작위로 4명씩 묶여서 회의실이 만들어지는 식이다. '수동'을 선택하면 교수자가 구성원을 한 명씩 소그룹으로 옮겨서 소회의실을 구성하게 된다.

소회의실 진행 중에 교수자는 각 소회의실에 메시지를 보낼 수 있으며 '참가' 버튼을 눌러 해당 소회의실에 들어갈 수도 있다. 소회의실에서도 채팅과 화면 공유가 가능하며 해당 내용은 소회의실 안에서만 공유된다. 학습자가 '도움요청'을 클릭할 시 교수자에게 해당 소회의실에 들어와 도와달라는 메시지가 가게 된다.

참가자가 소회의실을 선택하도록 허용

ZOOM 5.3.0 버전 이후로 추가된 방식으로 교수자가 소회의실의 개수만 설정해서 만들면 학습자는 자신의 팀 번호대로 소회의실을 선택해 들어

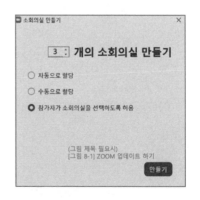

갈 수 있다. 현존하는 모든 온라인 플랫폼의 소회의실 방식 중에 가장 편리하다. 이 방식을 이용하려면 교수자는 물론 학습자도

ZOOM이 5.3.0 버전 이상으로 업데이트 되어 있어야 한다. 그러나 PC의 경우 ZOOM이 자동으로 업데이트 되지 않을 수 있으므로 수동으로 업데이트를 해야 한다. PC에서 ZOOM을 실행하고 우측 상단의 계정을 클릭한 후에 '업데이트 확인'을 누르면 된다. 휴대전화는 ZOOM 실행 후 톱니바퀴 모양의 설정을 클릭하면 버전 확인이 가능하다. 이전 버전이면 구글 스토어 등에서 ZOOM을 검색한다. ZOOM cloud Meeting이 '열기'로 뜬다면 최신 버전이고 그렇지 않다면 업데이트를 하면 된다.

[그림 8-1] ZOOM 업데이트 하기

업데이트 후 ZOOM을 재실행한다. 교수자는 '소회의실 클릭/참가자가 소회의실을 선택하도록 허용'을 체크하고 팀의 숫자를 입력한 뒤 소회의실을 만들면 된다. 물론 학습자들은 사전에 자신이 몇 팀인지 인지하고 있어야 하겠다. 혹시나 ZOOM 업데이트가 되지 않은 학습자라면 교수자가 소회의실을 만들어도 화면에 아무런 변화가 없고 소회의실에 들어갈 수도 없다. 이때 교수자는 해당 학습자를 수동으로 특정 회의실에 입장시켜 주면 된다.

이런 상황들을 감안한다면, 교수자는 학습자들에게 수업 전에 ZOOM 업데이트를 하도록 반드시 안내해야 한다. 혹시나 ZOOM 업데이트를 하지 않았거나 소회의실 선택에 문제가 발생하는 학습자에 대비하며, 학습자들이 이름을 '팀 숫자+이름(1 장한별)'으로 변경하게 하는 것도 좋다. 그러면 '참가자가 소회의실을 선택하도록 허용'으로 소회의실을 만들었을 때 입장되지 않는 학습자가 있을 경우, 교수자는 해당 학습자의 이름만 보고 바로 수동 할당하는 것이 가능하다.

참가자가 소회의실을 선택하는 방식의 경우 토의시간 지정 등의 옵션이 뜨지 않으므로(추후 개선될 수도 있음) 학습자들에게 사전에 토의시간을 안내해 주고, 중간에 필요하다면 '메시지를 전체에게 브로드캐스트'를 통해 공지할 수 있다. '모든 회의실 닫기'시 1분 후에 소회의실이 종료된다.

소회의실 미리 할당

소회의실 멤버를 미리 구성해 놓는 것도 가능하다. 먼저, '설정/회의 중(고급)/소회의실'에서 '예약 시 호스트가 참가를 소회의실에 할당하도록 허용'을

클릭하고 회의를 예약한다. 회의 예약 화면에서 '소회의실 미리 할당'을 클릭하면 멤버를 미리 구성할 수 있다.

참가자의 메일 주소를 입력하는 방식으로 사전구성을 할 수 있다. 단, 여기에 이메일 주소를 입력했더라도 참가자가 ZOOM에 가입된 경우에만 화상회의에서 사전구성 목록에 뜬다. 그러므로 사전구성을 원한다면 교수자는 학습자가 사전에 ZOOM에 가입하도록 하고 해당 메일 주소를 수집해야 한다(참고로 회의 예약 시 '등록'을 체크해 놓으면 ZOOM 로그인을 해야만 회의실에 접속이 가능해진다.). 메일 주소를 입력해 팀을 구성해 놓았다면 이 회의실을 '회의 템플릿'으로 설정해 놓거나 '되풀이 회의' 기능을 통해서 소그룹 입력 정보를 다음 회의에서도 유지할 수 있다. 실수로 빠진 멤버가 있다면 실시간 화상회의 중에 현장에서 수동으로 추가하는 것도 가능하다.

이런 방법이 번거롭다면 접속하는 학습자가 이름을 '1 장한별'과 같이 '팀 번호+이름'으로 설정하게 하여 교수자가 팀 번호를 보고 빠르게 수동으로 팀을 구성할 수도 있다. 조교의 지원이 있다면 조교를 메인호스트로, 교수자를 공동호스트로 설정하고 조교가 회의실을 구성하게 하면 된다(소회의실 만들기는 메인호스트만 가능하다.). 또는 앞서 소개한 '참가자가 소회의실을 선택하도록 허용' 방식을 활용한다.

기타 설정 및 기능

ZOOM 실행 전 톱니바퀴 모양이나 실행 후 보안마크를 클릭하면 여기에서 ZOOM의 여러 기능을 사용할 수 있다.

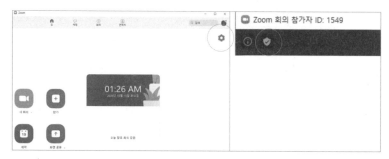

[그림 8-1] ZOOM 시작 전/회의 진행 중의 설정 버튼

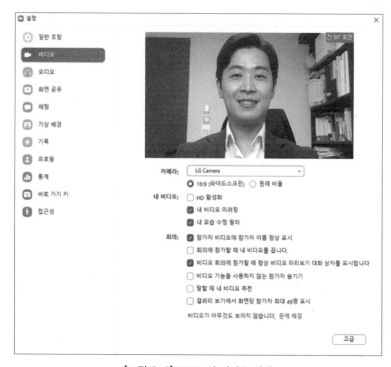

[그림 8-2] ZOOM의 비디오 설정

'비디오'에서 '내 비디오 미러링'을 체크하면 좌우 반전이 되며, '내 모습 수정 필터'를 체크하면 약간의 포토샵 효과가 나타난다. 학

습자의 수가 매우 많고 대형 모니터를 사용하는 경우라면, '갤러리 보기에서 화면당 참가자 최대 49명 표시'를 클릭하면 많은 인원이 한 화면에 나올 수 있다.

'가상 배경'을 클릭하면 뒤에 새로운 배경을 넣을 수 있다. 수업 느낌을 내고 싶다면 교실의 사진을 넣어 활용할 수도 있다.

[그림 8-3] 가상 배경 적용

ZOOM 유료 기능

자동출석 체크 기능

ZOOM에서 출석 체크하는 방법은 '대기실'을 이용하여 교수자가 한 명씩 입장을 수락하며 출석체크하기, 또는 오프라인 수업처럼 이름 부르며 대답하게 하기, 학습자들의 얼굴 화면을 캡처하여 체크하기 등이 있다. 학습자의 수가 많지 않다면 굳이 자동출석체크를 사용하지 않고 이름을 불러 출석체크를 하는 것도 상호작용 면에서 괜찮은 방법이다.

그러나 학습자의 수가 많을 때 이런 방법은 번거롭다. ZOOM에 참석하는 대로 출석체크가 저절로 된다면 참 편할 것이다. 이용하는 방법은 두 가지가 있다.

첫째, '내 계정/계정관리/보고서'에서 '활성 호스트'를 클릭하면 참가자가 나온다. 참가자 숫자를 클릭하면 참여자의 입장/퇴장 시간 확인이 가능하고 '내보내기'를 누르면 엑셀 프로그램으로도 볼 수 있다. 참여자가 ZOOM에 가입되어 있지 않은 경우에도 입장/퇴장 기록이 나와서 편리하다(들락날락한 모든 기록과 체류 시간이 남는다.).

둘째, '내 계정/계정관리/보고서'에서 '회의'를 클릭하여 회의별 보고서를 보는 방법이다. 이 경우에는 모든 참석자가 ZOOM에 가입되어 있어야 한다. 모두 가입했다면 최초 '회의 예약' 시에 '등록' 필수항목을 체크한다. 수업이 종료된 후 '내 계정/계정관리/보고서/회의'에 들어간다. 회의 보고서에서 '생성'을 누르면 엑셀 파일을 다운로드할 수 있고, 여기에 학습자별로 온라인 수업에 접속한 시간이 기록되어 있다. 첫 번째와 비슷하지만, 입장 중심으로 기록이 간결하게 남아 있다.

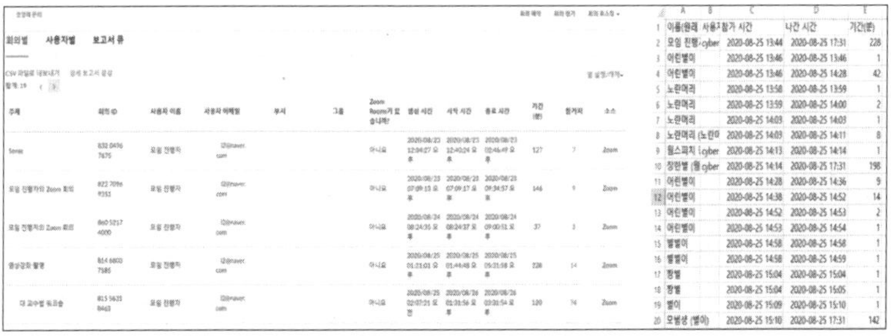

[그림 8-4] 보고서 활용을 통한 출석체크 확인

학습자의 수가 많은 경우, ZOOM 접속 시 '학번+이름'으로 이름을 변경하게 하고 보고서(엑셀)에서 '필터' 기능을 사용해 오름차순으로 나오게 하면 학번 순으로, 또는 ㄱ, ㄴ, ㄷ 순으로 출석 확인이 가능하다.

설문조사(폴링) 기능

실시간 온라인 수업 중에 투표할 수 있는 기능이다. 회의 예약 전에 '설정/회의 중(기본)/폴링'을 체크해 두면 화상강의에서 메뉴가 뜬다. 사전에 설문조사 세트를 만들어 놓고 설문 시작을 누르면 학습자들의 투표를 실시간으로 확인할 수 있다. 간단하게 사전학습 테스트의 용도로 활용할 수도 있다.

08 온라인 수업 디지털 도구와 저작권

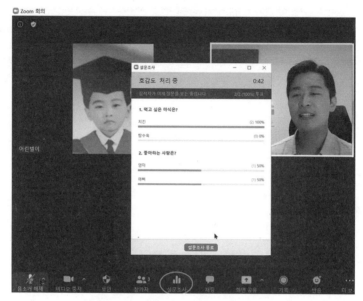

[그림 8-5] 설문조사(폴링) 진행의 모습

    지금까지 자주 사용되는 ZOOM의 기능을 살펴보았다. 사용 방법은 영상으로 보면서 익히는 것이 더 편할 수 있다. 〈부록〉에 ZOOM 등 디지털 도구 사용법에 관한 무료 영상 강좌 정보가 있으니 참고하기 바란다.

2. 기본에 확장을 더하는 Google Meet 사용법

Google Hangout 대 Meet

Google Meet도 학교를 중심으로 많이 활용되는 온라인 플랫폼 중의 하나로, 계정으로 로그인, 암호화 등을 통해 보안에 대한 부분을 강조하고 있다. 기본적으로 갖추고 있는 기능은 ZOOM에 비교해서 더 적다. 다만, 니즈(needs)에 따라 추가적인 프로그램을 설치하여 여러 기능을 추가할 수 있다. 구글의 온라인 플랫폼을 이용하기 위해서는 모든 참여자가 Google 계정을 가지고 있는 것을 권장한다.

플랫폼 명칭의 경우 초반에는 'Google Hangout Meet'로 불리며 다소 혼동되는 부분이 있는데 사실은 별도의 프로그램이다. 'Google Hangout(행아웃)'은 영상통화와 채팅 기능을 이용할 수 있는 프로그램이다. 시간은 무제한이고 화면 공유도 가능하다. 구글 계정이 있는 사람을 초대하여 참여하게 할 수 있다. 사용하기에 단순하지만, 무료 버전에서는 인원 참여가 10명까지만 가능하다. 유료인 G-suite(지스위트)를 이용하면 25명까지 참여할 수 있다.

'Google Meet(미트)'는 무료로 제공되던 행아웃을 대신해서 화상

08 온라인 수업 디지털 도구와 저작권

회의에 최적화되도록 만든 제품이다. 화질, 음질이 행아웃에 비교해 좋고 참여 가능한 인원 범위도 더 넓어서 온라인 수업에 적절하다. 이번 절에서는 Google Meet의 사용법에 대해서 살펴보자.

가입에서 방 개설까지

가입

회의 개설자와 참여자 모두 구글 계정이 있어야 한다. 구글에 로그인하면 기본메뉴(⚏)에서 'Meet'를 볼 수 있다.

참고로 무료로 이용 시 100명까지 참여할 수 있지만, 회의 길이는 최대 1시간이다. G-suite에 유료로 가입할 때 회의 길이는 300시간이다. G-suite도 여러 종류가 있어서 Basic은 100명까지, Business는 150명까지, Enterprise는 250명까지 참여할 수 있다.

방 개설 및 초대

Google Meet로 접속할 때는 가급적 익스플로러(Explorer)가 아닌, 크롬(Chrome)이나 파이어폭스(Firefox), 사파리(Safari) 등을 이용하기를 권한다. 구글 관련 서비스 이용에는 크롬이 아무래도 최적화되어 있다.

Google Meet 홈페이지에서 '새 회의'를 클릭하면 방을 만드는 세 가지 설정이 나온다. 첫째, 공유할 회의 링크를 받기, 둘째, 즉석에서 회의를 시작하기, 셋째, 구글 캘린더에 일정 예약하기이다.

먼저 '공유할 회의 링크'의 경우 그대로 복사하여 학습자에게 전달하면 링크를 통해 회의실에 연결된다. 단, 학습자도 구글 아이디로 로그인해야 입장이 가능하다.

즉석에서 회의를 만든 경우에도 링크를 전달하면 된다. 또는 생성된 주소의 뒷부분을 학습자에게 전달하고, 학습자는 Google Meet 홈페이지에서 해당 주소를 입력하고 '참여'를 눌러 접속할 수도 있다.

[그림 8-6] 회의실 주소의 뒷부분을 입력하여 참여하기

08 온라인 수업 디지털 도구와 저작권

[그림 8-7] 구글 캘린더에 회의 일정 예약하기

캘린더에 일정을 예약하는 방식은 ZOOM의 '회의 예약'과 비슷하다고 볼 수 있다. 화상강의의 날짜와 시간을 예약해 놓을 수 있으며, 지정한 시간 전에 학습자에게 알림이 가게 추가할 수도 있다. 강의에 참석할 학습자의 메일 주소를 미리 추가해 놓을 수 있는데 그렇게 되면 교수자가 추가한 학습자만 회의실에 입장할 수 있게 된다(참석자 권한에서 '다른 사용자 초대'를 해제하면 학습자 간 초대도 불가능하여 교수자가 지정된 학습자만 참여하게 된다.). 회의 중 외부 참여자가 참여를 희망하면 교수자가 '수락'해 주어야 입장할 수 있다.

하단의 내용 작성란 위 '📎' 버튼을 클릭하면 첨부파일 추가가 가능하다. 미리 캘린더에 파일을 첨부하면 회의 중간에 따로 파일을 전송할 필요 없이 참석자들이 확인할 수 있다.

참고로 교수자가 방을 나간 후에도 방은 저절로 닫히지 않고 학습자들은 남아 있게 되며 개별적으로 나가기를 하면 된다.

Google Meet의 핵심기능 정복하기

오디오/비디오 활성화

Google Meet의 인터페이스는 전반적으로 ZOOM보다도 간결해 보인다. 오디오(🎤), 비디오(📷) 활성화 버튼을 눌러서 활성화 여부를 바꿀 수 있다. 중간에 있는 버튼(📞)은 회의를 나가는 용도이다.

어느 온라인 플랫폼이든 상황에 따라 에코가 발생할 수 있지만, Google Meet에서도 그런 가능성이 있어서 교수자와 학습자는 이어 폰을 반드시 지참하는 것이 안전하다.

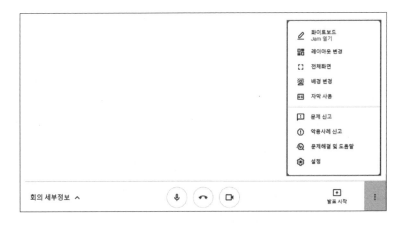

화면 오른쪽 아래에 있는 '⋮' 버튼을 클릭하여 사용자가 원하는 레이아웃으로 변경할 수 있다. 한 명만 중심으로 나오게 하거나 모두가 타일식으로 나오게(최대 16명) 하는 등의 변경이 가능하다.

특정 학습자를 '화면에 고정(📌)'할 수 있으며, 학습자를 음소거
(🎤)할 수도 있지만 개인정보 보호로 인해 음소거를 해제할 수는 없
다. 그 옆의 버튼(⊖)을 누르면 해당 방에서 학습자를 삭제하게
된다.

발표 시작 기능

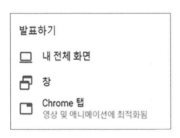

ZOOM의 '화면 공유'와 같은
역할이라고 보면 된다. '창'을 선
택하면 특정한 프로그램 화면만
공유된다. 이때 PPT에 포함된
음악은 따로 재생되지 않는다.

Chrome 탭은 영상이나 애니
메이션 공유에 최적화되어 있다. 이 방식을 택하면 특정 웹페이지
를 지정해서 공유할 수 있다. '오디오 공유'를 체크하면 소리도 공유
된다. 유튜브 재생의 경우 오디오/비디오 모두 원활하게 잘 되는 편
이다.

PPT 등과 함께 수업을 진행한다면 듀얼모니터로 하기를 권한다.
모니터가 두 개 있으면 한쪽에는 수업 관련 자료나 웹페이지를 띄
우고 수업하기 편리하다.

Google Meet에서는 공유되는 화면 1에 슬라이드쇼가 뜨고, 화면 2

에서는 참여자 얼굴과 채팅 등 기본 Google Meet 창이 뜬다. 이것은 모니터가 두 개일 때에는 발표하는 동시에 다른 모니터로 여러 학습자의 얼굴을 보고 채팅창을 계속 띄우고 확인할 수 있다는 장점이 되지만, 반대로 모니터가 한 개일 때는 화면 1(슬라이드쇼)만 뜨게 되어 학습자 얼굴과 채팅창을 보고 싶을 때는 화면전환(Alt + Tab)을 하면서 봐야 하는 불편함이 있다. 이런 점을 고려하여 화면설정과 모니터의 수를 선택할 필요가 있다.

[그림 8-8] 듀얼모니터를 사용한 Google Meet의 화면 1(좌)과 화면 2(우)

자막 사용

Google Meet는 특이하게도 수업 중 들리는 오디오에 대해서 자막을 넣어 주는 기능이 있다. 화면 하단의 옵션(⋮) 버튼을 클릭하고 '자막 사용'을 선택한다. 교수자가 영어로 강의를 진행한다면 자동으로 하단에 영어 자막이 뜨게 된다. 아쉽게도 영어만 지원이 되지만 과목의 특성에 따라서 유용하게 사용할 수 있는 기능이다.

[그림 8-9] (영어) 자막 사용 기능

Google Meet 확장하기

구글 그리드 뷰

Google Meet에서 '타일식' 레이아웃으로 보면 한 화면에 최대 16명이 보이며 더 많은 참가자를 보려면 다음 페이지로 넘겨서 확인해야 한다. 한 화면에 좀 더 많은 참가자를 담아내고 싶다면, 인터넷에서 '구글 그리드뷰'를 검색하여 설치하면 참가자 수의 제한 없이 한 화면에 볼 수 있다.

구글 미트 출석부

'구글 미트 출석부'를 검색하여 설치한다. Google Meet에서 회의를 열면 사용자 옆에 새로운 버튼(☑)이 생긴 것을 볼 수 있다. 이것을 클릭하면 즉각적으로 엑셀 파일이 생성되면서 참여자들의 목록이 뜨게 된다. 학습자 수가 많거나 간단하게 출석체크를 할 때 유용하다.

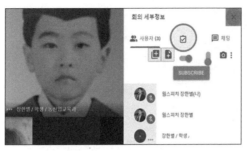

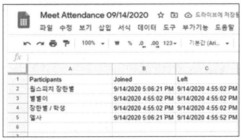

[그림 8-10] '구글 미트 출석부' 활용 장면

소회의실

Google Meet에서는 동시에 여러 개의 회의 창을 띄우는 것이 가능하다. 따라서 소회의실은 단순하게 화상회의실을 여러 개 만드는 형태로 운영할 수 있다. 교수자는 화상회의를 여러 개 만들어 놓고, 팀별로 해당하는 회의실의 링크를 각각 주어 접속하게 할 수 있다. 교수자로서 화상회의실이 여러 개가 띄워져서 소리가 겹치는 문제가 있다면 'Mute Tap'을 검색하여 설치하면 화상회의실 탭 하나하나마다 음소거가 가능하게 할 수 있다.

학습자의 수가 많고 회의실을 다수 만들어야 하는 경우라면 일일이 만들고 링크를 안내하기 번거로울 수 있다. 이때는 구글 'Breakout Room' 프로그램을 추가로 설치하여(G-suite 유료 이용 시 사용 가능) 사전에 세팅할 수 있다(참고로 영상 촬영이나 보고서 등도 G-suite 유료에서 가능하다.).

듀얼리스

앞서 Google Meet의 핵심기능 중 '발표 시작 기능'을 설명하면서, 모니터가 한 개인 경우에 PPT 슬라이드쇼와 Google Meet(참여자 비디오와 채팅 등)를 동시에 보는 것이 어렵다고 하였다. 듀얼리스(Du-alless)를 설치하여 이용하면 ZOOM처럼 두 가지 정보를 하나의 모니터 화면에 담아낼 수 있다.

판서를 위한 잼보드

Google Meet 옵션 안에 '화이트보드'가 있는데 이것이 구글 잼보드(Jamboard)이다. 잼보드는 Google Meet만을 위한 위한 프로그램은 아니며 '구글독스'처럼 독립적으로 이용할 수도 있다. 구글 계정만 있으면 화이트보드 공간을 만들 수 있다. 스마트펜을 이용한 판서는 물론 메모장 붙이기, 사진 넣기 등도 가능하다. '발표 시작'을 통해 잼보드 화면을 공유하는 식으로 판서를 한다. 학습자들과 함께 적는 공간으로 꾸미기 원한다면 학습자의 메일 주소를 입력하여 해당 학생들만 공유하게 하거나, 또는 링크를 전달하여 공유하게 할 수도 있다.

[그림 8-11] 잼보드의 활용

3. 혼자 하는 영상 촬영과 편집, OBS Studio

촬영해서 동영상 강좌를 운영하는 경우에 PPT에 목소리만 들어가는 것보다 교수자의 얼굴이 함께 들어가는 것이 훨씬 낫다. 촬영하려면 고가의 복잡한 프로그램을 갖춰야 하는가 걱정이 앞설 수 있으나, 간단한 프로그램으로도 만들 수 있다.

'OBS Studio'는 손쉽게 이용할 수 있는 편집프로그램으로 무료라서 부담 없이 사용할 수 있다. 'https://obsproject.com/ko'에서 내려받을 수 있다. 윈도우는 물론 맥, 리눅스 환경에서도 설치할 수 있다.

세 가지만 설정하면 녹화 준비 끝

OBS Studio 녹화를 위한 준비물은 실시간 온라인 수업을 할 때와 같다. PC, 마이크, 웹캠만 있으면 된다. 이제 OBS Studio에서 세 가지만 설정해 주면 녹화 준비가 끝난다(참고로 웹캠에 마이크가 내장된 경우가 대부분이다.). 휴대전화를 웹캠처럼 사용할 수 있는 방법도 있는데 이번 절의 마지막에 소개한다.

[그림 8-12] OBS에서 소스 추가하기

OBS Studio를 실행하면 메인화면은 어둡게 되어 있고 아래 여러 작은 창이 보인다. '소스 목록'의 '+' 버튼을 눌러서 오디오, 비디오, PC 화면을 추가하면 된다.

오디오 입력 캡처

교수자의 목소리가 영상에 들어갈 수 있도록 '오디오'를 넣어 주는 메뉴이다. '장치'를 클릭하여 연결된 마이크 중 사용하기 원하는 기기를 선택한다.

[그림 8-13] '오디오 입력 캡처' 속성

비디오 입력 캡처

교수자의 얼굴이 나올 수 있도록 비디오 설정을 해 준다. 노트북이라면 자체의 웹캠을 사용할 수 있다. 추가로 갖춘 웹캠을 사용한다면 '비디오 캡처 장치 속성'의 '장치'를 클릭하여 변경한다.

교수자의 얼굴이 나올 위치를 마우스로 움직여서 정할 수 있다. 얼굴이 나오는 비디오의 크기를 줄이거나 크게 할 수도 있다. Alt 키를 누르면 높이나 폭만 조절할 수 있다.

[그림 8-14] '비디오 입력 캡처' 속성

③ 디스플레이 캡처

이제 PC 화면을 캡처할 차례이다. '디스플레이 캡처'를 추가하고 나면 거울 속의 거울 같은 화면이 나타난다. 제대로 되는 것이니 당황하지 말자. 이 상태에서 OBS Studio 전체 화면의 오른쪽에 있는 '녹화 시작' 버튼을 클릭하여 녹화를 시작할 수 있다.

[그림 8-15] 오디오/비디오/디스플레이를 추가한 뒤의 화면

PPT와 함께 교수자의 얼굴이 보이게 녹화하기

PPT와 함께 교수자의 얼굴이 나가는 구도를 원한다면, OBS Studio의 세 가지 설정 후(오디오+비디오+디스플레이), PPT를 슬라이드쇼로 띄워 놓는다. OBS Studio에서 '녹화 시작'을 누르고 강의를 진행하면 된다. 강의 종료 후에는 '녹화 중지'를 누른다(참고로 '끝내기'는 프로그램 자체를 닫아 버리는 메뉴이므로 주의한다.).

크로마키 촬영을 하면 PPT 배경에 교수자가 더 자연스럽게 어우러지는 영상을 만들 수 있다. 녹색이나 파란색의 벽이나 천을 설치한 뒤 OBS Studio에 삽입한 비디오에 우클릭하고 '필터/크로마키 추가'를 하여 배경색상을 지정해 주면 된다. 이 상태에서 PPT 슬라이드쇼를 하고 촬영하면 전문적인 느낌이 드는 영상을 만들 수 있다.

[그림 8-16] 크로마키 촬영과 완성된 영상 화면

설정과 라이브 방송

OBS Studio는 앞에서 설명한 세 가지만 설정해도 녹화하는 데 전혀 문제가 없다. 그 밖에 화면 전환 등 다양한 기능이 있는데 필수로 알아야 하는 부분은 아니므로 이 책에서는 생략한다.

몇 가지 많이 사용하는 설정을 소개하자면, 먼저 촬영의 편리를 위해서 '설정'에서 방송 시작과 중단 등의 단축키를 정할 수 있다. 촬영된 영상은 '내PC/동영상'에 자동으로 저장된다. 촬영영상은 MKV파일로 저장되는데, 혹시 이 확장자가 영상 업로드에 제한이 되는 경우가 있다면 '설정/고급/녹화'에서 'mp4 형식으로 재다중화'를 클릭하면 MP4파일로 영상이 생성된다. 그 외에도 개인의 취향과 편의에 따라 '설정(녹화 버튼 아래에 있음)'을 바꾸면 된다.

유튜브 라이브 방송을 할 때도 OBS Studio를 활용하여 실시간 방송이 가능하다. 유튜브 라이브 관제실에서 스트림 만들기를 하고 '스트림 키(링크)'를 복사한다. OBS Studio에서 화면 세팅을 하고 '설정/방송'에서 스트림 키를 입력해 주고 '방송 시작'을 누르면 된다.

참고로 OBS Studio로 라이브 방송을 하면 교수자가 지금 하는 말이 학습자에게는 30여 초 이후에 전달된다. 약간의 시간 차이가 있다는 점을 감안하여 학습자와 소통하도록 한다(유튜브 라이브도 비슷한 시간 차이가 있다.).

OBS Studio의 사용법을 영상 강좌로 확인하고자 하면 〈부록〉을 참고하라.

휴대전화를 웹캠처럼 쓰는 드로이드캠

촬영 시에는 노트북 자체의 웹캠이나 추가로 구매한 웹캠을 사용하게 된다. 필요하다면 휴대전화를 웹캠으로 사용하는 것도 가능하다. 여러 앱이 있는데 그중의 하나인 '드로이드캠(DroidCam)'을 소개하고자 한다.

사용 방법은 간단하다. 휴대전화에서 드로이드캠 앱을 다운받고 PC(노트북)에서도 다운받는다. 참고로 PC에서 드로이드캠을 사용하려면 무선랜을 쓰게 해 주는 무선랜카드가 있어야 한다. 노트북에는 무선랜카드가 이미 있으므로 없어도 된다.

휴대전화와 PC(노트북)에서 무선인터넷을 활성화한 뒤에 드로이드캠을 실행하면 다음과 같은 화면이 뜬다. 휴대전화에 뜨는 Device IP(Wifi IP)와 DroidCam Port 숫자를 확인하고 PC(노트북) 드로이드캠 화면에 입력하고 Start를 누르면 두 기기가 연결된다.

[그림 8-17] 휴대전화와 PC(노트북)의 연동 과정

[그림 8-18] ZOOM에서의 드로이드캠 설정

　휴대전화를 얼굴이 비치는 위치에 거치하고 OBS Studio를 실행한다. 앞서 오디오와 비디오 소스를 추가했을 텐데, 각 장치를 'DroidCam'으로 설정해 주면 휴대전화를 웹캠처럼 사용하여 OBS Studio로 녹화할 수 있다.

　ZOOM 등 온라인 플랫폼에서도 이와 같은 방식으로 휴대전화를 웹캠처럼 이용할 수 있다. 두 기기가 연동되도록 PC(노트북)와 휴대전화에서 드로이드캠을 실행한 후에 ZOOM 회의실에 들어가서 오디오와 비디오 옆의 '▲'버튼을 클릭하여 DroidCam을 선택한다.

4. 학습자 아이디어 모으기, 구글독스와 패들렛

학습자들의 상호작용을 촉진하는 디지털 도구를 선택할 때 몇 가지 고려해야 할 사항이 있다. 일단 접속이 안정적이고 쉬워야 한다. 아무리 좋은 도구도 따로 회원가입을 해야 하고 사이트 접속이 불안정한 이슈가 있다면 온라인 수업은 혼돈의 시간이 될 것이다. 이 책에서 소개하는 도구들은 비교적 이런 조건들에 부합한다. 거기다가 무료 버전으로도 수업진행에 무리가 없게 이용이 가능하다.

오프라인 수업에서는 학습자들이 즉석에서 함께 필기하며 의견을 나누고 정리할 수 있고, 때로는 포스트잇을 활용하거나 전지에 아이디어를 같이 작성하여 전체의 의견을 한눈에 들어오게 할 수 있다. 온라인상에서는 학습자의 개별적인 발표는 가능하지만 여러 학습자의 의견을 한번에 파악하기가 쉽지 않다. 이때 '구글독스'나 '패들렛' 같은 디지털 도구를 이용하면 편리하다.

구글독스

구글독스(Google docs)로 여러 학습자가 함께 공유문서를 작성할 수 있다. 학습자들은 회원 가입을 하지 않아도 링크만으로 참여할

수 있어서 편리하다. 접속한 학습자들의 커서가 뜨면서 동시다발적
인 문서 작성이 이루어진다.

[그림 8-19] 구글독스의 실시간 활용 장면

문서 생성 및 공유 설정

구글 문서는 구글 아이디만 있으면 만들 수 있다. 로그인 후 구글
독스 홈페이지(https://docs.google.com)에 들어가서 문서를 만들면 끝
이다. 문서를 공유할 사람들만 설정해 주면 된다.

 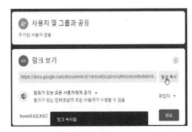

[그림 8-20] 구글독스 문서 공유의 두 가지 방식

공유에는 두 방식이 있다. 첫째, 메일 주소로 공유할 사람을 승인

하는 방식으로 교수자가 구글 메일 주소를 입력한 사람만 문서에 접근할 수 있다. 둘째, 링크만으로 공유하는 방식이다. 문서의 링크를 복사하여 학습자에게 보내면 링크 클릭만으로 문서 연결이 가능하다. 링크가 있는 사용자를 뷰어(문서를 보게만)로 할지 편집자로 할지도 설정할 수 있다.

휴대전화, PC 모두 접근 가능

구글독스 작성과 편집은 휴대전화와 PC에서 모두 가능하다. 휴대전화일 경우 공유 링크를 클릭한 후, 구글독스 앱을 설치하면 편집을 할 수 있다. 다만, 휴대전화로 실시간 수업에 참여한다면 구글독스 작성을 위해 화면을 전환해야 하는 번거로움이 있고 아무래도 휴대전화 화면이 작다 보니 다른 학습자의 의견을 한눈에 보기에도 불편해서 PC로 작업하기를 권한다.

PC의 경우 링크 클릭만으로 바로 문서를 작성할 수 있다. 보통 버퍼링 없이 빠르게 연결되고 반영되나 혹시라도 교수자의 환경에서 문서가 바로 뜨지 않고 연결문제가 있다면 인터넷 익스플로러가 아닌 크롬, 파이어폭스, 사파리 등 다른 인터넷 브라우저를 쓰면 대부분 해결된다.

클래스 문서 대 팀별 문서

구글독스는 학습자들의 질문이나 의견을 한데 모으게 하는 용도로 사용하기에 편하다. 문서 하나를 생성하여 클래스가 함께 사용하면서 교수자가 이에 대해 피드백을 해 줄 수 있다.

실시간 온라인 수업 중 소그룹 토론(소회의실)이나 팀별 과제가 진행되는 경우, 팀별 결과물을 공유하게 하는 용도로도 사용할 수 있다. 이때는 문서 하나로 작성하면 다른 팀에 아이디어가 노출될 우려가 있으므로 교수자는 팀별로 문서를 생성하여 팀별로 전용문서에 링크를 통해 접속하게 할 수 있다.

누가 썼는지 확인하고 싶다면

링크를 통해 접속 시에는 글을 작성하는 동안 익명으로 표시되기 때문에 누구인지 확인하는 것이 불가능하다. 공유문서 작성에 대한 부분을 점수로 연결하고자 한다면 두 가지 방법이 가능하다.

첫째, 문서 공유 방법을 '구글 메일 주소'로 승인하게 하여 학습자가 구글로 로그인하여 문서에 접근하게 하는 방법이다. 문서를 열고 '파일/버전 기록'에서 기록을 보면 일자와 시간별로 수정한 사용자가 표시된다. 교수자가 원한다면 이전 버전으로 돌아가는 것도 가능하다.

[그림 8-21] '버전 기록'에서 수정한 사람/내역 확인하기

둘째, 모두가 링크를 통해 익명으로 입장한 때에도 확인할 방법이 있다. 각자 의견이나 질문을 적을 때 '장한별: 팀별로 상호작용하는 방법이 궁금합니다'와 같이 이름을 함께 적게 할 수 있다. 또는 아예 구글 문서에 교수자가 미리 표를 만들고 학습자들의 이름을 적어 넣어 학습자들이 수업 중 자기 이름 옆에 의견을 적게 할 수도 있다. 이렇게 하면 간단하게 학습자별 참여도를 확인할 수 있다.

패들렛

패들렛(padlet)은 포스트잇처럼 학습자들이 의견을 적어서 담벼락에 붙여 전체 의견을 한눈에 볼 수 있게 하는 프로그램이다. 학습자는 따로 가입할 필요가 없으며 역시 링크만 가지고 쉽게 참여할 수 있다. 글 외에도 사진이나 문서 등 파일 업로드, 링크 첨부, 영상이나 목소리 삽입 등도 할 수 있어서 과제 제출에도 활용할 수 있다. 또한 '댓글'과 '반응'을 달 수 있어서 학습자 간 상호작용 촉진에도 효과적이다.

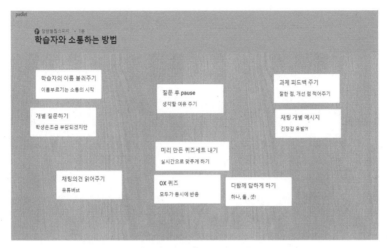

[그림 8-22] 패들렛(캔버스 방식)을 활용 장면

담벼락 생성 및 공유

교수자는 패들렛 홈페이지(https://padlet.com)에서 로그인 후 '만들기'로 바로 담벼락을 만들 수 있다(참고로 구글 아이디로 로그인 가능). 설정 버튼(톱니바퀴)을 눌러서 주소를 복사하여 학습자들에게 보내면 바로 참여할 수 있다. PC와 휴대전화 모두 접속이 가능하다. PC의 경우 인터넷 익스플로러를 지원하지 않으므로 크롬, 파이어폭스, 사파리 등의 브라우저를 사용하기를 권한다.

학습자들은 로그인 없이 참여할 수 있다. 이때는 글 작성자가 '익명'으로 뜬다. 이름을 밝히기 원하면 패들렛에 가입하게 하고 설정에서 '저작자 표시'를 하게 하면 된다. 반대로 익명으로 글을 쓰게 하면 눈치 보지 않고 의견을 편하게 낼 수 있다는 장점도 있다.

담벼락 공유 권한 설정은 '공유/프라이버시 변경'에서 설정할 수 있다. '편집 가능'으로 설정하면 타인이 작성한 게시물까지 편집할 수 있으므로 '작성 가능'으로 해 놓기를 권장한다.

[그림 8-22] 패들렛의 공유 권한 설정

담벼락의 종류

교수자는 목적에 따라 8종류의 담벼락 중 하나를 선택하여 만들게 된다. 방식에 약간의 차이가 있지만, 의견을 담벼락에 붙인다는 방식은 같다. 보통 메모지의 이동이 자유로운 '캔버스'를 많이 사용한다.

참여의 촉진과 가이드를 위해 첫 메모지는 교수자가 미리 부착하며 예를 보여 주는 것도 좋다. 참고로 무료 버전으로 5개까지 담벼락을 사용할 수 있으며, 유료 시에는(한 달에 8천 원) 담벼락의 개수 제한 없이 사용할 수 있다.

- **담벼락**: 벽에 메모지를 붙이는 형태로 벽돌처럼 차례대로 붙여진다. 메모지 순서는 바꿀 수 있으나 벽돌처럼 규칙적인 것은 동일하다.

- **캔버스**: 담벼락과 비슷하나 메모지의 위치를 자유롭게 옮기고 겹칠 수도 있다. 다양한 의견을 분류하거나 할 때 쓰면 효과적이다. 교수자가 화면을 공유한 상태에서 학습자들과 대화하면서 메모를 분류하고 코멘트할 수 있다.
- **스트림**: 메모지가 위에서 아래로 한 줄로 정렬된다. 전체를 한번에 보기는 어려워 보통 잘 사용하지 않는다.
- **그리드**(격자): 담벼락과 비슷하며 여백이 조금 있는 차이가 있다(큰 메모지 기준으로 나란히 격자 모양으로 유지한다.).
- **셸프**(선반): 모둠별로 구분하여 글을 쓰고 자료를 붙일 수 있다. 팀별 활동이라면 이 형태를 추천한다.
- **백채널**: 채팅처럼 사용할 수 있다.
- **지도**: 지도 속에 메모지를 붙일 수 있다.
- **타임라인**: 시간 흐름, 또는 절차 순서에 따라 메모를 배치한다.

[그림 8-21] 담벼락 방식(좌)과 셸프 방식(우)

반응 설정

패들렛은 학습자들이 서로의 의견에 다양한 반응을 하며 상호작용하게 해 준다. '설정'에서 댓글을 활성화하면 서로의 의견에 댓글을 달 수 있게 된다. '설정/반응'을 '좋아요'로 하면 학습자는 마음에 드는 의견에 하트를 표시할 수 있다. '투표'로 하면 공감이나 비공감을 표현할 수 있다. '별점'을 주는 방식이나 점수를 '숫자'로 주는 것도 가능하다. 이런 방식을 통해서 학습자 간 학습 내용으로 교류하고 상호 평가하게 할 수 있다.

글과 댓글 등을 점수에 반영하는 경우라면 로그인하여 글을 쓰게 하거나, 그것이 번거롭다면 메모를 남길 때 학번과 이름을 적게 할 수 있다. 팀별 활동으로 진행할 경우, 다른 조원들이 서로를 평가하게 할 수 있다.

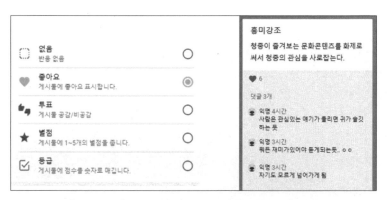

[그림 8-24] 반응을 '좋아요'로 설정했을 때 메모의 변화

5. 실시간 문제 START: 소크라티브, 카훗, 1:1 오픈채팅, 멘티미터

온라인으로 학습자가 문제를 풀 수 있게 하는 방법은 여러 가지가 있다. 네이버 설문이나 구글 설문지를 돌려서 학습자가 풀게 하는 방법이 있고, ZOOM(유료)을 이용한다면 폴링(투표) 기능을 이용할 수 있다. 실시간으로 푸는 맛을 조금 더 더한다면 소크라티브, 카훗, 1:1 오픈채팅, 멘티미터 등 디지털 도구를 이용하면 된다.

소크라티브

소크라티브(Socrative) 사용을 위해 교수자는 홈페이지(https://www.socrative.com)에 가입해야 한다. 구글 아이디로 연동도 가능하다. 가입 후부터는 'Teacher' 로그인을 한다. 참고로 무료 버전에서는 학습자가 50명까지 참여 가능하다.

학습자는 소크라티브 홈페이지에 들어가 'Student' 로그인을 한다. 학습자는 별도의 가입 없이 교수자의 방 번호를 입력하고 자신의 닉네임을 입력하면 접속이 완료된다. 한국어로 메뉴가 나오게 설정하는 것도 가능하다. 문제풀이의 결과를 평가하고자 하면 학습자가 실명이나 학번으로 입장하게 할 수도 있다.

[그림 8-25] 학습자로 소크라티브에 접속하기

소크라티브의 메뉴는 크게 '실행, 퀴즈, 교실, 리포트, 결과'의 다
섯 가지로 되어 있다.

[그림 8-26] 소크라티브 실행 메뉴

실행

만들어 놓은 퀴즈를 실행한다. '퀴즈' 실행을 하거나, '스페이스
레이스'로 팀별 점수 현황을 로켓이 나간 거리로 표현하게 할 수도
있다. '종료 티켓'을 누르면 실행 중인 퀴즈가 종료된다.

미리 문제를 만들지 못했다면 '빠른 문제'를 낼 수도 있다. 교수자가 구두로 문제를 내고 보기를 주면 학습자는 A~E 중 하나를 고르거나, 참/거짓 중 고르거나, 또는 단답식 답을 입력하게 하는 방식이다.

[그림 8-27] 퀴즈 실행 방식 선택

　준비된 퀴즈를 실행하는 방식은 세 가지로, 학습자가 문제를 풀고 바로 다음으로 넘어가는 '즉시 피드백' 방식, 틀린 문제를 고칠 수 있는 '내비게이션' 방식, 교사가 '다음'을 눌러야 모두가 다음 문제로 넘어가는 '교사 시간 조정 허용' 방식이 있다.

　예컨대, '교사 시간 조정 허용' 방식의 경우 다음과 같이 답을 입력한 학생들의 수가 실시간으로 뜨며(접속한 24명 중 23명 응답) '결과는 어땠나요?'를 클릭하면 정답이 표시됨과 함께(녹색) 오답을 택한 학습자들의 비율이 나온다.

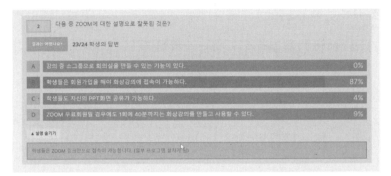

[그림 8-28] '교사 시간 조정 허용'으로 문제 실행하기

퀴즈

미리 퀴즈를 만들어 놓을 수 있는 메뉴이다. 참/거짓, 객관식, 단
답식으로 만들 수 있다. 여러 퀴즈 세트를 만들어 놓을 수 있다.

교실

교실관리 메뉴로 무료 버전에서는 하나만 이용할 수 있다. 교실
이 하나이더라도 이전 수업의 학습자들이 들어오지 않는다면 운영
에 문제는 없다. 다만, 학습자들은 교실 번호(Room Number)를 입력
해 접속하게 되기 때문에 여러 수업을 진행하게 된다면 교실이 별
도로 있는 것이 운영에 더 편할 수는 있다. 참고로 유료 버전
($59.99USD/year)에서는 교실(룸)을 20개까지 만들 수 있고, '스페이스
레이스'의 경우 카운트다운으로 문제 푸는 시간제한을 둘 수 있다.

리포트

리포트 메뉴에서는 앞서 푼 문제의 결과들이 저장되어 있다. 학

습자별로 맞은 점수(%)와 문제별 정답/오답 여부를 확인할 수 있다.
'내보내기'를 클릭하면 결과를 엑셀 파일로도 내려받을 수 있다.

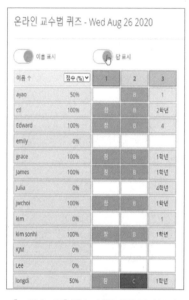

[그림 8-27] 학습자/문제별 결과보기

결과

이 메뉴에서는 방금 푼 문제에 관한 결과를 확인할 수 있다.

카훗

카훗(kahoot)은 문제풀이의 시간제한과 함께 게임과 같은 박진감
이 있다(학습자 페이스에 맞추어 문제를 풀게 할 수도 있다.). 학습자 개인별,
또는 팀별로 문제를 풀게 할 수 있다. 참고로 무료 버전에서는 50명

까지 참여가 가능하다.

시간제한이 있는 것은 장점일 수 있으나, 동시에 온라인 접속이나 버퍼링의 이슈가 발생할 수 있어서 이 결과를 그대로 평가로 반영하고자 하면 학습자의 이의제기가 있을 수도 있으므로 주의한다.

문제 생성

교수자는 kahoot.com으로, 학습자는 kahoot.it으로 접속한다. 카훗은 주로 사지선다형 문제로 제한시간, 점수 등을 설정할 수 있다. 사진이나 영상 링크 등도 넣을 수 있다.

[그림 8-30] 카훗의 문제 생성

게임 플레이

교수자는 kahoot.com에 접속해서 미리 만든 문제를 플레이한다. 방식은 두 가지로 실시간으로 함께 문제를 푸는 모드(For virtual classrooms)와 학습자들이 개별 시간에 각자 푸는 모드(For self-paced learning)가 있다. 후자의 경우에도 교수자가 설정한 문제 풀이 제한 시간이 적용되며 매 문제가 끝나면 답과 점수가 나타난다. 교수자는 홈페이지에서 문제 푸는 마감일자를 정할 수 있고, 현재까지 문제를 푼 학생들의 비율과 개별 정답/오답을 확인할 수 있다.

실시간 방식으로 플레이 시에는 보통 classic 모드로 진행한다. 게임을 시작하면 PIN번호가 뜬다. 학습자는 휴대전화나 PC로 kahoot.it에 접속하게 하여 PIN 번호를 입력하고 닉네임을 적으면 접속하게 된다. 학습자가 모두 들어왔으면 'Start'를 눌러서 문제를 푼다.

[그림 8-31] 카훗 Play 시 교수자 화면(좌)과 학습자 휴대전화 접속 시 화면(우)

문제가 나가고 제한시간이 지나면 학습자가 정답을 체크한 여부와 관계없이 해당 문제가 종료되므로 시간 내 풀어야 한다. 한 문제를 풀 때마다 결과가 바로바로 나온다. 정답이 표시되면서 정답과 오답을 체크한 인원이 나오고, Next를 누르면 점수가 나온다. 똑같이 정답이어도 빨리 풀수록 점수가 높다. 모든 문제를 풀고 나면 최종 등수를 확인할 수 있고 결과를 내려받는 것도 가능하다. 전체와 개별 점수는 물론 다수가 틀린 어려운 문제도 확인이 가능하다.

[그림 8-32] 카훗에서 한 문제를 푼 뒤의 결과/최종 시상식 화면

1:1 오픈채팅

새로운 디지털 도구가 아닌 카카오톡으로도 실시간 문제를 풀
수 있다. '오픈채팅'방을 활용하면 된다. 오픈채팅은 그룹채팅방과
1:1 채팅방이 있다. '그룹채팅'의 경우 학습자가 답을 쓰면 모두에게
노출되기 때문에 실시간 문제용으로는 적절하지 않으므로 '1:1 채
팅방'을 이용한다.

오픈채팅방 만들기

카카오톡만 있다면 누구나 만들 수 있다. 채팅창 우측 상단의 ◠버
튼을 누르고 '오픈채팅'을 클릭해서 '만들기/1:1 채팅방'을 생성한
다. 학습자는 '오픈채팅'에서 채팅방 이름을 각자 검색해서 들어올
수도 있고, 또는 교수자가 만든 오픈채팅방의 링크나 QR코드를 통
해서 들어올 수도 있다.

[그림 8-33] 오픈채팅방 만들기

오픈채팅방으로 문제내기

1:1 채팅방은 채팅방 하나에 1:1 채팅방이 여러 개 들어 있는 구조이다. 여러 학습자는 모두 오픈카톡에 들어와 있지만, 개별 1:1카톡방에 있으므로 교수자-다른 학습자 간의 톡은 볼 수 없다. 이 채팅방을 활용하여 교수자는 1:1 상담을 하거나 피드백을 줄 수도 있다. 많은 학습자와의 채팅이 별개의 카톡방으로 되어 있다면 관리하기가 어려울 텐데, 하나로 묶여 있어서 관리가 편하다.

학습자들이 접속하면 교수자는 문제를 내고 오픈카톡으로 학습자들이 답하게 한다. 교수자가 많은 학습자의 답을 일일이 확인하려면 어려울 것이다. 그러나 그럴 필요가 없다. 예컨대, 1번 문제를 내고 20초를 준다. 정답 제출은 문제당 한 번만 할 수 있게 하며 모르는 문제라면 무엇이라도 쓰게 한다. 20초 후에 답을 낸 학습자는 읽지 않은 카톡 ❶이 표시되어 있을 것이다. 교수자는 답을 내지 않은 학습자에게만 독촉하면 된다. 2번 문제를 내고 또 시간을 준다. 답을 낸 학습자는 읽지 않은 카톡이 ❷로 되어 있을 것이다. 이런 식으로 문제를 마친 후 학습자들이 각자 채점하게 한다.

이미 보낸 카톡은 수정할 수 없으므로 학습자들은 양심에 따라 채점할 수밖에 없다. 확인이 필요하다면 교수자는 해당 학습자의 카톡 내역을 확인하면 된다. 1:1 오픈채팅의 최대 장점은 퀴즈를 별도의 디지털 도구에 접속하여 미리 세팅할 필요가 없고 사용하기에 편하다는 점이다. 바로 문제를 내고 바로 맞히는 이런 방식으로 사용하면 카톡 오픈채팅도 훌륭한 실시간 학습 도구가 될 수 있다.

[그림 8-34] 1:1 오픈채팅을 활용한 실시간 퀴즈

멘티미터

멘티미터(mentimeter)는 문제 맞추기나 설문용으로 활용하는 프로그램이다. 교수자는 막대그래프, 원그래프, 워드 클라우드(word cloud) 등 다양한 형태의 설문을 실시할 수 있다. 실시간으로 설문이 반영되는 모습이 시각적으로 생생하게 표현하는 부분이 강점이다.

가입 및 설문 생성

멘티미터 홈페이지(https://www.mentimeter.com)에 가입한다. Google 아이디 등으로도 로그인이 가능하다. 'New presenstaion'을 눌러 새 설문 세트를 생성하고 원하는 설문을 추가하면 된다. 다양한 설문은 물론 PPT 슬라이드와 같은 장표를 넣는 것도 가능하다. 설문의 종류에 따라서 정답을 설정하거나 학습자가 여러 개의 선택지를 택하도록 설정할 수 있다. 참고로 무료 버전에서는 설문 세트당 Question 형태는 2개, Quiz 형태는 5개까지 사용이 가능하다. 설문 세트는 무료 버전에서도 무한대로 만들 수 있다.

공유 및 실행

실행하기 원하는 설문 우측의 ••• 을 누르고 'Share voting link'를 클릭한다. 웹 주소나 QR코드를 선택하여 학습자들에게 전달한다. 교수자는 곧바로 ▶ 버튼을 눌러서 설문 프레젠테이션을 실행하고 화면 공유를 한다. 설문의 목적은 결과를 보기 위한 것이지만, 실시간으로 투표가 반영되는 시각적인 부분이 멘티미터의 묘미이기 때문에 설문이 진행되고 이것이 시각적으로 반영되는 과정을 학습자들과 공유한다. 교수자는 '아! 지금 여러분의 실시간 투표로 순위가 바뀌었습니다. ○○가 치고 올라왔고요.' 하면서 마치 스포츠 중계를 하는 느낌으로 현황을 이야기한다면 생생한 상호작용의 즐거움을 함께 느낄 수 있을 것이다.

[그림 8-35] 멘티미터 공유와 실행 메뉴

설문 진행 시의 옵션

설문 프레젠테이션을 하면서 하단에 마우스를 대면 몇 가지 메뉴가 뜬다. Fullscreen은 설문 프레젠테이션을 전체 화면으로 크게 띄우는 기능이다. Hide results는 설문 현황을 보이지 않게 하며 다시 한번 클릭하면(Show results) 결과를 보여 주게 된다. 학습자들의 투표를 그만 받을 경우나 그다음 슬라이드의 투표에 미리 참여하지 않게 하려면 'Close voting'을 클릭하면 된다. 설문에 참여하는 시간 제한을 보여 줄 수도 있다. 'Start countdown'을 클릭하여 10초, 30초, 1분의 시간을 카운트다운 할 수 있다.

08 온라인 수업 디지털 도구와 저작권

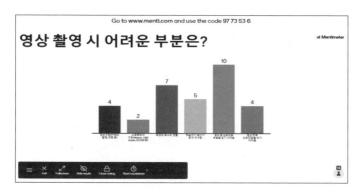

[그림 8-36] 멘티미터 설문이 진행 중인 화면

6. 온라인 저작권

온라인 수업을 하는 교수자의 입장에서 저작권은 민감한 문제이다. 수업을 위해 외부의 자료를 활용하면서 걱정을 하는 교수자가 많다. 또 온라인 수업이 확산하면서 교수자의 영상을 학습자들이 불법으로 내려받아 공유하고, 심지어 인터넷에 업로드하는 일들이 발생하고 있다.

현행 「저작권법」 제25조 제2항에 따르면 '수업지원 목적상 필요하다고 인정되는 경우 공표된 저작물 일부분의 복제·배포·공연·전시 또는 공중송신[1]할 수 있으며, '저작물의 성질이나 그 이용의 목적 및 형태 등에 비추어 저작물 전부를 이용하는 것이 부득이한 경우는 전부를 이용'하는 것이 가능하다. 다만, 수업 목적으로만 이와 같이 활용할 수 있다. 그렇다고 교수자가 모든 저작물을 마음대로 이용할 수 있는 것은 아니다. 온라인 저작권으로부터 교수자와 학습자를 지키려면 몇 가지를 숙지해야 한다.

---

1 '공중송신'은 방송, 전송, 디지털음성송신 등을 포함하고 인터넷을 통한 저작물 이용도 해당한다.

교수자가 반드시 점검해야 할 세 가지

출처 표기

학교 수업 목적인 경우에도 「저작권법」 제37조에 따라 이용 저작물에 관한 저작자의 실명 또는 이명(예명·아호·약칭 등), 출처를 반드시 명시해야 한다. 명시하지 않으면 저작권 침해가 될 수 있다.

접근 제한 · 복제 방지 조치

수업 주체인 교수자와 학습자 외의 제삼자가 강의자료를 이용할 수 없도록 접근제한 조치를 해야 한다(로그인 활용 등). 복제 방지 조치는 캡처나 녹화를 방지하게 하는 부분이다. 접근 제한 조치가 이루어졌다면 복제 방지 조치를 취했다고 해석할 수 있다.

경고 문구 포함

학습자가 강의자료를 배포하지 않도록 저작권 관련 경고 문구를 표시한다.

> 본 수업 자료는 「저작권법」 제25조 2항에 따라 학교 수업을 목적으로 이용되었으므로, 본 수업 자료를 외부에 공개, 게시하는 것을 금지하며, 이를 위반하는 경우 저작권 침해로서 관련법에 따라 처벌될 수 있습니다.

저작물 이용 기준

CC라이선스

CC라이선스(Creative Commons License)는 저작자가 자신의 권리를 지키면서 저작물을 공유하게 하려고 나온 수단이다. CC라이선스가 적용된 저작물은 저작자에게 별도로 허락을 받지 않아도 저작자가 표시한 이용허락조건의 범위에서 저작물을 이용할 수 있다.

CC라이선스의 이용허락조건은 네 가지가 있으며, 이용허락조건을 조합하여 여섯 종류의 CC라이선스가 존재한다[2].

- **저작자 표시(CC BY):** 출처 표시만 하면 자유롭게(영리도 가능) 사용할 수 있다.
- **저작자 표시-비영리(CC BY-NC):** 출처를 표시하고 비영리적으로만 이용할 수 있다.
- **저작자 표시-변경금지(CC BY-ND):** 출처를 표시하고 원본 그대로 써야 한다. 변형, 번역을 해서 배포하면 라이선스 위반이 된다.
- **저작자 표시-동일조건변경허락(CC BY-SA):** 저작자를 표시하고 영리적 이용도 가능하다. 저작물을 이용한 2차 저작물에도 같은 라이선스를 적용한다.

---

2 CC라이선스에 대한 내용과 그림은 CC라이선스 홈페이지에서 가져왔다.
   http://ccl.cckorea.org/about/

- 저작자 표시-비영리-동일조건변경허락(BY-NC-SA): 출처를 표시하고 사용할 수 있으나 상업적 용도로는 쓸 수 없다.
- 저작자 표시-비영리-변경금지(BY-NC-ND): 출처를 표시하고 쓸 수 있으나 상업적인 용도와 내용물 변경이 금지된다.

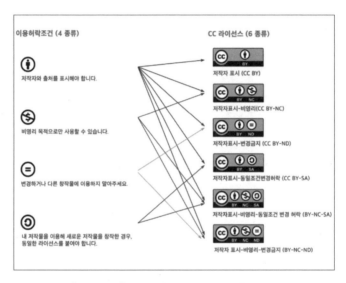

[그림 8-37] 이용허락조건과 CC라이선스 종류

저작물 이용 사례에 따른 사전 동의

온라인 수업 및 학습을 위한 저작물 이용의 기준은 다음의 표와 같다. 다만, 사례는 저작물의 공정 이용 내에서의 기준으로 실제 저작물을 이용하는 방법에 따라서 다르게 해석될 수 있다(한국교육학술정보원, 2020a).

저작물의 이용 사례	사전 동의	비고
'ICT활용 수업'을 위한 저작물의 이용	불필요	접근제한 등의 조치 필요
'원격학습'을 위한 저작물의 이용	불필요	
수업을 위한 카페, 블로그 등에서의 저작물 이용	불필요	
수업을 위한 교과서 사진, 그림 등의 인터넷 이용	불필요	
학습자료 BGM으로 음원 파일 이용	동의 필요	–
학습자료에 무료·유료 폰트 파일 이용	동의 필요	–

저작권 관련 Q&A

Q 수업 목적이면 모든 자료가 다 이용 가능한가

2020년 4월, 문화체육관광부 및 저작권 관련 단체는 코로나19로 인한 원격수업 실시 기간 동안 한시적으로 '저작권자의 이익을 부당하게 침해하지 않는 범위'에서 활용이 가능하게 협의하였다.[3] 저작권자의 이익이 침해되는 경우는 다음과 같다(교육부, 문화체육관광부, 2020).

- 저작물을 시중에서 판매되는 형태와 유사하게 제작·제공하여 구매를 대체할 수 있는 이용
- 시중에서 판매되고 있는 문제집, 참고서(워크북 등 포함)를 저작권자의 경제적 이익을 부당하게 침해하는 수준으로 학생에게 제공하는 이용

---

3 한시적으로 허용되므로 코로나19가 끝나고 활용 교재는 삭제 조치한다.

- 시중에서 판매되는 음원·영상 저작물 전체를 제공하는 이용
- 시중에서 판매되는 도서(교과용 도서 제외), 간행물, 영상 저작물의 일부분을 차례대로 복제·전송함으로써 누적되어 결국 전체를 복제·전송하게 되는 이용
- 수업을 담당하는 교원과 수업을 받는 학생 이외 일반인 등을 대상으로 진행하는 수업에서의 이용

Q 음악이나 폰트도 자유롭게 이용 가능한가

교수자는 온라인 수업을 목적으로 음원 일부가 이용 가능하나 학습 내용이 아닌 단지 학습자의 집중과 흥미를 위한 목적이라면 수업 목적 저작물 이용으로 보기 어렵다. 안전하게 사용하기 위하여 저작재산권 보호기간이 만료되었거나 자유롭게 이용 가능한 공유 저작물 이용을 권장한다.

폰트의 경우 프로그램 설치 시 윈도우 폰트 폴더에 저장된 폰트는 저작권 침해에 해당하지 않는다는 판례가 있으나[4] 폰트 관련하여 저작권 소송이 일어나는 경우가 있으므로[5] 역시 무료 폰트를 사용하는 것이 안전하다. 무료 폰트라도 '개인'으로만 한정하고 학교 교육활동에 사용을 제한하는 때도 있으므로 이용조건을 확인할 필요가 있다.

---

4   서울중앙지방법원의 2014년 5월 1일 선고(2012가합535149)
5   2019년에도 윤디자인(윤서체)이 전국 시·도교육청에 소송을 제기하였다. 1심을 승소하고 대법원에서는 패소하였으나, 또다시 이런 소송이 제기될 우려가 있다.

Q 인터넷에서 마우스 우클릭 금지된 그림과 사진도 이용 가능한가

마우스 우클릭 금지 등은 기술적으로 보호조치를 적용한 것이다. 이를 해제하고 복제하면 「저작권법」 제104조의2에 의해 「저작권법」 위반이 될 수 있다.

Q 저작물을 수업에 얼마나 활용할 수 있는가

한국복제전송저작권협회가 2015년에 마련한 '수업 목적 저작물 이용 가이드라인'에 따르면, 글은 전문(全文)의 최대 10%, 음원은 20%(최대 5분), 영상은 20%(최대 15분)까지 수업자료로 활용할 수 있다.

Q 코로나19 이후에도 이 기준은 동일한가

코로나19 확산 직후인 2020년, 교육부와 문화체육관광부는 온라인 수업 상황에서 출처 표기 등을 조건으로 저작권 유예를 합의하였다. 그러나 유예 시점이 2021년 2월이라 자칫 그 이후에는 저작권 문제가 있는 자료들이 대량 삭제될 가능성이 있다. 전국 초·중·고등학교 교사들이 온라인 수업을 위해서 자료를 공유한 사이트 자료 중 상당수가 이런 위험에 놓여 있다. 자칫 수업자료를 새로 만들어야 할 가능성도 있다. 오프라인 수업에서는 교과용 교재에 나온 자료 외에도 일반적인 저작권 자료도 별문제 없이 수업에 사용했지만, 온라인 수업에서는 아직 관련 규정이 없다(윤근혁, 2020. 8. 10.).

온라인 수업을 위해 완화된 규정이 생기기를 바라지만 혹시라도 유예기간이 종료될 경우 교수자들에게 예상치 못한 큰 피해가 갈 수 있다. 따라서 교수자들은 이런 상황을 인지하고 저작권에서 안전한 자료를 이용하며 자료 공유에 주의를 기울일 필요가 있다.

공유 저작물 제공 사이트

저작권에서 대부분 자유로운 자료를 제공하는 사이트를 소개한다.

음악
- 유튜브 오디오 라이브러리 https://www.유튜브.com/audiolibrary
- 자멘도 https://www.jamendo.com
- 프리사운드 https://freesound.org/

아이콘
- 플래티콘 https://www.flaticon.com/
- 노운프로젝트 https://thenounproject.com

이미지
- 픽사베이 https://pixabay.com/ko/
- 언스플래시 https://unsplash.com/

무료 폰트

- 눈누: https://noonnu.cc/

기타

- 공유마당 https://gongu.copyright.or.kr/

부록

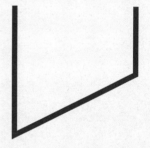

부록 1. 디지털 도구 사용법 온라인 강좌

ZOOM, Google docs, Padlet을 비롯한 디지털 도구 사용법은 영상을 보면서 따라 하면 쉽게 익힐 수 있다. 핵심만 짧고 간결하게 담은 무료 유튜브 강좌를 소개한다. 아래의 QR코드를 이용해 휴대전화로 접속하거나 또는 유튜브에서 '웜스피치'를 검색해서 영상을 볼 수 있다. 궁금한 사항은 유튜브에 댓글로 글을 올리면 필자가 48시간 안에 답변을 하겠다.

ZOOM 사용 초급편~고급편

- OOM 가입부터 회의 예약, 초대, 화면 공유, 문제해결, 소회의실, 출석 체크, 학생 매뉴얼, 최신 업데이트까지

각종 디지털 도구 사용법

- 구글독스(Google docs), 패들렛(Padlet), 소크라티브(Socrative), 카훗(Kahoot), 멘티미터(mentimeter), OBS Studio, 카카오톡 오픈채팅 등 사용법

▶ 웜스피치 온라인 교수법

부록 2. 스피치의 기술 온라인 강좌

교수자에게 빼놓을 수 없는 '스피치의 기본'을 탄탄하게 다지는 '웜스피치(Warm Speech)' 미니특강 강좌도 준비되어 있다. 스피치는 A-B-C단계로 훈련하면 효과적이며(장한별, 2018), 이에 대한 여러 팁이 담겨 있다. 아래의 QR코드를 이용해 휴대전화로 접속하거나 또는 유튜브에서 '웜스피치'를 검색해서 영상을 볼 수 있다.

웜스피치 A(Attitude)

- 스피치의 베이스가 되는 자신감 회복과 기본 구성법, 보이스 훈련 등 기본기를 다룬다.

웜스피치 B(Body)

- 스피치의 내용을 구성하는 방법, 스토리텔링과 청중분석법을 다룬다.

웜스피치 C(Communication)

- 청중과 소통하는 방법, 교감하는 스피치에 대해 다룬다.

▶ 웜스피치 스피치 강좌

부록 3. 교수법 및 자기계발 관련 정보

　교수법 및 스피치/자기계발 관련된 정보는 네이버카페인 '웜스피치(Warm Speech)'를 통해서 누릴 수 있다. 교수법과 관련해서 여러 교수 방법에 대한 정보글이 있다. 이 책을 구매하신 분들은 Z세대의 이슈를 담은 'Z's BGM(웹진)'과 '신조어 사전' 등의 자료도 공유받을 수 있다(웜스피치 카페 내 #강의용 부록자료# 게시판 참고).

　자기계발 커뮤니티답게 스피치/독서/영어회화를 실제로 훈련하고 나눌 수 있는 스터디도 매달 열리고 있으므로(코로나19 이후에는 온라인 위주로 진행) 교수자에게는 역량 향상을 위한 좋은 기회가 될 것이다. 아래의 QR코드를 이용해 휴대전화로 접속하거나 또는 네이버에서 '웜스피치(카페)'를 검색해서 접속할 수 있다.

네이버카페 '웜스피치'

부록 4. 교수법 관련 문의사항 및 노하우 공유

　　교수자들의 교수법 관련 궁금증을 공유하면서 함께 해결방법을 찾고 노하우를 공유할 수 있는 '패들렛(padlet)' 페이지가 있다. 온라인 수업을 진행하면서 궁금한 사항이나 함께 고민하고 싶은 부분, 나누고 싶은 팁은 이곳을 활용하기 바란다. 다른 교수자의 글에 '좋아요(하트)'와 '댓글'로 소통하며, 집단지성의 힘과 따뜻함을 느껴 보자. 필자도 물론 함께할 것이다.

　　You are not alone!

　　당신은 혼자가 아니다. 함께 따뜻한 성장을 이뤄 가자!

교수법 노하우 및 Q&A

랜선을 함께 넘으며……

코로나19로 인하여 교수자는 온라인 플랫폼을 배우고 교수·학습 방법을 바꾸며 폭풍과 같은 시간을 보냈다. 고된 시간이었지만 짧은 기간 안에 온라인 수업을 해냈고 계속해서 새로운 교수·학습 방법을 찾고 수업에 적용하며 놀라운 도약을 이뤄 내고 있다.

불가능해 보이는 변화의 물결을 극복하고, 단순한 적응을 넘어 교수자가 계속 진화할 수 있는 원동력은 무엇이었을까?

코로나19 직후, 그 어떤 교수자도 혼자의 힘으로 변화의 상황을 감당할 수는 없었다. 다른 교수자들과 소통하며 고민을 나눌 수밖에 없었고, 학교와 기업에서는 자체 연수가 빈번하게 열리면서 우수사례와 노하우 등을 발 빠르게 공유하였다. 한국교육학술정보원 (2020b)에 따르면 초·중·고 교수자 51,020명 중 원격수업 이후 동료 교수자 간 협업이 증가하였다는 비율이 67.4%에 달했다. 코로나19로 모이기 힘들 때였음에도 그 어느 시기보다 온·오프라인에서 교수자 간 교류가 활발히 있어 함께 지식을 나누었고 협업의 문화를 꽃피웠다. 온라인 수업의 질적인 진화는 특정한 디지털 도구나 온라인 플랫폼으로 인해 일어난 것이 아니었다. 교수자들이 상호작용하고 소통하며 학습공동체로 탈바꿈한 덕분이었다.

이 책에서는 온라인 수업을 위한 '교수자-학습자 상호작용'과 '학습자-학습자 상호작용'을 다루었다. 성장하기 원하는 교수자는 여기에 한 가지를 더 추가할 필요가 있다. 바로 '교수자–교수자 상호작용'이다. 변화무쌍하고 정보가 넘치는 이 시대에 아무리 뛰어난 교수자도 혼자서 모든 것을 해낼 수는 없다. 지식은 나눌 때 그 가치가 더 빛나고 파급력이 생기기 시작한다. 차가워 보이는 디지털 세계에서 함께 소통하고 상호작용하며 배우면 따뜻한 성장을 이뤄 갈 수 있다.

이제 함께 상호작용의 손을 잡고 극한의 소용돌이에 몸을 맡겨 보자. 그 변화는 교수자를 힘겹기만 한 극한직업으로 내모는 것이 아니라, 교수자가 생각한 교수법의 한계를 뛰어넘고 학습자와의 멀었던 거리를 가깝게 할 것이다. 그리고 교수자들이 함께 배우고 성장하는 짜릿한 극한 성장을 맛보게 해 줄 것이다.

참고문헌

강민석(2010). IPA 방법에 의한 사이버대학 운영에 대한 중도탈락자의 인식 및 재학생 중도탈락 방지를 위한 개선사항의 우선순위 규명. **교육정보미디어연구, 16**(4), 481-503.

교육부(2020a). **원격수업 출결·평가·기록 가이드라인 안내.**

교육부(2020b). 중앙재난안전대책본부의 사회적 거리두기 개편에 따른 교육 분야 관련 사항.

교육부, 문화체육관광부(2020). 코로나19로 인해 원격수업을 실시하는 기간 중 수업목적(고등학교 이하) 저작물 이용 FAQ.

김미량(2005). e-Learning 대학원 과정에서의 학습자 몰입 및 강의만족도 영향요인에 관한 연구. **한국교육, 32**(1), 165-201.

김미애, 윤위석(2020). 뉴노멀 시대, H그룹의 효과적 언택트 러닝 사례. **2020 한국HRD연합학술대회.**

김진모, 손규태, 이은표, 정지용, 장한별, 이화진(2020). 대학 온라인 실시간 전공수업에서 교수자-학습자 상호작용, 학습자-학습자 상호작용이 학습성과에 미치는 영향: 학습몰입의 매개효과. **농업교육과 인적자원개발, 52**(3), 25-48.

문병무, 신용태, 천양하(2015). 군 이러닝 (e-Learning) 학습만족도 영향요
인에 대한 실증적 연구. **한국정보기술학회논문지, 13**(10), 109-117.

문철우, 김재현(2011). 이러닝 만족도 영향요인으로서의 상호작용과 몰
입. **컴퓨터교육학회논문지, 14**(3), 63-72.

맹지현, 송용직(2020). 언택트 방식의 리더 교육 전환을 위한 제언 - LG신
임팀장과정을 중심으로. **2020 한국HRD연합학술대회.**

박성익, 김연경(2006) 온라인 학습에서 학습몰입요인, 몰입수준, 학업성
취 간의 관련성 탐구. **열린교육연구, 14**(1), 93-115.

백병부(2020). **코로나19와 교육: 온라인 교육을 중심으로.** 경기도교육연구원.

서구원(2011). 온라인 강의 만족도와 추천의도에 영향을 미치는 요인. **사
이버교육연구, 5,** 159-178.

손달호(2011). 이러닝에서 상호작용과 교과목 요인이 학습효과에 미치는
영향. **인터넷전자상거래연구, 11**(3), 83-107.

안미리(2016). 유튜브 동영상을 이용한 플립 러닝 수업의 만족도에 대한
영향과 요인. **Multimedia-Assisted Language Learning, 19**(1), 114-
136.

이찬, 박복미(2020). 포스트코로나, 워러밸(Work & Learning Balance:
WLB) 한국실태조사. **한국산업교육학회 2020 연차학술대회.**

장한별(2018). **한 권으로 끝내는 스피치.** 서울: 더문.

정문성(2002). **협동학습의 이해와 실천.** 서울: 교육과학사.

정보통신산업진흥원(2020). **2019년 이러닝산업 실태조사.**

최욱(2017). 교실 및 온라인 토론수업을 위한 준비 교수체제 (Preparatory
Instructional System) 설계모형 개발. **교육방법연구, 29**(4), 677-705.

최은진, 최명숙(2016). 이러닝 환경에서의 상호작용이 학습효과에 미치는 영향에 관한 메타분석. **교육공학연구, 32**(1), 139-164.

한국교육공학회(2005). **교육공학 용어사전**. 서울: 교육과학사.

한국교육학술정보원(2020a). **교육기관 '원격 수업 및 학습'을 위한 저작권 FAQ**.

한국교육학술정보원(2020b). **COVID-19에 따른 초중등학교 원격교육 경험 및 인식 분석**.

한충석(2020). 현대제철 온라인 실시간 재택교육 홈런(HomeLearn) 사례. **2020 한국HRD연합학술대회**.

田中イデア(다나카 이데아) (2009). お笑い藝人に學ぶ. Rittor Music, Inc. 한혜정 역(2010). **에피소드 토크의 기술**. 경기: 티즈맵.

Anderson, L. W., & Krathwohl, D. R. (Eds.) (2001). *A taxonomy of learning, teaching, and assessment: A revision of Bloom's taxonomy of educational objectives*. New York: Longman.

Bates, S., & Galloway, R. (2012). The inverted classroom in a large enrolment introductory physics course: a case study. In *Proceedings of the Higher Education Academy STEM conference*. (Vol. 1).

Caillois, R. (2001). *Man, play, and games*. University of Illinois press.

Cialdini, R. (2016). Pre-suasion: A revolutionary way to influence and persuade. Simon and Schuster. 김경일 역(2018). **초전 설득**. 경기: 21세기북스.

Cooper, H., Robinson, J. C., & Patall, E. A. (2006). Does homework improve academic achievement? A synthesis of research, 1987-2003. *Review of educational research, 76*(1), 1-62.

Gagne, R. (1985). *Conditions of learning and theory of instruction.* New York: Holt, Rinehart and Winston.

Garrison, D. R., Anderson, T., & Archer, W. (2000). Critical Inquiry in a Text-Based Environment: Computer Conferencing in Higher Education. *The Internet and Higher Education, 2*(2-3), 87-105.

Garrison, D. R., Anderson, T., & Archer, W. (2001). Critical thinking, cognitive presence, and computer conferencing in distance education. *American Journal of distance education, 15*(1), 7-23.

Garrison, D. R., & Arbaugh, J. B. (2007). Researching the community of inquiry framework: Review, issues, and future directions. *The Internet and higher education, 10*(3), 157-172.

Hillman, D. C., Willis, D. J., & Gunawardena, C. N. (1994). Learner-interface interaction in distance education: An extension of contemporary models and strategies for practitioners. *American Journal of Distance Education, 8*(2), 30-42.

Keller, J. M. (1987). Development and use of the ARCS model of instructional design. *Journal of instructional development, 10*(3), 2.

Knowles, M. S. (1975). *Self-directed learning: A guide for learners and teachers.* New York: Association Press.

Lagerstrom, L., Johanes, P., & Ponsukcharoen, M. U. (2015, June). The myth of the six-minute rule: Student engagement with online videos. In *Proceedings of the American Society for Engineering Education* (pp. 14-17).

Michaelsen, L. K., Knight, A. B., & Fink, L. D. 편저. 이영민, 전도근 공역 (2009). **팀 기반 학습**. 서울: 학지사

Merrill, M. D. (1983). Component display theory. Instructional-design theories and models: *An overview of their current status, 1,* 282-333.

Moore, M. G. (1989). Three types of interactions. *The American Journal of Distance Education, 3*(2), 1-6.

Moore, M. G., & Kearsley, G. G. (1996). *Distance education: A system view.* Wadsworth.

Pascarella, E. T., & Terenzini, P. T. (2005). *How college affects students: A third decade of research* (Vol. 2). Jossey-Bass, An Imprint of Wiley.

Shaw, M. E. (1981). *Group dynamics: The psychology of small group behavior* (3rd ed.), New York: McGraw-Hill College.

Shea, P., & Bidjerano, T. (2010). Learning presence: Towards a theory of self-efficacy, self-regulation, and the development of a communities of inquiry in online and blended learning environments. *Computers & Education, 55*(4), 1721-1731.

Sutton, L. A. (2001). The principle of vicarious interaction in computer-mediated communications. *International Journal of Education-*

al Telecommunications, 7(3), 223-242.

Zimmerman, B. J. (1986). Becoming a self-regulated learner: Which are the key subprocesses?. *Contemporary educational psychology, 11*(4), 307-313.

김하연 (2020. 7. 2.). 서울대 교육연구소 포럼 '코로나19가 대학 교육에 던진 과제' 개최. 베리타스 알파, Retrieved from https://www.veritas-a.com/news/articleView.html?idxno=330324

윤근혁 (2020. 8. 10.). 온라인 수업자료, 6개월 뒤 수백만 건 삭제될 판… 저작권 장벽. 오마이뉴스, Retrieved from http://www.ohmynews.com/NWS_Web/View/at_pg.aspx?CNTN_CD=A0002665581

저자 소개

장한별(Hanbyeol Jang)

웜스피치(Warm Speech)의 대표로 2012년부터 대학교와 기업에서 교수법, 학습법, 팀빌딩, 자기계발 분야를 강의하며 성장의 별을 전하고 있다. 연세대학교에서 인적자원개발(HRD) 석사학위를 취득하고, 현재는 서울대학교 농산업교육과 박사 과정 중에 있다. 2015년부터 온라인 강의(실시간/촬영 동영상)를 진행하고 유튜브 '웜스피치' 채널을 운영하면서 온라인 수업의 감각을 키웠다. 교수법 관련해서는 서울대학교, 중앙대학교, 전문대교육협의회, 국민건강보험공단, 농협을 비롯하여 전국의 대학교와 기관의 교수자들에게 현장 활용도 높은 교수방법을 전하고 있다.

- 네이버카페/블로그 '웜스피치'
- 유튜브 '웜스피치'
- 메일 jstar3@naver.com

랜선을 넘어 소통하라

– 상호작용이 있는 온라인 수업 –

Beyond the Wire
- Interaction in online classes -

2021년 1월 15일 1판 1쇄 인쇄
2021년 1월 20일 1판 1쇄 발행

지은이 • 장한별
펴낸이 • 김진환
펴낸곳 • (주) **학지사**
　　　　04031 서울특별시 마포구 양화로 15길 20 마인드월드빌딩
대표전화 • 02)330-5114　　　　팩스 • 02)324-2345
등록번호 • 제313-2006-000265호

홈페이지 • http://www.hakjisa.co.kr
페이스북 • https://www.facebook.com/hakjisa

ISBN 978-89-997-2255-4 03370

정가 15,000원

출판 · 교육 · 미디어기업 학지사

간호보건의학출판 **학지사메디컬** www.hakjisamd.co.kr
심리검사연구소 **인싸이트** www.inpsyt.co.kr
학술논문서비스 **뉴논문** www.newnonmun.com
원격교육연수원 **카운피아** www.counpia.com